VAREJO EXPERIENCIAL
A ENERGIA VITAL DAS LOJAS FÍSICAS

"A fusão entre ousadia e a visão da Camila fizeram dela uma profissional adiante do espírito do tempo. Com seu estilo provocador, Camila tornou-se uma autoridade quando o assunto é excelência e contemporaneidade no Varejo brasileiro."

Carla Assumpção
General Manager | Swarovski Latam

"Camila é uma jovem mulher empreendedora e tivemos a oportunidade de nos conhecer melhor em um processo de mentoria. Admiro sua criatividade, competência e capacidade de transformar a realidade do Varejo brasileiro com tanta vanguarda e diferenciação em seus trabalhos, exportando também esta brasilidade a outras operações no mundo. Tenho certeza de que seu nome sempre fará parte de pessoas memoráveis do Varejo brasileiro. Ela não para – curiosa, vive aprendendo e dividindo os seus conhecimentos por onde passa."

Gabriela Baumgart
Presidente do Conselho | Track&Field, Grupo Baumgart e Faber-Castell Brasil

"Um livro sendo escrito por alguém que respira Varejo e seus movimentos têm uma participação especial para o mercado e na história do segmento. Camila é inquieta, estudiosa e entende esses movimentos como ninguém. A contribuição de um livro com um conteúdo tão atual e relevante faz com que mais pessoas possam entender que o Varejo não é apenas sobre venda, e sim sobre experiência, vivência e troca."

Renato Thomaz
Diretor de Marketing e Exportações | Água de Coco

"Conheci a Camila em um evento, e foi amor à primeira vista! Ela não é só uma mulher inteligente e que conhece muito o Varejo no Brasil e no mundo. Ela é uma mulher brilhante, que te faz pensar, por meio de casos reais, o quanto o Varejo no Brasil tem oportunidade de se reinventar. A mistura de sofisticação e simplicidade são, na minha opinião, características que a Camila traz na sua essência, e que se traduzem de forma única em seus projetos!"

Gláucia Mitidieri
Executiva C-Level, com muita experiência em soluções de Varejo, tendo ocupado posições de liderança em grandes empresas, como Oracle e IBM

"Camila tem essa força que transforma. Com seu pioneirismo e brilhantismo criou uma competência essencial para o varejo, deixando sua marca não só no mercado brasileiro, mas também levando nossas marcas para o mundo."

Paula Andrade
Vice Presidente de Ominicanalidade | Natura & Co

"Um dos principais desafios nessa jornada da vida, seja profissional ou pessoal, é ter a oportunidade de encontrar profissionais e pessoas que nos inspirem, nos desafiem, que nos provoquem. São esses que são capazes, verdadeiramente, de nos fazer ir além. Camila Salek tem esse blend de diferenciação = arrebatadora como uma pessoa que te envolve com alegria, gentileza... que você quer próxima e, superlativa como profissional e com sua empresa Vimer, desenhando a regra do entendimento do varejo, em suas plenas dimensões. Camila me gera desconforto. Me força à superação."

Carlos Ferreirinha
Presidente | MCF Consultoria

"A visão inovadora de Camila Salek transformou o varejo no Brasil. Seu livro tem o potencial de inspirar líderes e revolucionar o mercado global."

Renata Sato
Diretora de Marketing | Lindt Brasil

"Camila Salek é uma das maiores referências em varejo e Visual Merchandising do Brasil, com um olhar apurado para design e estética. Sua paixão por inovação e tecnologia se reflete em projetos criativos e arrojados, que colocam o consumidor no centro de tudo. Camila tem um talento especial para transformar o ambiente físico das lojas em narrativas vivas, onde cada detalhe conta uma história e reforça a identidade da marca. Sempre à frente, ela questiona e provoca com um repertório refinado, construindo uma rede inspiradora de ideias e pessoas. Finalmente temos a oportunidade de acessar, em um livro, os pontos de vista, reflexões e a visão de mundo de Camila Salek sobre algo tão essencial para as marcas — e também de celebrar sua contribuição para transformar o varejo em um espaço de conexão e significado."

Renato Winnig
Brand Director | Aramis

"No fim do dia, o **varejo é sobre pessoas**. Cada interação, cada detalhe, é uma oportunidade para **criar** uma conexão que **vai além da transação**."
Camila Salek

Foto: Vimer

Direção editorial: Eduardo Viegas Meirelles Villela
Coordenação editorial: Sergio Novaes
Suporte editorial: Ana Carolina Santin Guerra
Revisão: Ricardo Bonacorci
Diagramação e projeto gráfico de miolo: Victor Lima e Eduardo Talley
Arte completa de capa: Victor Lima e Eduardo Talley

Dados Internacionais de Catalogação na Publicação (CIP)
Bibliotecária Juliana Farias Motta CRB7/588

Sa163v Salek, Camila

Varejo experiencial: como construir a energia vital das lojas físicas / Camila Salek.
– São Paulo: EV Publicações, 2025.
320 p. ; 17 cm x 24 cm .

ISBN: 978-65-87369-42-6

1..Negócios. 2. Varejo. 3. Comportamento do Consumidor. 4. Trade Marketing. 5. Shopper Marketing 6. Vendas I. Título: como construir a energia vital das lojas físicas

CDD 658

Caso deseje adquirir lotes de exemplares do livro, entre em contato pelo e-mail eduvillela@evpublicacoes.com.br ou pelo WhatsApp (11) 96851-1515.
Para atendimento ao cliente, utilize, por gentileza, os mesmos contatos acima.

CAMILA SALEK
Palestrante, Futurista em Varejo e CEO

VAREJO EXPERIENCIAL

a energia vital das lojas físicas

EV
PUBLICAÇÕES

DEDICATÓRIA

Este livro é dedicado à minha mãe, Maria Eloiza, falecida há mais de 20 anos, mas que sempre acreditou no estudo como o melhor caminho. Foi ela quem recortou um anúncio de jornal para uma vaga de Visual Merchandising em uma grande marca varejista décadas atrás e me incentivou a apostar nesse "novo caminho" profissional. Sua memória, mãe, me inspira todos os dias a buscar conhecimento, superar desafios e compartilhar tudo o que aprendo com o mundo. Obrigada.

PREFÁCIO

POR ANDREA BISKER*

No fim dos anos 1990, eu trabalhava em uma empresa de tecnologia para moda e buscava uma solução complementar ao produto que oferecia. Procurando uma empresa de marketing digital, descobri a recém-criada Informatel, que cuidava das vendas online do Pão de Açúcar. Era uma época em que não existia Google, e a internet não tinha a dimensão de hoje. Era o início do comércio eletrônico no Brasil, e poucas companhias se aventuravam nesse setor.

Foi em uma reunião com a equipe da Informatel que conheci uma jovem de 20 anos, destemida, curiosa e cheia de energia. Ela estava lá para apresentar uma solução tecnológica e, mesmo com tão pouca idade, impressionou com sua presença marcante. No fim do encontro, trocamos cartões e conversamos um pouco mais. Ela mencionou que seu sonho era trabalhar com moda. Fiquei imediatamente convencida de que deveria contratá-la. Sempre tive um bom olhar para profissionais talentosos, e a empresa em que eu atuava precisava de talentos como o dela.

Contudo, ela recusou minha primeira oferta de emprego, pois havia decidido passar um período na Califórnia para estudar inglês. Respeitei sua escolha e mantive contato. Cerca de seis meses depois, surgiu um produto de Visual Merchandising para o Varejo de moda no portfólio de produtos da empresa, e imediatamente pensei nela. Acho que não preciso dizer que a garota da minha história é a Camila Salek, né?

Mandei para ela um e-mail, a forma de comunicação mais eficiente na época, dizendo: volte porque preciso que você lidere um projeto aqui no Brasil. E ela retornou. Tenho certeza de que foi ali que nasceu o olhar acurado e moderno dela para o Varejo. Há 25 anos, Camila já pensava nos negócios varejistas pela perspectiva da experiência sinestésica do consumidor no ponto de venda. Ainda no momento da criação das roupas, planejava-se a apresentação das peças nas três dimensões da loja e concebia-se o caminhar dos clientes pelas prateleiras e corredores das unidades físicas. Se muitas empresas do nosso país ainda não têm essa preocupação atualmente, imagine falar disso lá na década de 1990!

Portanto, conheço Camila Salek há muito, muito tempo. Ela sempre foi visionária, empreendedora, criativa e revolucionária. Além disso, é incansável. Não desiste nunca até que aquilo em que acredita aconteça. Parodiando o filme *Tropa de Elite* (2007), para ela, desafio dado é desafio cumprido. Recordo que, aos 21 anos, Camila conseguiu uma proeza: convencer os fundadores das maiores marcas de moda no Brasil — Zoomp, Forum, Carmim, M.Officer e Iódice — a viajarem para a França para o lançamento do produto que ela liderava. Esse quinteto era simplesmente a nata do empresariado da moda brasileira naquele momento. Ela não só conseguiu levar as cinco marcas para a Europa, como todas viraram nossas clientes em seguida. Incrível! Essa é a Camila Salek que, parafraseando uma amiga em comum, eu chamo de Furacão!

A partir daí, pude acompanhar de camarote sua ascensão profissional. Mais tarde, Camila foi trabalhar na *house* de publicidade da C&A, na época estrelada por Gisele Bündchen! Junto a um time bárbaro, revolucionaram as lojas com propostas muito originais e impactantes e com campanhas publicitárias que são lembradas até hoje. Logo depois, ela foi para a Forum montar o departamento de Visual Merchandising. Novamente, ela transformou a marca e as lojas da companhia.

Aí choveram propostas de grandes conglomerados empresariais querendo contratá-la. Não é errado afirmar que Camila, aos 27 anos, poderia trabalhar em qualquer uma das grandes empresas da moda do Brasil. Porém, ela decidiu empreender. Montou a Vimer Retail Experience em uma pequena salinha na Avenida Faria Lima, bem em frente ao meu escritório. Assim, pude ver seu crescimento. Em vez de trabalhar para apenas uma marca famosa, ela poderia trabalhar para várias simultaneamente. Obviamente, os principais *players* do mercado viraram seus clientes.

O grande diferencial da Vimer, algo que este livro traz com muita propriedade porque está no DNA da Camila, é promover a transformação do Varejo a partir do comportamento dos consumidores. Uma vez que se entende a cabeça e o coração das pessoas, é possível moldar o negócio e as lojas para gerar enorme impacto emocional no público. Com premissas muito sólidas e com um histórico de incontáveis projetos de sucesso, Camila Salek se tornou referência no mercado nacional. A gente brinca que as principais lideranças das maiores marcas do Varejo do Brasil não tomam decisões sensíveis sem consultá-la. Seu entendimento de como funciona o setor, a lógica das relações do ponto físico com o mundo digital, as transformações dos hábitos da sociedade e a visualização das grandes tendências de design são inspiradores para todos nós.

Quando penso na Camila, o primeiro aspecto que me vem à mente é sua sede ilimitada por aprendizado e conhecimento. Não sei quantas vezes ela já viajou com toda a equipe da Vimer para o Japão para verificar *in loco* as novidades tecnológicas. Ela não perde os principais eventos mundiais de Varejo e acompanha atentamente o que os grandes nomes dessa área falam e publicam. Discute conosco as tendências dos varejistas europeus e norte-americanos com a naturalidade de quem está familiarizada a visitá-los todos os finais de semana.

Sinto que Camila nunca economizou dinheiro nem poupou tempo quando o assunto era buscar informação de qualidade. O resultado está aí: ela se tornou mais do que uma consultora qualificadíssima do Varejo brasileiro, que trata das técnicas de Merchandising no ponto de venda. Virou uma respeitada pensadora do futuro do Varejo internacional. Não tenho receio de dizer que Camila Salek é atualmente a maior referência do Varejo na América Latina.

Conhecendo a trajetória, a atuação, a competência e o renome da autora, este livro que você tem em mãos é leitura obrigatória para todo mundo que trabalha ou quer trabalhar no Varejo. Não importa o tamanho ou o setor da sua empresa. Se quiser fazer diferença no mercado, impactar positivamente o ambiente de loja, estabelecer relacionamentos saudáveis com os clientes, criar produtos desejáveis, navegar adequadamente pelos vários canais de venda e desenvolver modelos de negócio verdadeiramente inteligentes, você precisa ler o que Camila Salek tem a dizer.

Conheço CEOs de companhias enormes que clamam para que eu apresente a Camila a eles. Sabendo de nossa amizade de longa data, desejam debater o futuro de suas marcas diretamente com ela. De certa forma, esse é o privilégio que temos ao percorrer as páginas de *Varejo Experiencial: A Energia Vital das Lojas Físicas*. O livro nos mostra como podemos construir um Varejo baseado no relacionamento verdadeiro e no olho no olho com os clientes. Esta publicação da Camila deve se tornar rapidamente uma bíblia dos varejistas nacionais, aquele tipo de material que circula entre executivos, consultores, professores e estudantes das melhores universidades do país.

Mais prazeroso do que conhecer o trabalho impecável de Camila Salek bem de perto é ser sua amiga por tantos anos. Nesse período, pude verificar seu nível de capacitação. E agora verifico mais uma vez o quão generosa ela é ao compartilhar conosco suas ideias, experiências e conhecimentos mais corajosos e disruptivos. Só mesmo uma mente à frente do nosso tempo e alguém com uma personalidade tão determinada e criativa para lançar um livro com tamanha profundidade e abrangência sobre o Varejo.

Para dar a chance de você comprovar o que estou relatando, encerro este prefácio e dou a palavra para quem merece ser ouvida com muita atenção. Boa leitura sobre o que há de melhor no Varejo de hoje e do amanhã.

***Andrea Bisker** é fundadora e CEO do hub de inovação e análise de tendências Spark:off. Possui três décadas de experiência em comportamento de consumo e inteligência de mercado, tendo sido responsável pelas operações da WGSN e Stylus no Brasil. *Future thinker* especializada em ciências do consumo, atua como professora de MBA na ESPM-SP e na PUC-RS, além de ser palestrante sobre tendências e inovação. Também integra o Comitê do Futuro do IBGC, é sócia da plataforma de liderança feminina Aladas e investidora em uma dúzia de startups brasileiras.

Sumário

INTRO

Historicamente, a sede de sobrevivência de profissionais e negócios cobrou respostas imediatas no Varejo. Como máquinas focadas em fazer acontecer, dispersamos energia fomentando a ansiedade em lidar com urgências e entregar resultados de curto prazo. Este se tornou o *modus operandi* do piloto automático do Varejo que nos prendeu numa zona de inércia complexa, confusa e exaustiva.

ZONA DE INÉRCIA **COMPLEXA, CONFUSA E EXAUSTIVA.**

Sempre questionei esses atalhos do Varejo. No entanto, foi apenas quando decidi empreender que percebi uma verdade fundamental: o sucesso consistente não depende da obsessão por resultados operacionais imediatos, mas de uma visão estratégica, acurada e inovadora do negócio. As práticas profundamente enraizadas e as limitações culturais dentro das organizações frequentemente cegam líderes e equipes, dificultando a transformação empresarial e fazendo com que pensar no futuro pareça um exercício inútil ou fora de alcance.

O grande entrave do mercado varejista está na perpetuação de convenções que, criadas há décadas, ainda são tratadas como verdades absolutas, mesmo quando ultrapassadas. Essas crenças limitantes sufocam a evolução e a modernização das empresas, dificultando a adaptação às novas dinâmicas do mercado. É importante lembrar que a inovação frequentemente surge daqueles que ignoram ou desafiam as regras do jogo. Por não seguirem os padrões estabelecidos, eles ousaram pensar, planejar e executar de maneira diferente, rompendo com o convencional.

É justamente esse o convite que faço a você neste livro. Minha proposta é revisitar o Varejo com um olhar renovado, livre de vícios e amarras, repleto de autonomia criativa. Vamos questionar padrões cristalizados, revisar antigos comportamentos e combater hábitos corporativos que talvez não sirvam para os modelos atuais. Ao confrontar verdades absolutas que moldaram nosso mercado até aqui, construiremos um caminho sólido para o futuro — um futuro onde sua empresa estará preparada para enfrentar as tendências e complexidades de um cenário em constante transformação.

Em 2020, bem no início da pandemia da COVID-19, escrevi um artigo na revista *Harper's Bazaar Brasil*[1] que dizia:

> *"Lojas que funcionam como apresentação de estoque têm seus dias contados. Muitas não irão sobreviver. Elas vão ceder espaço para um Varejo de experiência e troca social, onde marcas se conectam com pessoas usando seu espaço físico como mídia. O Varejo será um grande cruzamento da oferta de produtos combinada com alimentação, conveniência e serviços. Notem que praticamente não falei de tecnologia (ou do mundo digital), pois ela está inserida em todos os pontos descritos a fim de complementar a jornada de experiência."*

1. SALEK, Camila. *O Crepúsculo do consumo*. São Paulo: Harper's Bazaar Brasil, 2020.

Reler esse parágrafo me trouxe uma emoção especial. Talvez muitos não saibam, mas quando fundei a Vimer há quase duas décadas, incluí o termo "Experience" em seu nome. Isso porque sempre acreditei que o Varejo deveria ir além da transação para se tornar um espaço de experiências. Desde o início da minha trajetória profissional, esse tem sido meu grande propósito. Olhar para frente e construir um caminho ao lado de equipes, clientes e parceiros não é apenas parte do meu trabalho; é a essência dele. E é por isso que acredito tanto na importância de planejar e antecipar o futuro que queremos realizar. Essa prática é indispensável em qualquer segmento, mas, no Varejo, ela é absolutamente essencial.

Afinal, sobre o que este livro trata?

A transformação digital e seus impactos na rotina de empresas e consumidores já são temas amplamente debatidos no Varejo. Contudo, ao observarmos o mercado, percebemos mudanças ainda mais profundas que envolvem a emocionalização do processo de compra, a digitalização da jornada do cliente, a integração entre online e offline, a sustentabilidade nas lojas, o empoderamento das equipes de venda, a eficiência operacional e a ativação de serviços diferenciados. São pontos que, cada vez mais, ganham destaque nas estratégias das grandes marcas e redefinem as prioridades do setor.

Dito isso, este livro é um convite para pensarmos juntos sobre o Varejo de hoje e do amanhã. Você, que já trabalha ou pretende ingressar no mercado varejista, já refletiu, por exemplo, sobre como as plataformas digitais oferecem acesso instantâneo ao portfólio de produtos, mas não conseguem entregar uma experiência completa de marca?

Ter um espaço físico **moderno, vibrante e sinestésico**, onde as histórias da marca ganham vida frente a frente com os consumidores, **é um ativo de valor incalculável no cenário atual.**

Uma das maiores tendências de consumo está no desejo de viver experiências. Visitar uma loja pode (e deve!) ser um momento prazeroso, impactante e surpreendente. Para marcas visionárias, os pontos de venda físicos são muito mais do que locais de transação; eles são espaços de aproximação, conexão, colaboração, relacionamento, socialização, vivência e celebração.

É exatamente esse novo papel das lojas que quero explorar com você: um consumo mais comunitário, interativo e emocional. Esses aspectos compõem o que chamo de **Varejo Experiencial.**

Há mais de uma década, além de desenvolver projetos de design voltados para o Varejo, também edito relatórios anuais que mapeiam as principais tendências do setor. Ao longo dos anos, tive a oportunidade de trabalhar em temas que ajudaram a moldar o mercado varejista e a direcionar estratégias de marcas. Aqui estão os principais assuntos abordados:

2012

2013

2014

2015

2016 **Varejo como mídia**

2017 ***Smart Shopping + By Heart Shopping***

2018 **Volatilidade**

2019 **Varejo imersivo**

2020 **Soft Sell e Humanização**

2021 **Always On**

2022 **Renascimento do Varejo**

2023 **Varejo Hiperfísico**

2024 **7th Sense – IA como empoderador da inteligência humana**

2025 **Varejo Experiencial**

2026

2027

2028

Esses temas refletem a evolução do Varejo ao longo do tempo e sua contínua busca por inovação, pela oferta de experiências e por uma conexão genuína com os consumidores.

O Varejo Experiencial é a coroação desses 10 anos de pesquisas e representa a verdadeira conexão entre clientes e marcas no espaço físico. É hora de desafiar os formatos tradicionais de lojas segmentadas por gênero ou voltadas exclusivamente para a venda. Precisamos pensar em experiências relevantes que dialoguem com as comunidades onde as lojas estão inseridas.

Para tornar a leitura mais fluida, organizei este livro em três partes: (1) Fundamentos, as raízes do Varejo físico; (2) Status quo, um retrato do Varejo atual; e (3) Status cool, com os caminhos para o Varejo Experiencial.

No primeiro bloco, a proposta é revisitar os pilares do Varejo. Qual é a essência dessa atividade que atravessa gerações? O que nunca mudou – e o que provavelmente nunca mudará – no papel desempenhado pelos varejistas? Vamos explorar as evoluções históricas das operações de loja e dos diferentes modelos de negócio. Ao compreender a lógica que guia o mercado varejista, ampliamos nossa capacidade de interpretar a realidade e de acompanhar o desenvolvimento da relação entre empresas e clientes.

A segunda seção foca na análise crítica do Varejo atual. Aqui, apresento uma visão detalhada dos erros mais frequentes cometidos pelos varejistas, expondo problemas, desafios e obstáculos que impedem o progresso. Vivemos em um mundo que avança rapidamente, e carregar princípios, crenças e ideias ultrapassadas é um fardo pesado demais para quem precisa acompanhar as mudanças. O objetivo dessa parte não é causar desconforto ou ansiedade, mas sim instigar a busca por novas oportunidades e caminhos mais promissores.

Por fim, o terceiro bloco oferece soluções práticas para os desafios enfrentados no Varejo contemporâneo. Para cada problema identificado na seção anterior, proponho mudanças e ajustes que podem transformar marcas e negócios rumo ao conceito de Varejo Experiencial. Com uma nova visão empresarial e uma cultura organizacional renovada, redesenharemos a jornada do cliente e o funcionamento das lojas a partir das demandas do mercado, da sociedade e das inovações tecnológicas.

Este livro é voltado para quem busca entender o Varejo sob uma perspectiva inovadora e dinâmica. Considero sua leitura essencial para empresários, executivos, profissionais, estudantes e acadêmicos desse setor tão multifacetado. Seja sua área de atuação Comercial, Operações, Marketing, Logística, CX (Customer Experience), Arquitetura, Visual Merchandising, Finanças ou Recursos Humanos, todos que atuam ou desejam atuar no

Varejo devem estar atentos às tendências que moldam o comportamento dos consumidores e as estratégias das grandes marcas.

Minha intenção é que esta leitura seja uma provocação. Quero instigá-lo a refletir, questionar e, acima de tudo, agir. Este livro é um *call to action*! O momento da revolução do Varejo Experiencial já começou. As empresas precisam de profissionais dispostos a liderar essa transformação com novas ideias, perspectivas e coragem para enfrentar os desafios do mercado. Ao longo dos próximos capítulos, discutiremos inovações, resoluções de problemas e exemplos inspiradores para reimaginar o setor.

Importante destacar que este livro não pretende ser a palavra final sobre os rumos do Varejo. Não se trata de um manual com respostas definitivas, fórmulas mágicas ou atalhos infalíveis. Pelo contrário, meu objetivo é abrir espaço para conversas sobre ideias, conceitos e histórias de marcas que considero inspiradoras. São exemplos que podem ajudar você a dar um salto de qualidade em sua atuação profissional.

Portanto, convido você a se entregar à leitura com a mente aberta. Evite julgamentos precipitados, absorva o conteúdo, analise e critique. Compreenda que, no universo do Varejo, não existe certo ou errado definitivo. Tudo está – e sempre estará – em constante construção.

Boa jornada a todos nós!

BLOCO 1

FUNDAMENTOS: AS **RAÍZES DO VAREJO FÍSICO**

CAPÍTULO 1

UMA VIAGEM PELAS **GERAÇÕES DO VAREJO**

O cenário dinâmico do Varejo nos apresenta uma narrativa fascinante de adaptação e inovação ao longo do tempo, através da história de diferentes modelos de negócios que surgiram refletindo as necessidades e preferências dos consumidores, bem como avanços tecnológicos e mudanças sociais.

Neste primeiro capítulo, quero começar apresentando o que chamo de "gerações do Varejo", que consistem em seis modelos distintos que moldaram a paisagem do comércio, cada um com sua trajetória única de evolução. São modelos que coexistem no mundo de hoje e continuam a influenciar como as marcas se envolvem com os clientes, criam valor e impulsionam o sucesso de vendas no mercado. O objetivo é desvendar características por trás de cada geração e captar as lições que podem inspirar as estratégias de negócios.

Para executivos(as) e profissionais do segmento de Varejo, este capítulo reflete uma etapa muito importante de diagnóstico da operação em que estão envolvidos(as) e a compreensão sobre outros modelos de negócio que serão de grande valor para tomada de decisões em caminhadas futuras. Portanto, inicio a jornada deste livro com um convite para que você mergulhe na trajetória do Varejo, numa versão livre que desenhei a fim de facilitar a compreensão do processo evolutivo que nos trouxe até aqui.

> "Design **não é** apenas **sobre espaço.** É sobre **criar um modo de vida que tenha sentido."**
>
> WU BIN[1], fundador da W. Design China

1. Wu Bin é atualmente um dos maiores nomes do design na Ásia, com uma abordagem voltada à hospitalidade hiperlocal e à importância que a experiência espacial desempenha na criação de memórias duradouras.

PRIMEIRA GERAÇÃO

a loja de vizinhança*

*em inglês *the neighborhood store*

Sabe aquela loja que é dirigida por uma família? Onde quem compra conhece os donos, assim como eles também conhecem bem seus clientes? Dificilmente a venda acontece sem alguma conversa genérica e educada sobre assuntos cotidianos. Ora está o pai no balcão, ora a mãe, noutra, algum dos filhos e a principal força deste modelo é justamente isso: a venda assistida.

A loja de vizinhança, muitas vezes chamada de loja de bairro, está inserida e faz parte da comunidade. Existe muita conexão social neste ambiente. Nos Estados Unidos, esse tipo de loja recebeu o apelido carinhoso de *mom-and-pop store* (loja da mãe e do pai) e ela realmente representa este contexto de ser a loja familiar que muitas vezes permanece na comunidade por gerações da mesma família. Algumas crescem e mudam seu modelo de negócios de Varejo; outras permanecem no mesmo formato, sendo suficientes para o sustento de seus proprietários. É um modelo típico de empreendedorismo e que convive com as demais gerações que apresentarei a seguir, não apenas no Brasil, mas no mundo inteiro, em pequenas e grandes cidades.

Arrisco-me a dizer que neste modelo de negócio existe uma relação emocional entre a loja e a comunidade. No passado, eram estas as lojas que tinham caderneta de crédito ou vendiam fiado e, apesar de esta prática ter diminuído bastante, principalmente nos grandes centros, é bem fácil ainda encontrarmos a possibilidade de, se o cartão não passar, alguém te sugerir levar a mercadoria e voltar depois viabilizando outra forma de pagamento. Um formato de Varejo que só é possível porque as pessoas se conhecem de fato e sabem com quem estão lidando.

Faço um paralelo das lojas de vizinhança com a venda de catálogo através de consultores. Chamada de venda direta, a venda por catálogo também é um formato da primeira geração que tem como base os mesmos princípios da loja de vizinhança. Aliás, as vendas por catálogo, assim como as lojas de vizinhança, foram por muito tempo as únicas formas que as pessoas tinham para comprar produtos! Ambos os formatos ainda estão presentes em todo mundo e, em específico, têm muito sucesso no nosso país.

Pontos fortes e fracos da loja de **vizinhança.**

O Serviço Brasileiro de Apoio às Micro e Pequenas Empresas (Sebrae) revelou dados recentes que mostram a importância das lojas de vizinhança. Para termos ideia desta dimensão, o setor de pequeno Varejo emprega cerca de 9,5 milhões de pessoas no Brasil e responde por cerca de 27% do Produto Interno Bruto (PIB) do comércio varejista do país. São muitos os segmentos de atuação com destaque para padarias, mercadinhos, lojas de conveniência, vestuário e calçados, produtos farmacêuticos, materiais de construção, dentre outros.

Alguns dos pontos fortes do modelo "loja de vizinhança" estão diretamente ligados a esta proximidade com o público: a venda assistida com atendimento caloroso, a variedade de produtos muito mais adequada à comunidade e a possibilidade de curadoria personalizada do que é oferecido. Tudo isso resulta numa experiência de compra com forte conexão.

Quando olho para os pontos fracos, preciso destacar a gestão e o estilo do administrador que muitas vezes é pouco racional. Faltam indicadores, gestão adequada de compras e estoque, processos de renovação e frequentemente temos a mistura de contas pessoais e da empresa. São comuns os casos onde, em função de uma conexão tão forte do dono com o negócio, ele sequer coloca o valor de sua hora trabalhada na composição de custo. Já vivenciei vários casos de lojas de vizinhança que faliram por não terem um processo de gestão adequado ao negócio.

Temos atualmente mais de 60 mil farmácias de bairro no Brasil.

Foto: Vimer

SEGUNDA GERAÇÃO

a loja de departamento*

*em inglês *the department store*

A segunda geração é representada pelas lojas de departamento, também conhecidas por magazines, que surgiram na segunda metade do século XIX em cidades norte-americanas e europeias. O grande diferencial deste modelo está voltado à oferta de uma grande variedade de produtos nos mais diversos segmentos: vestuário, mobiliário, decoração, produtos eletrônicos, cosméticos, brinquedos, entre outros.

Uma das primeiras lojas de departamento do mundo, a Le Bon Marché, foi inaugurada em 1852 em Paris, na França, e até hoje é um grande exemplo mundial de Varejo. Construída para impressionar os visitantes, a Le Bon Marché (assim como outras lojas de departamento contemporâneas) iniciou o conceito de calendário sazonal de Varejo, fazendo grandes investimentos em campanhas de produtos e datas comemorativas com objetivo de provocar movimento de fluxo de pessoas em suas lojas. Neste contexto, nasce o conceito de espaços impactantes onde o vitrinismo e o Visual Merchandising aterrizavam toda a contação de histórias, transformando lojas em algo que ia além dos espaços de consumo, entregando inspiração, entretenimento e lazer.

Analisando esta geração com olhar operacional, o início das lojas de departamento foi transformador para o Varejo. A forma de comprar, apresentar e vender produtos mudou por completo com o nascimento deste modelo. Até a forma de negociar uma compra (antes mais pessoal e que permitia barganha) foi alterada através da clara exposição de preços fixos. Outra característica muito importante deste modelo foi diminuir consideravelmente a "venda de balcão", permitindo ao consumidor a livre exploração dos produtos sem a necessidade de adquiri-los. A implantação e a eficácia do autosserviço, com pouco ou nada de venda assistida, transformou o sistema que existia até o momento nas lojas de bairro.

Um modelo que começou muito conectado com a inspiração rapidamente sucumbiu à visão industrial no Varejo. Surgiram grandes diversidades de formatos somadas à busca pela eficiência operacional. Fica fácil exemplificar quando pensamos que cadeias de desconto e até alguns modelos de hipermercados são considerados lojas de departamentos atualmente. Nestes modelos, é comum encontrar grandes ofertas de produtos, preços altamente competitivos e a provocação de velocidade no consumo. A performance e o volume do que é ofertado começam a falar mais alto do que a conexão social.

Aqui no Brasil, os primeiros magazines chegaram com investimentos estrangeiros, sendo representados no início por nomes como Mesbla (em 1912, que pertencia a um grupo francês) e o Mappin (em 1913 e pertencia a um grupo inglês). Mas foi a partir de 1950, com mudanças em hábitos de consumo, que vimos a expansão deste modelo acontecer por aqui, materializando o estilo de vida americano consumista em artigos de moda, eletrodomésticos, veículos etc. Ao longo dos anos, muitos magazines não sobreviveram ao processo de entrada e forte concorrência dos shopping centers e faliram. Atualmente, esta segunda geração de Varejo é representada por grupos como Magazine Luiza, Casas Bahia, Lojas Americanas, Renner, dentre outros.

Le Bon Marché. Primeira loja de departamento do mundo - 1852 Paris, França

Foto: Vimer

Pontos fortes e fracos da loja de **departamento.**

É prático e conveniente consumir em um magazine. O grande ponto forte da loja de departamentos é conseguir resolver a vida do cliente num curto espaço de tempo, evitando deslocamentos. O custo final do produto também é um grande atrativo, pois muitas lojas de departamentos têm linhas próprias de produtos e negociam marcas terceiras em altíssimos volumes, o que gera grande agressividade no preço final.

Embora seja um modelo que cresceu muito aqui no Brasil, a história dos magazines no nosso país é cercada de muita concorrência. Questões que envolvem a busca crescente por aumento de portfólio de produtos também tornaram este tipo de operação mais complexa, exigindo investimentos elevados e mudanças sucessivas na gestão. O processo que envolve a fidelização dos clientes também é um grande desafio, tendo em vista que boa parte dos modelos atuais de lojas de departamentos no Brasil não está focada na relação emocional e sim na transação de venda. Este último talvez seja o ponto de maior fragilidade, pois as lojas de departamentos se desconectaram das pessoas, tendo uma oferta bem generalista e se transformando num modelo quase oposto ao da primeira geração. Vale ressaltar que esta é uma característica brasileira deste modelo de negócio.

TERCEIRA GERAÇÃO

a loja da marca*

*em inglês *the branded store*

Se na primeira geração o foco era a comunidade e a venda assistida, na segunda a grande oferta de produtos no sistema de autosserviço, a terceira foi pautada pelo encontro direto das marcas com seus consumidores. Nesta geração, marcas assumem suas primeiras operações em Varejo e criam experiências voltadas aos clientes.

Gosto de olhar para este modelo como um reconhecimento de que a experiência disponibilizada nas lojas de departamento e nas lojas de bairro, ainda que estivessem presentes, eram pequenas e não tangibilizavam a marca em si. A experiência, portanto, passa a ser um fator muito sério, muito importante, sendo fundamental haver uma conexão emocional entre marcas e pessoas nesta terceira geração. Esta é uma geração de lojas muito utilizada por marcas da indústria que decidem atuar diretamente com o consumidor.

Vamos olhar a marca Levi's, que iniciou lá no século XIX, como exemplo deste modelo. Nas palavras da própria marca: "Levi Strauss se muda para São Francisco na época da Corrida do Ouro e inicia a venda de roupas, botas e outros produtos para as pequenas lojas de Varejo do oeste americano." Para a Levi's foram quase 130 anos atuando no desenvolvimento, fabricação e venda de jeans exclusivamente no atacado até a decisão da primeira loja da marca. Apenas em 1983 a marca decide abrir sua primeira loja própria e operar diretamente na relação de venda e experiência com clientes, dando início a uma nova fase de Varejo para a marca. Atualmente, as lojas conceito Levi's são excelentes exemplos de apresentação visual impactante, *storytelling* inspirador, altos níveis de customização de produtos e personalização da experiência, entregando vendas assistidas impecáveis.

A evolução deste modelo geralmente acontece através de operações próprias da marca, que chamo de *HIGH STORES* e *FLAGSHIP STORES*, que são lojas conceituais que oferecem a melhor experiência possível de marca.

Pontos fortes e fracos da loja da **marca**.

De longe o maior ponto positivo é que o modelo busca colocar o consumidor no centro e oferecer a ele a melhor experiência possível. Marcas que apostam neste formato conseguiram enxergar no Varejo físico a possibilidade de tangibilizar sua imagem, seu propósito e reforçar sua relação com pessoas.

Uma branded *store* possibilita um enorme ganho para a marca em criação de vínculo emocional, fidelização e recorrência de compra dos clientes que passam a conhecer mais

Para refletir:

O Varejo físico **é o coração da conexão** e da experiência entre marcas e pessoas.

Foto: Divulgação da marca

sobre produtos e outras características do posicionamento da marca, impossíveis ou difíceis de serem notadas nas lojas das outras gerações. O cliente de fato passa a ocupar uma posição de destaque para a marca nesta geração de lojas.

O principal ponto fraco é que gerir uma experiência de Varejo não é uma tarefa fácil para marcas. Muitas acabam terceirizando a entrega de suas experiências ou decidindo por expandir a presença física de marca com operadores parceiros. Como resultado, muitas lojas da marca são hoje reflexo de modelos mais transacionais com foco na escala, não conseguindo entregar uma experiência de fato relevante para o cliente. Veremos mais sobre isso na próxima geração.

Loja Levi's em Singapura.

QUARTA GERAÇÃO

a loja de escala*

*em inglês *the any place store*

Antes de falar sobre a geração de escala, vale reforçar que a grande expansão dos shopping centers na década de 70 em todo mundo, oferecendo espaços convidativos para marcas, foi um dos fatores determinantes para que muitas marcas escalassem seus negócios de lojas físicas. Portanto, praticamente junto com as primeiras lojas de marcas surgiram variantes de modelos com foco na expansão territorial.

Ao iniciar e ter sucesso com uma loja de marca, muitas decidiram abrir mais e mais lojas para atingir mais e mais pessoas. Num país de dimensões continentais como o nosso, este modelo da quarta geração encontrou um terreno fértil cheio de oportunidades.

No mundo do Varejo físico, porque no início deste processo a internet nem existia, a escala envolveu principalmente formatos de loja com operação nos modelos de franquias onde a marca cede a um franqueado o direito de uso da sua marca, produtos ou serviços. Atualmente, apenas para dar mais visibilidade sobre o exemplo citado na geração anterior, a Levi Strauss & Co. se tornou um varejista global que vende produtos em 110 países com aproximadamente 2.900 lojas de Varejo de marca (além dos quase 50.000 pontos multimarcas).

Com a quarta geração de Varejo, que tem como foco a expansão física da marca, inicia-se uma conexão por conveniência. Por ser um modelo de escala, os custos operacionais ganham peso decisivo para a eficiência do negócio, o que gera modelos padronizados e compactos. Esse olhar para expansão e escala foi o grande direcionador do crescimento do Varejo nessa quarta geração. Aqui no Brasil, grupos como Cacau Show e O Boticário simbolizam algumas das maiores operações físicas monomarca do mundo, atuando em formato de escala e tendo milhares de lojas nacionalmente em diferentes formatos: quiosque, loja pequena, média ou grande, corners, etc.

Segundo a ABF Franchising, a Cacau Show é a maior franqueadora do Brasil com mais de 4.500 unidades abertas.

Foto: Vimer

Pontos fortes e fracos da loja de **escala**.

O grande ponto forte é poder realmente dar aos consumidores maior e melhor acesso aos produtos. Assim, este modelo traz muito um olhar de conveniência onde são múltiplas as possibilidades de formato presentes em determinada localização. É o Varejo indo ao encontro dos consumidores, tornando o produto facilmente disponível.

Entretanto, se a loja de marca da geração anterior valorizava o social e a experiência, há nessa loja de escala a característica de volume presente na indústria, sendo quase inevitável que este modelo se tornasse o reflexo de uma loja "estoque", voltada prioritariamente a ofertas transacionais para escoar os grandes volumes que são produzidos. Em muitos casos, a experiência do consumidor acaba sendo prejudicada e se resume a ofertas massificadas e conveniência.

Outro ponto fraco é que para expandir um negócio através de franquias, marcas costumam criar regras de operação que, por um lado, são necessárias para garantir a mesma entrega independente do operador, mas, por outro, padronizam o negócio de forma a não respeitar peculiaridades regionais onde a loja está inserida. Este fator prejudica muito a conexão social física de marcas na expansão nacional, por exemplo.

QUINTA GERAÇÃO

a loja multicanal*

*em inglês *the any time store*

Esta é uma geração viabilizada pela força da internet. As vendas que antes aconteciam através de lojas físicas ou venda direta (porta a porta e catálogo) têm nesta quinta geração uma soma dos canais digitais.

Nos primórdios da internet, tive a oportunidade de trabalhar na primeira empresa de marketing digital brasileira e acompanhei de perto as experiências iniciais de marcas varejistas na criação de lojas virtuais. Estou falando do ano de 1996, quando marcas como o Pão de Açúcar, um dos varejistas precursores em canais digitais, tinha um modelo de loja virtual onde as informações de imagem das gôndolas eram enviadas para os consumidores via um CD-ROM, que era inserido no computador para, através de conexão discada na internet, atualizar preços e realizar compras. Este era o auge do e-commerce há quase 30 anos!

Com a entrada do 4G, a partir de 2013 no Brasil, houve uma grande aceleração no desenvolvimento e adoção dos canais digitais de Varejo pelas marcas. Não à toa, temos acompanhado uma grande corrida de marcas varejistas nos últimos 10 anos buscando oferecer melhores experiências em lojas virtuais que se tornam importantes canais disponíveis

24 horas por dia (*any time store*). Neste contexto, o cliente retoma seu protagonismo no poder de escolha, decidindo pelo canal que lhe for mais conveniente.

Ao conquistar a multicanalidade, varejistas lutam ainda nesta geração pela integração de canais. Falar de omnicanalidade é entender que o passo futuro, quando uma marca atua com diferentes canais, é oferecer uma experiência integrada e livre de fricção durante a interação entre clientes e marcas, isto independente do canal que o consumidor decide se relacionar e comprar.

Pontos fortes e fracos da loja **multicanal.**

A conveniência é o grande ponto forte. Quem decide é o consumidor, ele readquire essa autonomia: não é apenas possibilitar orientações a ele, é dar a chance de ele decidir como prefere que o processo de relacionamento com a marca e a compra de produtos aconteça.

O grande desafio, o mais difícil, é a conexão de todas as informações. Esta integração vem sendo discutida há muitos anos, mas o que vemos de fato é que a maior parte dos varejistas ainda trabalha em silos. Existem times voltados ao e-commerce, a vendas no canal multimarca, a operações de Varejo direto (franquia e próprias) etc., sem uma clara

Foto: Divulgação da marca

unicidade na direção estratégica. Um dos reflexos visíveis desta postura é a dificuldade de implantarmos operações omnicanais, pois não existe uma base integrada que entende o cliente como único.

Como resultado, o maior ponto fraco desta geração de Varejo é a frustração do consumidor que se sente muito insatisfeito ao, por exemplo, comprar um produto online e não poder trocar nas lojas, ou ser cliente há muito tempo de uma marca e estar conversando com seu vendedor por WhatsApp e ser encaminhado para finalizar a compra para um canal digital sem nenhuma assistência. Aliás, é melhor parar por aqui, pois a lista seria enorme se eu fosse elencar a quantidade de exemplos diários que acompanho com varejistas que não têm canais integrados. Falarei mais sobre isso no decorrer do livro!

A Arezzo é um bom exemplo de omnicanalidade no Brasil, atualmente contando com uma jornada de compras completa e personalizada para cada cliente, integrando lojas físicas, e-commerce, aplicativo e redes sociais.

SEXTA GERAÇÃO

a loja experiencial*

*em inglês *the experiential store*

A geração experiencial simboliza o futuro das lojas físicas, marcando um retorno definitivo ao olhar para comunidades e regionalismos. O objetivo é construir uma relação única com o consumidor, enquanto proporciona uma experiência sensorial incomparável com a marca.

Estamos vivendo um movimento transformador no Varejo, que busca evoluir da relação puramente transacional – centrada na compra e venda de produtos, um modelo historicamente predominante – para uma relação que também seja experiencial. No entanto, após décadas de negligência no segmento, a realidade que se observa ao caminhar por grandes centros de compras revela um panorama preocupante: a conexão entre consumidores e marcas ainda é superficial, marcada por uma enorme distância e uma evidente falta de pertencimento.

Embora o conceito de Varejo Experiencial esteja sendo discutido, estamos longe de vê-lo concretizado de maneira ampla e eficaz. É chegada a hora das marcas varejistas serem sacudidas, assumirem seu papel de liderança e iniciarem conversas realmente significativas. Afinal, é nesse diálogo que reside o potencial de transformação do setor, colocando as experiências humanas no centro das estratégias e tornando o Varejo um espaço de conexão verdadeira e memorável.

Para refletir:

Os consumidores hoje esperam que marcas varejistas sérias **tenham excelência na entrega funcional**. Porém são os **fatores emocionais** que irão fazer a diferença.

Redes como a Zara e H&M, fortemente reconhecidas por sua eficiência operacional, estão evoluindo em qualidade de atendimento e serviços, ofertando, por exemplo, serviços de aluguel de roupas, cabeleireiro e manicure, lanchonetes, itens que não dispunham há alguns anos e que trazem uma experiência muito mais completa para seus clientes. Recentemente, ao visitar o novo modelo físico da PetCo americana, fiquei surpresa com todo o foco direcionado à experiência de quem decide se relacionar com a marca. Uma loja imersiva, inspiradora, altamente conectada com a geolocalização e com uma curadoria de produtos e serviços impressionantes.

A loja da PETCO em New York é um dos mais atuais modelos de tangibilização da entrega de uma loja experiencial.

Varejo como o coração da conexão de marcas

O Congresso da NRF (National Retail Federation), realizado anualmente no início do ano em Nova York, é uma das principais vitrines de tendências para o setor varejista. Nos últimos anos, o evento tem destacado com força o retorno da experiência nas lojas físicas, que voltam a ocupar um papel de protagonismo dentro do ecossistema do Varejo.

Esse destaque não é por acaso: as lojas físicas participam de 80% das compras realizadas nos Estados Unidos – e, no Brasil, esse percentual é ainda maior. Em mercados que já possuem estratégias omnicanal avançadas, tornou-se evidente que melhorar a experiência física entregue aos clientes não é apenas desejável, mas essencial. As lojas não são mais apenas pontos de venda; elas são espaços de interação, conexão e engajamento, capazes de reforçar a relação entre marcas e consumidores em um nível mais profundo.

No Brasil, ainda há um longo caminho pela frente no que tange à omnicanalidade ou *unified commerce*[2], porém muitas marcas também já começam a rediscutir o papel da loja física. É preciso dar espaço para um modelo de maior conexão social, emocional e digital com foco na experiência. Ainda levaremos alguns anos para que a omnicanalidade ou *unified commerce* se tangibilize na totalidade, pois estamos falando de um processo complexo, envolvendo legislação, mudança de mentalidade, reorganização logística, melhorias em gestão de estoque e inventário, entre outros fatores que precisam ser endereçados e resolvidos, pois esta é uma etapa muito importante para a geração experiencial do Varejo.

Considero essa sexta geração o estado da arte do Varejo e da experiência que a marca entrega aos clientes. Este foi o motivo que me levou a escrever este livro: para deixar clara a importância de retomarmos nossos esforços para o protagonismo experiencial nos canais físicos e buscarmos ofertar dentro de nossas operações modelos da sexta geração.

A partir do próximo capítulo, quero reforçar alguns fundamentos do Varejo, que devem estar presentes em todos os seis modelos de negócios e nunca podem ser esquecidos. Comecemos com o primeiro fundamento: eficiência.

2. O *unified commerce* vem sendo defendido como a evolução da omnicanalidade, num pensar que vai além da gestão unificada dos estoques. Basicamente, estamos falando da prática de conectar sistemas de retaguarda aos canais de atendimento ao cliente por meio de uma única plataforma, fornecendo uma visão unificada das interações, produtos e sistemas de gerenciamento.

CAPÍTULO 2

EFICIÊNCIA OPERACIONAL: **O PRIMEIRO FUNDAMENTO COMPETITIVO**

No capítulo anterior, apresentei seis modelos de negócios que historicamente constituem a dinâmica das lojas e que convivem até hoje, lado a lado: (1) loja de vizinhança, (2) loja de departamento, (3) loja de marca, (4) loja de escala, (5) loja multicanal e (6) a loja experiencial.

Agora gostaria de falar de algo que está presente em todos os tipos de operação varejista e que, exatamente por isso, configuram a essência da nossa atividade. Deixemos de lado a questão estrutural, e olhemos para os aspectos comportamentais.

Todo varejista precisa ter uma operação que funcione adequadamente e que potencialize suas intenções. A vontade de atender com qualidade e a capacidade de criar novidades devem ser materializadas em ações no dia a dia e em práticas empresariais sólidas.

Isso significa minimamente atuar de forma organizada, ter uma equipe competente, trabalhar com processos inteligentes, eliminar desperdícios e potencializar seus recursos, pois caso contrário a operação no Varejo encontrará sérias dificuldades para enfrentar os concorrentes, principalmente se eles forem mais eficientes. É importante ressaltar que os negócios de Varejo precisam ser rentáveis!

2.1 Conceituando a eficiência operacional

Comecemos este novo capítulo explicando o que é a eficiência operacional. Esse conceito pode ser traduzido como a confiabilidade da entrega de uma proposta de valor. É preciso entregar o que se prometeu aos clientes de um jeito bem-feito e consistente.

É como aquela pessoa que fala que é uma boa confeiteira. Ela diz que sua especialidade é fazer um delicioso bolo de chocolate. Ficamos empolgados e aceitamos o convite para um café da tarde em sua casa. Contudo, chegando lá, descobrimos que o tal bolo de chocolate queimou ou desandou. A receita, que era maravilhosa na teoria, saiu errada naquele dia por algum motivo. "Mas, como assim?", pensamos inconformados. "A pessoa não era uma boa confeiteira? Como pode ter falhado em seu prato principal?!".

A receita pode ser realmente ótima, porém se os ingredientes não forem bons, se o forno não estiver na temperatura certa e com gás suficiente, se o passo a passo não for seguido à risca e se as quantidades corretas não forem respeitadas, o bolo não ficará bom. Qualquer falha na execução transformará a experiência oferecida pela confeiteira em uma tragédia, principalmente se a expectativa for alta.

Gosto do exemplo anterior para fazer a associação com a eficiência operacional. Esse princípio não está ligado, assim, ao quão gostoso é o prato e/ou ao quão inovadora é a receita. Ele está diretamente vinculado à capacidade de entrega daquilo que o confeiteiro prometeu. Por acaso, recebemos o bolo de chocolate gostoso que foi anunciado? Se há uma dificuldade frequente para o doce sair conforme desejado, fica evidente um grave problema de execução.

No caso do Varejo, a eficiência operacional é a excelência da marca em ofertar regularmente produtos e serviços com qualidade e lucratividade. Os processos da empresa precisam ser confiáveis e executados de forma impecável para manter a satisfação dos clientes. Ao mesmo tempo, não podem ocorrer desperdícios, com risco de se operar no prejuízo.

Portanto, não é aceitável que a cada momento, os consumidores recebam atendimentos diferentes, produtos de qualidade distinta e ampla variedade de serviços despadronizados. Pelo lado da organização, essa entrega com excelência não pode ser feita a qualquer preço. Eficiência operacional é sobre o que está sendo entregue efetivamente e com qual custo.

Um problema que enfrento com bastante frequência em marcas varejistas diz respeito à entrada da marca em fase acelerada de crescimento. Falamos rapidamente sobre isso no capítulo anterior. Quando se aumenta muito a escala do negócio em um curto período, geralmente a operação fica truncada, os processos falham e a execução final se torna caótica. O resultado é a piora do atendimento, falhas no estoque, clima organizacional ruim e colaboradores desmotivados. Não apenas os clientes ficam insatisfeitos como a própria equipe se estressa.

É importante que se diga que a operação não é feita apenas por processos, sistemas, equipamentos inteligentes e normas. Ela também é constituída por seres humanos. São os colaboradores que fazem a execução do negócio acontecer. Por isso, não podemos jamais nos esquecer do componente comportamental das engrenagens. A empresa só funciona porque há processos que direcionam as ações das pessoas e porque tem pessoas que fazem os processos se materializarem.

Do ponto de vista dos consumidores, gosto de ver a eficiência operacional como o respeito ao seu tempo e às suas preferências. Uma marca que não possui esse foco enraizado em sua cultura e em sua rotina terá dificuldades para atingir seus objetivos financeiros e comerciais.

Por mais ilógico que pareça, muitos varejistas acabam se esquecendo de cuidar da eficiência de suas operações. Em um setor com margens apertadas e com intensa competição, esse equívoco costuma ser fatal. Por outro lado, verdadeiras transformações organizacionais são feitas a partir da revisão e do ajuste das operações. Quando o trabalho é feito com inteligência e precisão, a dinâmica da empresa se torna mais eficiente e os resultados fecham no azul.

Não à toa, quando as empresas vivem momentos de queda nas receitas e de prejuízos, os CEOs voltam-se prioritariamente para a eficiência operacional. O foco vai para processos, atendimento, oferta de produtos e serviços, redução de custos, agilidade das atividades etc. Invariavelmente, esse é o caminho mais rápido e certeiro para a equalização dos resultados.

2.2 As várias frentes da eficiência operacional

Se alguém me pedir uma definição rápida de eficiência operacional, respondo sem hesitar: é fazer mais com menos. Ainda acrescento que, no Brasil, parece que já nascemos tendo que aprender a agir assim. É uma espécie de mantra do Varejo nacional. Note que essa perspectiva é uma visão mais simples, genérica e, obviamente, complementar à explicação do tópico anterior.

A eficiência operacional possui várias frentes, que incluem desde a agilidade do atendimento, o tamanho da equipe comercial e a abordagem ao cliente até a apresentação dos produtos no ponto de venda e a sazonalidade dos itens oferecidos. Tudo isso influencia na forma de se trabalhar e no resultado financeiro da companhia.

Como este tema é abrangente, decidi dividi-lo em três componentes que impactam diretamente a experiência de Varejo: produto, atendimento e arquitetura comercial. A seguir, vou me focar na discussão dessas 3 facetas (dentre inúmeras outras) da eficiência operacional no Varejo.

2.2.1 Produto

A maneira como o produto é escolhido e apresentado na loja está diretamente conectado com a eficiência operacional.

É necessário decidir o que será ofertado e o que não será nas lojas. Dependendo dos perfis de público, da geolocalização, combinações específicas de produtos serão disponibilizados. A exposição no ponto de venda deve ser pensada com cuidado e tratada como uma decisão estratégica para se criar uma atmosfera que incentive a compra. Se um item está na vitrine, no corredor perto da entrada, na parede no fundo ou escondido na prateleira lateral, o porquê disso precisa estar bem claro.

A sazonalidade das vendas também interfere na operação. Períodos de maior ou menor venda exigem um olhar cuidadoso do varejista. Será preciso contratar mais gente? Posso conceder férias para parte da equipe em determinada época? Quando o portfólio apresenta muitas variações de características, até elementos de exposição exigem adaptações. Equipamentos, cabides e espaços da loja que eram, por exemplo, dedicados aos artigos de Verão e à moda de praia podem não ser os ideais para a exposição dos artigos de Inverno, com seus casacos e blusas de lã, que são peças maiores. A própria logística de envio às lojas e a gestão do estoque precisam ser repensadas.

Oferecer os produtos certos, considerar as particularidades da sazonalidade e apresentar adequadamente os itens no ponto de venda são ações que afetam diretamente a operação do Varejo.

2.2.2 Atendimento

A eficiência de uma loja também está ligada ao desenho do seu atendimento. O como os clientes serão servidos deve ser minuciosamente pensado, discutido, criado e aperfeiçoado por um time multifuncional formado por pessoas de diferentes áreas da companhia: marketing, comercial, arquitetura e gerências de loja.

Peguemos como exemplo o número de vendedores. Dependendo da conta que a companhia faz para que a loja opere no lucro, ela terá uma equipe de determinado tamanho para atender a um fluxo X de consumidores. Assim, a partir da mensuração do quadro ideal de colaboradores e do volume de público, pode-se oferecer uma venda mais assistida ou um maior nível de autosserviço. Essa definição é feita a partir da lógica da eficiência da operação. O objetivo é que a loja concilie qualidade de atendimento com lucro.

Para completar, a empresa precisa estruturar os processos do atendimento para maximizar o desempenho da equipe de atendimento. Vale lembrar que não é sobre chegar para sua equipe com frases motivacionais: "Vá lá e dê o seu melhor na frente do cliente! Confio que você se sairá bem e conseguirá uma excelente venda". Não! É preciso estruturar o "como fazer". Em vendas e no Varejo, a maneira como realizamos as atividades é a parte mais desafiadora do sucesso.

Quando o consumidor sai positivamente impactado com o atendimento recebido, há o dedo das equipes que construíram o modelo de serviço ofertado, além da simpatia e da habilidade do vendedor em ação naquele momento.

2.2.3 Arquitetura comercial

Um dos pulos do gato que o Varejo descobriu foi moldar o espaço e o visual do ponto de venda para impactar positivamente na experiência do comprador. Assim, a própria ambientação da loja influencia diretamente na venda de produtos e serviços. Chamamos essa técnica de arquitetura comercial ou design de Varejo. Ela auxilia significativamente na eficiência operacional.

Quando falamos de arquitetura comercial, não estamos tratando apenas de beleza. É verdade que esse é um ponto importante pois as pessoas gostam de frequentar espaços agradáveis, gostosos e impactantes visualmente. Beleza é fundamental, porém não é tudo. Outro elemento essencial da arquitetura é a praticidade. O que adianta uma loja ser maravilhosa se ela não for funcional? No design do Varejo, beleza e funcionalidade caminham abraçadas em nome da eficiência operacional.

Por essa perspectiva, qual é o layout ideal para a jornada de consumo em um varejista?

Se algum desses componentes faltar no projeto arquitetônico, teremos sérias dificuldades operacionais. Infelizmente já tive em minhas mãos projetos feitos para marcas varejistas onde o produto simplesmente não conseguia se encaixar nos displays propostos. Lembro de um dos casos, uma marca de jeanswear, onde o produto principal que era a calça jeans ficava arrastando no chão ao ser pendurada ou precisava ser exposta com dobras que diminuíssem sua altura. Fiquei indignada e ao questionar o motivo recebi como resposta: "no desenvolvimento do projeto não nos foi perguntado a medida dos produtos vendidos, acredito que o foco da nossa loja foi realmente ter um conceito impactante e não a operação". Convenhamos, um projeto de design que não pense no lado prático e comercial tem um gravíssimo problema para ser implantado no Varejo.

Portanto, quando falamos em design de experiência e arquitetura de Varejo, estamos pensando na eficiência do ponto de venda em conjunto com o impacto do projeto. O layout do espaço deve facilitar a navegação dos clientes pela loja, permitir a boa apresentação dos produtos, maximizar a curadoria, facilitar o atendimento e a entrega dos serviços e reforçar a identidade visual da marca.

Para refletir:

O ponto de venda precisa **curvar-se** aos interesses dos clientes e **proporcionar** a melhor experiência com a marca, valorizando produtos e serviços.

2.3 Desafios da eficiência operacional

A eficiência operacional é a junção de processos competentes com execução impecável. Para se obter melhores resultados, o Varejo busca fluidez nas atividades e custos sob controle. Só assim as metas comerciais e financeiras serão atingidas. Contudo, nem sempre é fácil obtê-los. Há algumas pedras que insistem em aparecer em nossos caminhos e que são difíceis de tirarmos. Abaixo vou detalhar alguns desafios com a liberdade de focar em pontos que se conectam direta ou indiretamente com a operação.

2.3.1 Localização

Não há plano de negócios nem eficiência operacional capazes de dar conta do erro de localização da loja. Por isso, muito cuidado na tomada de decisão sobre o ponto comercial. Algo que aparece como sendo uma oportunidade imperdível pode se configurar depois em um problemão. De que adianta pagar barato e estar em uma rua distante do movimento? O dinheiro que irá ser gasto para trazer o público para sua loja é geralmente superior ao desconto do aluguel. Além disso, esse gasto pode inviabilizar financeiramente a operação.

Para não se montar o negócio no lugar errado, é preciso analisar o cenário com inteligência. Antes mesmo de discutirmos questões como design de Varejo, tipo de atendimento e mix ideal de produtos, vamos procurar a melhor localização para nossa proposta comercial. Afinal, é melhor um ponto na rua ou dentro de um shopping? Quais bairros da cidade o meu público-alvo frequenta? Qual é o comportamento típico dos clientes e seu fluxo habitual de deslocamento?

Imagine que um empreendedor esteja na dúvida entre montar um café ou um barzinho e pretende achar um ponto interessante em uma determinada rua. Contudo, observando a mão do trânsito, ele percebe que de manhã o fluxo principal de carros, outros veículos e pessoas é pelo lado que vai para o Centro da cidade. No fim de tarde, o sentido mais forte é o contrário, no sentido do bairro. Isso durante a semana, pois aquela via é pouco movimentada aos sábados, domingos e feriados.

O que essa constatação indica? De maneira muito simples, com objetivo de provocar a reflexão, se ele quer servir café da manhã para quem se dirige ao trabalho, o ideal é montar seu negócio no sentido da rua que vai para o Centro. Se ele quiser lançar um bar ao estilo happy hour, certamente o melhor local é o lado que vai para o bairro. Se a proposta é atender ao público de final de semana, certamente aquele não é o melhor ponto comercial.

> “As melhores lojas são um fluxo de receita estável e lucrativo. Administrar uma loja eficaz requer **escolher** o local certo, **entender** seu potencial de vendas e **garantir** que ela atenda sua clientela local."
>
> Cathaleen Chen para Business of Fashion, Fevereiro de 2024

Não apenas a posição da loja é importante. A vizinhança é outro aspecto fundamental para a análise. A presença ou a ausência de concorrentes, o perfil dos vizinhos (comercial ou residencial) e a dinâmica do fluxo de pessoas afetam a tomada de decisão. Cada modelo de negócios tem suas peculiaridades. É necessário que se faça o planejamento comercial completo antes de fechar uma localização.

Outra preocupação é verificar os planos da prefeitura e das construtoras para aquela região. É muito comum se escolher um excelente ponto e em poucos meses ele se transformar em um mico. Intervenções urbanas, alagamentos, crescimento imobiliário, criminalidade, trânsito, poluição e barulho excessivos são alguns motivos que podem arruinar a localização.

O ponto comercial tem que fazer sentido para o modelo de negócios e para a estratégia da empresa. Em seguida, devemos pensar no plano de loja a partir das características do público consumidor e de sua jornada de compra. O espaço do imóvel e o planograma[1] daquele ambiente vai permitir que criemos uma experiência de marca impactante para nossos clientes? A loja terá uma posição que permitirá enxergá-la como hub de distribuição ou que atrai público formador de opinião? A inteligência por trás dessas definições impactam a eficiência operacional, mesmo antes da abertura da loja.

2.3.2 Gestão do estoque

A gestão do estoque é provavelmente o maior ponto de ineficiência operacional no Varejo. Claro que não é simples comprar certo e repor velozmente. Mesmo sabendo disso, não podemos tolerar itens desejados pelos clientes faltando no ponto de venda e artigos pouco solicitados entupindo a loja. Em ambos os casos, a operação é prejudicada. Na primeira situação, perdemos vendas. Na segunda, os custos explodem.

Quando analisamos o processo de compra do cliente, verificamos a correlação entre qualidade do atendimento e gestão do estoque. São comuns os casos em que o consumidor decide pela compra depois de dedicar um bom tempo à avaliação. Em muitos casos, ao retornar à loja com a decisão de compra e solicitar um produto que consta no estoque vem a informação de que não há mais aquele item disponível. Imaginem um produto constar no estoque da loja mas não ser encontrado pela equipe de vendas! Esse é um problema clássico de ineficiência operacional. Tanto o cliente quanto o vendedor perdem tempo e ficam profundamente frustrados.

Às vezes, a frustração é pela demora em achar o produto. O item procurado até existe na loja, mas é difícil encontrá-lo. Em muitos segmentos varejistas, os consumidores enfrentam longos tempos de espera até que o item desejado seja localizado. Ruptura em produtos de reposição contínua também representam problemas frequentes de varejistas. Chega a ser

1. Planograma é a representação gráfica da exposição de produtos em um ponto de venda. A partir desse documento, o gestor consegue visualizar o posicionamento dos produtos nos expositores de cada área de vendas em diferentes ambientes da loja.

inacreditável pensar que uma camiseta branca básica, considerada na marca X um item de reposição automática conste frequentemente como um produto sem estoque. Novamente temos perda de tempo e frustração de quem atende e de quem consome.

Por falar em perda de tempo, recomendo muita atenção ao caixa único, um sistema de cobrança muito comum no Varejo atualmente. Como falei anteriormente, o tempo de decisão pelo produto, somado ao tempo de espera de estoque, somado a filas (muitas vezes enormes) de um caixa único são frustrantes.

2.3.3 Design da loja

O design da loja define a acessibilidade do produto no ponto de venda e proporciona uma experiência sensorial ao ato de comprar. Quando o trabalho é bem-feito o cliente encontra o que procura facilmente e sente a atmosfera do ponto de venda. Por outro lado, quando a arquitetura comercial é mal feita, o cliente sofre para achar o que busca e se sente incomodado no interior da loja. O design do ponto de venda pode trabalhar a favor ou contra a eficiência operacional.

Somado a isso, é muito comum encontrarmos gerentes de loja e proprietários de franquias que não garantem a manutenção do design original. Quer um exemplo clássico? Para economizar energia elétrica, diminuem as luzes do salão de vendas. O problema é que no escuro, os clientes se sentem incomodados e compram menos. Podemos até economizar na conta no final do mês, mas em troca perdemos em atração e faturamento. Onde está a lógica de uma ação deste tipo? Faça o exercício de caminhar pelo corredor de um shopping ou por uma rua comercial e note como algumas lojas estão super escuras, em alguns casos existem até lâmpadas queimadas que não são trocadas por "economia". Parece até brincadeira, porém já vivi diversas situações assim e você, leitor, se atua no Varejo, já viveu também.

Pensando em vender mais, outro erro comum é encher a loja de produtos. O pensamento é: com mais produtos em exposição, os consumidores vão comprar mais. Contudo, essa não é uma lógica verdadeira. Se os produtos não estiverem bem expostos, as vendas vão cair e não crescer. É melhor selecionar bem o que será apresentado do que expor todo o portfólio repetidamente no espaço.

O design da loja tem que ser construído respeitando os processos da empresa e o modelo de negócios da marca. O que de fato queremos transmitir? Qual é a sensação e qual o efeito que desejamos passar aos consumidores? Como podemos ajudá-los a comprar mais e melhor?

Para refletir:

Nas lojas, as **marcas são responsáveis por administrar** um dos maiores artigos de luxo do Varejo: **o tempo** dos seus clientes.

Considero realmente contraprodutivo o fato de existirem projetos apresentados sem respeitar a história, o posicionamento de marca e as características específicas de localização. Em muitos casos, quem participa e aprova os layouts está distante da realidade operacional. Note que os conceitos e as novas propostas do ponto de venda devem passar também pelo crivo do time de loja do Varejo. São eles que dirão com propriedade se as novidades podem ou não funcionar no dia a dia. Não à toa, uma quantidade enorme de projetos se tornam inviáveis e desatualizados rapidamente. São geralmente super bonitos esteticamente, mas não respondem às necessidades de clientes e vendedores.

Há pouco tempo, fui procurada por uma marca que tinha três anos de existência. Ela cresceu rapidamente e já tinha dez lojas. A liderança estava estudando um plano mais consistente de expansão. Seus pontos de venda eram bonitos e vários influenciadores digitais admiravam a marca. Contudo, a operação da loja passava por várias dificuldades.

Não foi difícil descobrir o motivo: quem projetou a loja sequer sabia o produto que a marca vendia e não conseguiu construir uma lógica comercial para a exposição dos itens. O ponto de venda era realmente bonito, mas pouco eficiente comercialmente. Precisamos ser pragmáticos quando olhamos a arquitetura comercial. Quem diz que o modelo de negócios da empresa e sua estrutura de loja são sustentáveis pelas perspectivas financeira e comercial é a eficiência operacional.

2.4 O impacto do design de experiência

Muitos dos inimigos da eficiência operacional podem se tornar nossos melhores aliados se bem utilizados. Vou destacar alguns exemplos de projetos que pude participar ao longo da minha carreira e que representam excelentes exemplos neste sentido!

Começo falando sobre a importância de um bom diagnóstico e um plano de ação para a melhoria da operação no Varejo.

É comum que a empresa não saiba o que precisa fazer para melhorar sua operação. Os profissionais da companhia veem que os resultados financeiros não estão bons e as vendas estão longe do ideal. Entretanto, não conseguem encontrar onde estão os problemas. A marca é reconhecida e valorizada pelos consumidores. Os produtos são ótimos e a equipe de vendas sensacional. As lojas são agradáveis e possuem ótimo design. É difícil mesmo entender por que se vende aquém do esperado ou se opera no prejuízo.

Por isso, um olhar de fora pode fazer grande diferença. A consultoria externa sobre um modelo de atuação no Varejo físico tem esse poder: identificar as dificuldades, trazer novas ideias e conceber boas soluções. Nossa primeira ação na Vimer Retail Experience, empresa de consultoria especializada em Varejo que fundei em 2006, é analisar de maneira atenta oportunidades de melhoria física que impactam na eficiência operacional da loja. Isso está diretamente conectado com jornada, layout, planograma, Visual Merchandising, ativação de campanhas, impacto de fachada, vitrines, pontos focais, caixa, provadores e arquitetura.

Gosto de citar o caso da Chilli Beans, um dos clientes que tenho o prazer de trabalhar há anos. Eles são especializados em óculos e acessórios de moda. Também são experts em lançar uma quantidade grande de produtos a cada coleção. A marca tem como modelo de operação lojas pequenas de Varejo, geralmente com 30 metros quadrados. Após um diagnóstico de experiência e operação de vendas feito em conjunto com a marca e seus parceiros, identificamos inúmeras possibilidades para melhora na edição e na curadoria de produtos, auxiliando a seleção por parte do cliente.

Nossa proposta, que mais tarde foi implementada com êxito pela marca, envolveu mudanças na atmosfera de loja, na curadoria de produtos, na hierarquização de linhas e, principalmente, na diminuição da quantidade dos produtos expostos. Os resultados foram bastante positivos.

Caito Maia, fundador da marca Chili Beans, explicou em uma de suas palestras que com 25% a menos de produtos expostos na área de vendas, a empresa viu suas lojas terem crescimento de mais de 30% no faturamento.

"Tirar produto e **destacá-lo** valoriza e **faz a venda mais forte.**"

Caito Maia, fundador da Chilli Beans

Eu poderia citar vários projetos de revisão da operação que trouxeram melhorias significativas nos indicadores comerciais e financeiros. Contudo, gosto dessa história pois ela exemplifica que muitas vezes pequenas mudanças trazem enorme eficiência ao negócio.

Vale a pena dizer que não existe uma solução única para os mesmos problemas. São vários os caminhos possíveis. A solução de suavizar o Merchandising e deixar as subcategorias mais evidentes para os consumidores funcionou para a marca acima, mas pode não fazer tanto sentido em outros modelos de negócio.

Loja da Chilli Beans que teve o Visual Merchandising totalmente reformulado após consultaria da Vimer. O projeto foi assinado pelo arquiteto Gustavo Menegazzo.

Outro projeto muito interessante que fizemos na Vimer foi para a Kopenhagen. Criamos a *flagship* da marca em São Paulo e levamos várias possibilidades de melhoria operacional através da jornada e do design. A sazonalidade dos produtos pedia equipamentos expositores versáteis para se adaptar a momentos de alta de estoque (Páscoa, Natal, Namorados) e momentos de estoque linear (dia a dia do Varejo). Desenvolvemos sistemas de prateleiras flexíveis que poderiam ser baixadas para exposição nos momentos de altos estoques e levantadas se tornando lindos painéis decorativos para operação do dia-a-dia.

A eficiência operacional precisa estar na veia do desenvolvimento de um projeto de Varejo experiencial. Falarei mais sobre isso adiante!

CAPÍTULO 3

SERVIR COM ALMA: A EXPERIÊNCIA DE COMPRA IMPACTADA POR PESSOAS

No capítulo anterior vimos o quanto a eficiência operacional é fundamental para o Varejo. Entender que, muitas vezes, o problema de performance da marca está no planejamento e na execução operacional é essencial para correção de rotas e resultados. Neste contexto, é de suma importância que os valores e os princípios que envolvem operações sejam colocados em prática com a intensidade e as prioridades necessárias, podendo ser aperfeiçoados no decorrer do processo.

Agora, avancemos para o segundo fundamento: o SERVIR.

Independentemente do tipo de negócio, do modelo que se tenha e dos produtos e serviços comercializados, as lojas físicas e/ou virtuais existem para servir bem e para inovar. Esse é o segundo fundamento do Varejo para mim. Sem a incorporação dessa dupla preocupação – servir e inovar – dificilmente a organização conseguirá prosperar em mercados competitivos.

Costumo dizer que trabalhar no ramo varejista é disputar todo dia um novo jogo que sempre volta ao zero a zero. Por mais que tenhamos agradado o cliente e oferecido novidades nas últimas visitas, na próxima vez quando ele retornar vai querer uma experiência diferente e surpreendente. Se não estivermos preparados para trabalhar uma jornada continua de encantamento e fidelização dos consumidores, dificilmente responderemos as constantes mudanças do mercado.

Para refletir:

Servir é um alicerce fundamental do Varejo. Por mais que o mundo se transforme, novas tecnologias apareçam, produtos diferentes surjam e tendências se imponham, a lógica central do nosso trabalho não muda: **o Varejo existe para servir pessoas.**

3.1 O desafio de servir bem

Apesar de saber que o servir bem e a inovação caminham sempre juntos (não à toa, os coloquei no mesmo capítulo), para fins didáticos vou separá-los momentaneamente. Assim, acredito que poderemos olhar para cada um deles com mais atenção e debater suas características com mais profundidade.

Comecemos falando do servir, que está intimamente ligado à experiência de compra. Os estabelecimentos comerciais só existem porque as pessoas têm necessidades. Do contrário, os clientes não entram em nossas lojas e/ou em nossos canais on-line. Ao buscar um varejista, o cliente já chega com o desejo de consumir, seja ele forte ou fraco, seja latente ou explícito. As vontades e os desejos humanos movem o comportamento de compra.

Pela perspectiva de quem vende, a entrega do produto/serviço que os consumidores tanto necessitam se faz invariavelmente por meio do atendimento. Às vezes, o atendimento é indireto e oculto – o comprador não vê as pessoas trabalhando em seu pedido, mas elas estão lá se esforçando para oferecer a melhor experiência possível a ele. Em outras oportunidades, o atendimento é direto e visível – ao ponto de definirmos onde e com quem comprar principalmente pelo vínculo humano criado na interação do processo de compra.

Sempre que falamos em Varejo e na satisfação das necessidades dos clientes, estamos falando de atendimento. E o atendimento está vinculado à intenção e à excelência do servir. Ser varejista é viver em função da prestação do serviço ao público consumidor. Quanto mais intensas forem as preocupações em servir bem, mais bem posicionadas estarão as empresas e os profissionais do nosso segmento.

Porém, apesar de estar na sua essência, o Varejo tem perdido nas últimas décadas o cuidado e o apreço pelo servir. Acredito que o início deste declínio tenha acontecido sob o impacto de modelos de operação autosserviço, que estabeleceram uma relação transacional eficiente, porém demasiadamente fria e mecânica. De uma hora para outra, a variedade de produtos se tornou mais importante para a estratégia comercial do que a oferta de bom atendimento e serviços. Mais recentemente, assistimos à intensificação desse processo com a digitalização das vendas. No mundo virtual, a sensação é que o atendimento pessoal desapareceu!

Sou muito a favor de formatos otimizados de autosserviço no Varejo, contudo acredito que este não é o único caminho para a operação de uma marca. A essência do Varejo é gente, vendemos para pessoas e precisamos valorizar o componente humano na hora de transacionar.

Observe que, quando diversos varejistas oferecem produtos similares a preços parecidos, o que faz os olhos dos clientes brilharem é a possibilidade de ser bem servido. Não priorizar a qualidade do atendimento é ser prejudicial contra si mesmo. Cada vez mais, ganha pontos com os clientes quem sabe proporcionar momentos positivos e marcantes de compra e relação com a marca com pessoalidade; quem tem a inteligência de olhar e escutar o cliente; quem entrega serviços personalizados e consegue proporcionar experiências de compra únicas.

3.2 A Inovação como alicerce do servir

Já que falamos um pouco do servir bem, vamos trazer agora a Inovação para o centro do debate. Curiosamente, muita gente não vê relação direta entre esses dois temas. Pela perspectiva do Varejo, é preciso alertar que ambos caminham lado a lado. Não existe atendimento de excelência sem Inovação e não dá para inovar sem entregar ótimos serviços.

Para refletir:

Mesmo com todas as transformações do Varejo, o **calor humano**, o **sorriso genuíno** e o **atendimento próximo** permanecem essenciais na interação com o público.

Vamos para um caso prático que comprove essa tese. Imagine que uma marca implementa um atendimento personalizado que encanta os clientes. Rapidamente, aquela inovação se espalha por meio da propaganda boca a boca da clientela. Mais consumidores são atraídos à loja pela novidade. Afinal, eles estão sendo muito bem servidos e surpreendidos. Obviamente, o maior volume de fluxo é revertido em maior crescimento de vendas e de lucratividade. Sensacional!

Contudo, a notícia do novo serviço se espalha também entre os concorrentes. Não querendo ficar atrás, as empresas rivais copiam a novidade. Em pouco tempo, aquele atendimento especial que era um diferencial competitivo se transformava em algo corriqueiro no mercado. Os clientes agora não mais se surpreendem ao encontrá-lo. Eles o exigem dos varejistas.

Se a empresa que inovou não procurar outras maneiras para se destacar, ela perderá competitividade. Repare que as marcas que geralmente perdem mais espaço na preferência das pessoas são aquelas que pararam de investir na melhoria do

Para refletir:

Quando a inovação já foi **incorporada** pela concorrência, ela perde boa parte do seu valor.

atendimento e não têm mais a capacidade de inovar. Isso ocorre por dois motivos principais: acham que o que criaram irá perdurar para sempre; e têm dificuldade de enxergar as mudanças de comportamento e novas necessidades dos clientes.

Sempre que falamos em inovação, é comum o pensamento de que esse é um assunto só para empresas grandes ou multinacionais. Onde já se viu um pequeno negócio ter dinheiro para inovar? Segundo essa crença, para algo merecer o adjetivo de inovador, ele precisa carregar soluções nunca vistas ou ser fruto de muitos anos de pesquisa e desenvolvimento. Alerto que esse pensamento está equivocado pois uma das frentes da inovação mais importantes para o Varejo está conectada a melhorar a forma de se fazer algo e isso meus caros independe do tamanho da empresa.

Inovação não se restringe ao tamanho nem à área de atuação de uma marca. Existem vários tipos de Inovação, que vão dos elementos mais simples aos mais sofisticados. Além disso, se as companhias maiores contam com mais verbas para investimento, as menores têm mais agilidade e criatividade. Por isso, é comum encontrarmos pequenos negócios com ousados modelos de atendimento e excelentes ofertas de produtos e serviços.

A principal maneira de diferenciar o meu servir do servir dos meus concorrentes é por meio da experiência proporcionada aos consumidores. Tudo aquilo que é entregue no ponto de venda vem do relacionamento estabelecido. Quando consigo elevar o nível de interação com os clientes aos patamares mais altos de confiança, admiração, desejo e gratidão, minha marca se torna extremamente forte. Como diz o velho ditado, Varejo é servir bem e sempre. Portanto, o "servir bem" está diretamente ligado ao bom atendimento e vem da dedicação e da competência do time. Já o "servir sempre" traz consigo a importância da continuidade na prestação de bons serviços, que para ser alcançada precisa de inovação. Aliás acho impressionante o quanto este lema do Varejo permanece bastante atual. Se você quer satisfazer os clientes, é necessário saber servir, principalmente em um país em que as relações pessoais são tão fortes e valorizadas.

Por fim, há o equívoco do varejista em abraçar fórmulas de sucesso sem questioná-las, mesmo quando o mercado e os consumidores já estão em outra realidade. O apego às ideias e propostas, principalmente quando elas fizeram muito sucesso no passado, é um desafio enorme. A empresa que foi pioneira no carnê parcelado tem normalmente mais dificuldade para migrar para o pagamento em cartão. A companhia que exigia a ida dos clientes à loja para o recebimento das faturas mensais tem maior resistência a caminhar para a digitalização da cobrança.

É importante perceber que inovar é um processo dinâmico. Algo que foi realizado com muito êxito no passado pode não funcionar atualmente. A empresa inovadora é aquela que está sempre trazendo novidades e surpreendendo os clientes e não aquela que se vangloria das antigas realizações. Infelizmente, muitos varejistas acabam se tornando saudosistas de suas velhas inovações.

3.3 Volta à essência do Varejo

Nos últimos anos, uma preocupação genuína com os diferentes tipos de necessidade dos compradores trouxe à tona discussões que simbolizam uma espécie de retorno à essência do Varejo – o de servir bem e inovar. Aí está justamente a vantagem do que se convencionou chamar de *Back to Basics* – Volta ao Básico[1]. Quando praticamos a escuta ativa e entendemos qual é o sonho ou a dor dos clientes, conseguimos moldar a oferta de produtos e serviços à solução.

Mas antes de falar deste movimento, quero explorar um pouco mais dos motivos que levaram boa parte do Varejo a ter ignorado o protagonismo do servir. Existem várias razões que poderiam ser discutidas mas destaco como principais: a pressão por resultados – produtos personalizados e serviços de qualidade são mais custosos; a estratégia de ganho de escala – a uniformidade da oferta derruba os preços; e a busca por novos processos emergenciais – o olhar cuidadoso às necessidades do público exige atenção e tempo.

Assim, assistimos à robotização do atendimento, à perda da qualidade dos serviços prestados, ao maior enfoque nos preços e à menor qualificação da equipe comercial. É uma bola de neve. Quanto menos é ouvido, menos os clientes se dispõem a interagir com os varejistas. Quanto menos recebem feedbacks, menos as empresas ficam interessadas em ouvir os clientes. De repente, aquela relação que sempre foi pautada pelo diálogo franco, próximo e cordial emudece, gerando prejuízos materiais e emocionais para ambos os lados.

Não me canso de repetir: precisamos mergulhar no *Back to Basics*. A venda relacional e assistida deve preponderar sobre a venda *Hard Sell*[2]. Quando vendedores e consumidores

1. De acordo com os princípios do *Back to Basics*, as pessoas (e os consumidores) valorizam cada vez mais os elementos simples da vida. Em um mundo inundado por informações e de crescente complexidade tecnológica, muitas vezes os aspectos naturais, corriqueiros e orgânicos do cotidiano são os mais desejados.

conversam no mesmo patamar, cada um dizendo o que precisa e o que pode oferecer em contrapartida, a chance de êxito da transação acontecer e de se tornar frequente é maior. Essa venda chamada de *Soft Sell*[2] é muito mais impactante.

Nos próximos anos o Varejo será palco para uma forte multiplicação de interações entre marcas e clientes. A qualidade da relação construída com o cliente em todos os pontos de contato com a marca será prioridade, questão de sobrevivência. O que isso significa? Com a consolidação da omnicanalidade e da omnicanalidade com experiência, o consumidor se conecta por diversas vezes, em diversos canais ao longo do processo de compra. Há momentos em que ele busca apenas consultar as informações técnicas do produto e/ou serviço e avaliar o preço, outros que consulta a opinião de influenciadores e outros consumidores nas redes sociais, ou mesmo decide se dirigir ao ponto de venda para testar ou ser aconselhado de qual item do portfólio atenderá às suas necessidades. A compra pode ser feita em qualquer uma destas interações ou ser deixada para um outro momento no digital ou em uma nova visita ao ponto de venda.

Compreender as várias etapas desta nova jornada de compra para estar disponível no momento certo, interagindo de acordo com as vontades dos consumidores é o novo desafio de todos os varejistas. Cada cliente tem o seu tempo de compra e de decisão. Respeitar suas particularidades é saber servir com excelência. O tipo de conveniência, o nível de comodidade e o mix de produtos e serviços oferecidos dependem da situação e da fase da jornada de compra.

Vou dar como exemplo um consumidor que chega à loja para comprar um calçado para um casamento que acontecerá no próximo final de semana. Ele já avisa que será o padrinho em uma cerimônia que ocorrerá na praia.

Como não tem nenhum calçado de cor clara apropriado para aquela situação específica, precisa comprar um.

Mais uma vez o que proponho não é uma regra e sim uma reflexão sobre um momento super importante da jornada que é o ato de estarmos frente a frente com um cliente que quer consumir. Vamos revisar o papel do atendente que inicialmente precisa entender a

2. Também chamado de Venda Suave, o *Soft Sell* é a estratégia comercial que se opõe ao *Hard Sell* (conhecido por ser uma venda agressiva). Segundo essa proposta, o cliente deve ser tratado de forma sutil, casual, amigável e natural, sem receber por exemplo mercadorias não solicitadas durante o atendimento.

necessidade desse cliente. Qual é a roupa que ele usará? Qual é o tipo de traje do evento? O casamento será pé na areia? Onde será a cerimônia? Ele viajará para o local vestido para o casamento ou poderá se trocar no local do evento?

A etapa de compreensão da necessidade é super importante para uma boa avaliação de quanto tempo o consumidor deseja investir no processo de compra e o quão importante é aquela aquisição. Na dúvida, vale perguntar sobre isso também. Agora inicia a fase em que o atendente se coloca como especialista: a apresentação da curadoria de produtos selecionada. Mais importante do que vender é ajudar na melhor tomada de decisão e o momento agora é de explicar com detalhes o motivo das peças que foram selecionadas para a ocasião. Neste caso, a compra do calçado é uma consequência do atendimento e da solução do problema desse cliente. É isso o que chamo de *Soft Sell*: ouvir, entender e moldar o atendimento a necessidade do cliente.

Vale lembrar que, em alguns casos, o atendente terá tempo para apresentar uma gama grande de itens. Em outros, o tempo é escasso e ele precisará ser assertivo. Quanto mais importante for a compra, mais o consumidor valorizará a proatividade, a dedicação e o conhecimento do vendedor.

Para refletir:

A decisão do que comprar é uma **responsabilidade do consumidor**, mas o vendedor é **peça fundamental** no processo consultivo da aquisição.

3.4 Vendedor: desafios na gestão do atendimento

Como vimos, servir e inovar são atividades conectadas entre si e ao atendimento das vontades dos clientes. Se a marca não estiver focada e/ou não tiver capacidade para encantar e surpreender as pessoas, dificilmente conseguirá superar os desafios lançados pelo mercado e pelos concorrentes.

São vários os equívocos que as empresas cometem na gestão do servir e na busca pela inovação. A proposta aqui é apresentar sucintamente os problemas mais comuns. Mais à frente, nos próximos capítulos, vou detalhar esses desafios e listar outros.

Servir o cliente começa pelo servir ao colaborador. Não dá para esperarmos um comportamento da equipe se não trabalharmos para que esse comportamento aconteça. Para algo brotar, é preciso antes plantar. Se não houver planejamento, processos inteligentes, tecnologia, treinamento, motivação do time e cultura do servir, o atendimento não acontecerá no nível de excelência que almejamos e que os consumidores merecem. Por isso, é fundamental moldar o negócio de Varejo em torno da excelência no atendimento.

Um segundo ponto a ser levado em consideração é a incompatibilidade de expectativas. Porque a qualidade do servir está intimamente vinculada a como vendedor e comprador encaram aquela experiência. Algo pode parecer satisfatório para uma das partes, porém ser insatisfatório para outra. Quando moldamos o atendimento para um perfil determinado de clientes, temos que nos basear nas reais necessidades e desejos deles. O que é valorizado por algumas pessoas pode não ser por outras.

O cruzamento de canais é um outro grande desafio na gestão do atendimento. Existe muita diferença de tratamento entre o universo digital e o físico atualmente. Em muitos eventos de moda que participei, as consumidoras eram chamadas para comparecer presencialmente. Na comunicação pelo WhatsApp e pelas demais redes sociais, elas eram tratadas com intimidade. Os convites tinham caráter pessoal e as faziam sentir especiais e valorizadas. Para minha surpresa (e das clientes também) quando chegavam ao evento, ninguém sabia quem eram e não ligavam a mínima para suas presenças. Ou seja, todo o esforço para se aproximar daquele público foi descartado quando houve a migração do relacionamento digital para o físico.

É importante notar que os diferentes canais da empresa devem ser integrados para juntos proporcionarem a melhor experiência a cada consumidor na sua relação com a marca. Para quem consome, não há diferença entre o ambiente físico e o digital.

Uma evolução nesse sentido é a decisão de algumas empresas de que o atendimento virtual seja feito por vendedores que estejam no ambiente físico. Assim, potencializa-se o tempo e a experiência do time na linha de frente.

Para refletir:

O comprador busca a mesma **qualidade, atendimento** e **educação** da marca, não importa o canal.

Vale lembrar que a postura de *Hard Selling*[3] que empurra produtos e vendas adicionais ao consumidor é uma prática padrão no Varejo atualmente. Algumas marcas varejistas tem como meta o maior gasto possível por cliente e esta atitude muitas vezes acaba se desdobrando numa venda que a marca precisa forçar para realizar e não necessariamente numa compra que o cliente realmente deseja receber. A avaliação de desempenho da equipe comercial tem metas de receita, de produtos vendidos por pessoa, de itens experimentados, de número de cartões de crédito abertos etc ao passo que a experiência entregue dificilmente é avaliada. O resultado: ao invés de ver a experiência de compra como algo prazeroso, o consumidor se sente coagido e pressionado pelos vendedores.

É muito comum no segmento de calçados, por exemplo, o cliente pedir um modelo e o vendedor aparecer com dez opções. Naquele instante, fica nítida a tentativa de se empurrar mais e mais produtos. É como se o colaborador dissesse: "Você quer comprar um par e eu quero vender três. Vamos ver quem se dá melhor nessa disputa!". Normalmente, o cliente se sente constrangido com esse tipo de abordagem que se tornou o padrão de atendimento no nosso país.

O método de venda oposto é o *Soft Selling*, que comentei anteriormente. Ele respeita as vontades do consumidor e preza pela construção do relacionamento em detrimento à venda imediatista. Mais importante do que vender muito agora e nada depois é vender sempre e na medida certa. A construção da relação de médio e longo prazos com os consumidores é feita com a oferta de ótimos produtos e serviços e com o respeito às individualidades dos consumidores. O varejista que não olha para os interesses genuínos de seus clientes dificilmente conseguirá agradá-los.

A conexão criada é o que diferencia o *Hard Sell* do *Soft Sell*. Enquanto o primeiro modelo é mais comercial, frio e agressivo, o segundo é mais humano, caloroso e natural. Se o *Hard Selling* pode trazer melhores resultados instantaneamente, o *Soft Selling* apresenta números melhores ao longo do tempo.

3.4 Hospitalidade: o que o Varejo pode aprender com a Hotelaria

O servir bem e o inovar estão diretamente relacionados à existência de uma equipe motivada e bem treinada. Adquirir o traquejo no diálogo, gerenciar o tempo das pessoas,

3. O *Hard Selling* é a estratégia comercial oposta à proposta do *Soft Selling*.

procurar atender as vontades e os desejos dos clientes, saber enxergar os aspectos verbais e não verbais presentes no comportamento do cliente, compreender as diferentes fases do processo de aquisição e entender os distintos usos dos produtos/serviços não é algo simples. Os profissionais que atuam no Varejo precisam se preparar para os desafios que enfrentam diariamente.

Para demonstrar o que quero dizer, vou recorrer a um termo que aprecio: a hospitalidade[4]. Esse termo é mais empregado no setor hoteleiro. Para ser mais específica, vou recorrer ao segmento dos hotéis de luxo nessa espécie de *benchmarking*. Apesar de saber que são setores muito distintos, com margens, dinâmicas e propostas diferentes, tenho certeza de que o Varejo pode se inspirar na Hotelaria mais sofisticada para encantar e surpreender seus clientes. Se a atividade varejista está relacionada ao ato de servir, quem serve melhor as pessoas do que os hotéis cinco estrelas, hein?!

Faz parte do modelo de negócio dos melhores hotéis entender que o tempo dos hóspedes é precioso e é essencial criar a melhor experiência possível durante a estadia. Não é exagero adjetivar essa busca como obstinada, detalhista e personalizada um a um. O resultado pode ser descrito, muitas vezes, como incrível.

Desde o momento do *check-in*, busca-se identificar se o cliente está agitado, nervoso, com fome ou simplesmente cansado. O foco está em olhá-lo, escutá-lo e percebê-lo. Dependendo da situação, antes de solicitar o preenchimento dos dados da ficha de entrada, um trâmite obrigatório por lei e chato, o recepcionista serve um drink ou oferece um assento confortável para o novo hóspede. A partir daí, começam as escolhas de personalização do serviço: tipo de travesseiro favorito, período prioritário de descanso (em que ninguém poderá incomodar o visitante), os melhores horários das refeições, mix de serviços valorizados, jornais e revistas etc. A ideia do hotel é oferecer exatamente aquilo que cada hóspede quer no momento certo.

O surpreendente é que por trás dessa qualidade elevada de atendimento há uma padronização de rotinas e processos, algo que quase sempre passa despercebido pelos clientes. Assim, a organização tem a certeza de que nada sairá do roteiro nem fugirá do seu controle. O mais interessante é notar que os colaboradores dos hotéis não agem de maneira robótica

4. Tradução da palavra inglesa *hospitality*, a hospitalidade é o conceito da hotelaria de receber bem e de proporcionar ótima experiência de hospedagem a alguém. Significa ser hospitaleiro, agir para entregar bem-estar ao outro.

ou engessada. São treinados continuamente para desenvolver e entregar um atendimento humanizado e acolhedor, tendo autonomia para decidir em situações inéditas.

Sempre que alguém reclama que a padronização dos processos e a adoção de novas tecnologias tiram a espontaneidade e a beleza do atendimento no Varejo, eu discordo. Para humanizar o relacionamento com os consumidores, precisamos usar todas as ferramentas disponíveis. Se há varejistas manejando alguns recursos equivocadamente, tornando suas operações mecânicas e entediantes, a culpa não é das ferramentas em si e sim do seu mau uso. Os hotéis de luxo oferecem atendimento fantástico e personalizado sem perder a proximidade e a simpatia.

3.5 Airelles Château de Versailles, Le Grand Contrôle

Poucos hotéis no mundo podem divulgar uma chamada como essa: "desfrute de uma estadia real!". O Le Grand Contrôle está nesse seletíssimo grupo. Situado dentro do Palácio de Versailles, em Paris, ele oferece aos hóspedes os mesmos ambientes que foram utilizados por Luís XVI e Maria Antonieta. Não é preciso dizer o quão luxuoso é o lugar.

Na minha busca constante por inspiração, tive a oportunidade de me hospedar lá com uma amiga há alguns anos. Ela chegou primeiro. Acabei me atrasando porque peguei trânsito. Como estava dirigindo, fiquei preocupada se conseguiria encontrar o hotel. Quando manobrava o veículo à procura da entrada, alguém me chamou: "*Mademoiselle* Camila?". Ouvir o meu nome me tranquilizou. Olhei para o homem que me acenava. Ele estava muito bem-vestido. Na hora pensei: "como sabe o meu nome?!".

Em francês, perguntou se eu estava procurando o Le Grand Contrôle. Disse que sim. Todo feliz, me comunicou que eu já havia chegado ao meu destino. A entrada do hotel era ali mesmo e ele estava justamente esperando por mim. Notem que eu estava de carro na rua, passando por uma parte do palácio que não tinha qualquer sinalização de entrada. Ao me aproximar com o carro, ele perguntou em qual idioma eu gostaria de ser atendida. Quando respondi que preferia em inglês ou português, ele imediatamente avisou em inglês que minha amiga já tinha chegado e que ela estava me aguardando.

Não resisti à curiosidade e quis saber como sabia quem eu era. Com muita cortesia, o funcionário me explicou que, pela manhã, havia participado de uma reunião com o staff de atendimento do Le Grand Contrôle. No encontro, foi passado que eu chegaria naquela tarde, era brasileira e me chamava Camila. Os colaboradores souberam que eu passaria duas noites por lá. Foi avisado também com o que eu trabalhava, que tinha 2 filhas e estava de férias. Por fim, foi apresentada a minha foto para que a equipe me reconhecesse rapidamente.

Quando desci do carro, o rapaz me garantiu que eu não precisava me preocupar com nada. Me pediu a chave e disse que depois voltava para estacionar o automóvel e pegar minhas malas. Em seguida, me apresentou o hotel. Ao invés de me levar ao *check-in*, realizou um *tour* completo pelo espaço e contou o *storytelling* do palácio e do hotel. Claro que para isso certificou-se previamente se eu não estava cansada e se queria mesmo fazer aquela volta naquele momento.

Só depois da ambientação, fui levada ao *check-in*. Quando cheguei à recepção, a equipe já sabia quem eu era e que havia feito o tour. Foi uma experiência de conexão intensa. Curiosamente, esse tipo de atendimento está um tanto esquecido no Varejo atual. Há clientes que visitam frequentemente nossas lojas e não sabemos seus nomes nem suas histórias. E eles, por consequência, não nos conhecem e não imaginam como chegamos até ali.

Por isso, digo que a tecnologia está à nossa disposição e que deve ser usada com inteligência. Graças às redes sociais, o time do hotel conseguiu pegar uma foto recente minha e estudou a minha biografia. Qualquer um poderia ter feito uma pesquisa daquele tipo. Mais do que habilidade e competência, os colaboradores do Le Grand Contrôle tiveram disposição para me encantar como cliente.

Só conseguimos melhorar a hospitalidade (ou o atendimento no caso do Varejo) quando sabemos com quem estamos interagindo. A construção do relacionamento se dá ao longo do tempo, de maneira orgânica e com doses de personalização da oferta dos serviços. Lá no Le Grand Contrôle, por exemplo, eles sabiam inclusive que eu escrevia para a Harper's Bazaar[5]. Por isso, incluíram na apresentação que fizeram do estabelecimento informações sobre os proprietários, que também eram donos da Ladurée, a famosa loja francesa de macarons. No *storytelling*, dedicaram uma atenção especial à história do doce e fizeram uma conexão com a moda.

5. Publicada pela primeira vez em novembro de 1867 nos Estados Unidos, a Harper's Bazaar é uma das revistas de moda feminina mais tradicionais do mundo.

Será que fizeram isso por acaso? Claro que não! Eles já sabiam que eu escrevia para uma revista de moda e, para eles, aquela associação surgiu quase que naturalmente. O mais interessante de tudo isso é que eu estava de férias e não à trabalho. Mesmo assim, não resisti à tentação e escrevi uma matéria enorme para a Harper's Bazaar relatando minha experiência como hóspede no Le Grand Contrôle. Obviamente, fiz a relação entre moda, gastronomia, hotelaria e Varejo!

Poderia escrever um capítulo inteiro sobre a experiência no Le Grand Contrôle que eu realmente considero muito inspiradora para verdadeiramente "servir com alma". Mas já é hora de seguirmos para o próximo fundamento que é a desejabilidade!

Sala de espelhos do Palácio de Versailles, completamente vazia durante minha visita exclusiva, enquanto estive hospedada no Airelles Château de Versailles, Le Grand Contrôle.

Foto: Vimer

CAPÍTULO 4

DESEJABILIDADE: A MAGIA PARA **ENGAJAR E CONVERTER**

Quando temos crianças pequenas em casa, somos frequentemente bombardeados por suas vontades. À medida que elas começam a entender o mundo ao seu redor, os pedidos constantes surgem: "Quero isso", "Compra aquilo" e "Ainda não tenho aquilo lá". Com minhas filhas, passei por uma experiência que muitos pais podem reconhecer. Durante a infância, elas frequentemente pediam para comer em uma famosa rede de hambúrgueres. A simples menção de uma visita a esse lugar era suficiente para deixá-las radiantes. O sorriso se abria, a empolgação tomava conta, e elas se esqueciam por completo qualquer briguinha momentânea.

Ao chegarmos à lanchonete, era evidente o quanto aquele momento era especial para elas. Adoravam os lanches, as sobremesas, os brinquedos do brinde e a ambientação. Tudo parecia espetacular aos olhos delas. Eu gostava de acompanhá-las, mesmo não sendo meu local preferido para uma refeição rápida. Achava os sanduíches pouco saborosos, os refrigerantes aguados, a experiência de atendimento fraca, tudo isso somado a uma ambientação que não inovava.

Então, surge a pergunta: por que as minhas crianças gostavam tanto de comer lá? A resposta pode soar como um mistério, dado que a qualidade dos produtos e serviços não é excepcional. Porém, assim como irei exemplificar neste capítulo, para entender o poder de atração de produtos, serviços e marcas, precisamos explorar o conceito de desejabilidade. Sem esse componente, é difícil compreender a dinâmica entre varejistas e clientes.

4.1 Conceituando a desejabilidade

Desejabilidade se refere à capacidade de um produto, serviço ou marca de ser cobiçado pelo consumidor. Em um mercado saturado de opções, qual é a preferência do cliente? Quem ocupa a posição de destaque em sua mente e coração? Qual é o ranking de desejo de compra?

É crucial entender que essas respostas vêm da perspectiva do consumidor, não da empresa. Muitas vezes, produtos e serviços são similares, e as marcas não se diferenciam muito. No entanto, o cliente acredita que a oferta da marca X é a melhor escolha, transformando algo comum em algo raro e especial.

Nenhuma marca varejista deveria ignorar a desejabilidade. De nada adianta ter uma cultura voltada para o bom atendimento, inovação constante e operação eficiente se os clientes não entram na loja.

Para refletir:

O Varejo é essencialmente a **busca** incessante pela **preferência dos consumidores.**

O processo de compra nem sempre é guiado pela lógica ou funcionalidade. Determinar qual é a melhor calça jeans ou o sorvete mais gostoso é, muitas vezes, subjetivo e difícil para o consumidor médio. Portanto, fatores emocionais e subjetivos desempenham um papel crucial, mesmo nas aquisições mais técnicas. Isso pode incluir o histórico do produto, a reputação da empresa, a apresentação do ponto de venda, o estilo da loja, a identidade da marca, entre outros.

Dado que o desejo dos clientes é influenciado por muitos elementos emocionais, os varejistas devem se concentrar em moldar essas percepções. Além de trabalhar nos aspectos concretos da oferta, como discutido nos capítulos anteriores, é essencial cultivar conexões sentimentais e sensoriais. É assim que se constrói a desejabilidade.

4.2 A desejabilidade e a experiência do cliente

Desta vez, não vou entrar no mérito da qualidade e da competência técnica de produtos e serviços. Parto do pressuposto de que eles atendem aos patamares mínimos exigidos pelos clientes. Não podemos construir a desejabilidade sem que as ofertas de valor tenham um respaldo concreto. Por exemplo, é inconcebível que uma marca que promove luxo e exclusividade utilize materiais de baixa qualidade, ou que uma marca associada à jovialidade tenha uma loja com ambientação ultrapassada e sem frescor. A desejabilidade não pode ser uma ilusão; ela deve estar ancorada em uma realidade tangível e consistente, onde cada elemento contribua para a construção e manutenção da imagem desejada.

As experiências de compra e consumo impactam diretamente a percepção que os consumidores têm das empresas. E essas percepções, por sua vez, afetam as experiências que os clientes têm no dia a dia. Por exemplo, dependendo da força da marca, ambientação e do contexto, o cliente pode até perceber valor em uma bijuteria como se fosse uma joia. A Swarovski é um exemplo notável disso. Originalmente, a marca vendia bijuterias inspiradas em joias de alto valor, atraindo clientes que buscavam brilho e sofisticação a preços mais acessíveis. Nos últimos anos, a Swarovski aprimorou a criação de um novo portfólio com design marcante, investiu em campanhas mais proprietárias e apostou na ambientação e diferenciação de suas lojas, mudando sua imagem para algo mais moderno e contemporâneo. Agora, a marca atrai consumidores que podem pagar por joias caras, mas preferem apostar no design e na inovação oferecidos pela marca.

Nenhuma marca varejista deveria ignorar a desejabilidade. De nada adianta ter uma cultura voltada para o bom atendimento, inovação constante e operação eficiente se os clientes não entram na loja.

O processo de compra nem sempre é guiado pela lógica ou funcionalidade. Determinar qual é a melhor calça jeans ou o sorvete mais gostoso é, muitas vezes, subjetivo e difícil para o consumidor médio. Portanto, fatores emocionais e subjetivos desempenham um papel crucial, mesmo nas aquisições mais técnicas. Isso pode incluir o histórico do produto, a reputação da empresa, a apresentação do ponto de venda, o estilo da loja, a identidade da marca, entre outros.

Dado que o desejo dos clientes é influenciado por muitos elementos emocionais, os varejistas devem se concentrar em moldar essas percepções. Além de trabalhar nos aspectos concretos da oferta, como discutido nos capítulos anteriores, é essencial cultivar conexões sentimentais e sensoriais. É assim que se constrói a desejabilidade.

4.2 A desejabilidade e a experiência do cliente

Desta vez, não vou entrar no mérito da qualidade e da competência técnica de produtos e serviços. Parto do pressuposto de que eles atendem aos patamares mínimos exigidos pelos clientes. Não podemos construir a desejabilidade sem que as ofertas de valor tenham um respaldo concreto. Por exemplo, é inconcebível que uma marca que promove luxo e exclusividade utilize materiais de baixa qualidade, ou que uma marca associada à jovialidade tenha uma loja com ambientação ultrapassada e sem frescor. A desejabilidade não pode ser uma ilusão; ela deve estar ancorada em uma realidade tangível e consistente, onde cada elemento contribua para a construção e manutenção da imagem desejada.

As experiências de compra e consumo impactam diretamente a percepção que os consumidores têm das empresas. E essas percepções, por sua vez, afetam as experiências que os clientes têm no dia a dia. Por exemplo, dependendo da força da marca, ambientação e do contexto, o cliente pode até perceber valor em uma bijuteria como se fosse uma joia. A Swarovski é um exemplo notável disso. Originalmente, a marca vendia bijuterias inspiradas em joias de alto valor, atraindo clientes que buscavam brilho e sofisticação a preços mais acessíveis. Nos últimos anos, a Swarovski aprimorou a criação de um novo portfólio com design marcante, investiu em campanhas mais proprietárias e apostou na ambientação e diferenciação de suas lojas, mudando sua imagem para algo mais moderno e contemporâneo. Agora, a marca atrai consumidores que podem pagar por joias caras, mas preferem apostar no design e na inovação oferecidos pela marca.

Flagship Swarovski na 5th Ave NYC criada para provocar a desejabilidade e a descoberta por meio de cores e texturas vibrantes, esculturas metálicas e materiais inovadores.

O sucesso da Swarovski é um exemplo claro de como a desejabilidade pode ser cultivada de maneira eficaz. Em vez de competir apenas por preço e funcionalidade, os varejistas inteligentes criam atmosferas físicas que impressionam e emocionam os clientes, tangibilizando a imagem da marca. Ao despertar sensações através do contato (toque e paladar), impacto visual (visão), marketing sonoro (audição) e marketing olfativo a experiência do consumidor se torna mais rica e valiosa.

A seguir, vamos explorar estratégias utilizadas pelo Varejo para se tornar desejado pelo público consumidor. Cito sete estratégias fundamentais: (1) o *lifestyle*, (2) a força da marca, (3) o Merchandising, (4) os modismos, (5) a seleção de produtos, (6) a ambientação e (7) o atendimento. Vejo essas estratégias como pilares essenciais na construção do relacionamento emocional entre marcas e clientes.

4.3 O *lifestyle* como atrativo de produtos e serviços

No setor da moda, luxo e bens de consumo, o conceito de *lifestyle* desempenha um papel fundamental. Muitas marcas são criadas com o objetivo de refletir o estilo de vida dos consumidores. Quando alguém veste ou usa um produto, está, na verdade, incorporando e comunicando valores, ideias e a personalidade da marca.

A qualidade das matérias-primas, a história por trás dos produtos e serviços, a ambientação das lojas, a postura dos vendedores, a imagem das marcas e a comunicação na mídia conferem um significado profundo e especial ao processo de compra. Ao adquirir um item, o cliente sente-se integrado a um estilo de vida de um grupo específico, que pode ser aspiracional (um desejo de pertencer) ou efetivo (uma identidade legítima).

Embora alguns possam pensar que essa visão é recente e associada aos influenciadores digitais, a verdade é que a construção e divulgação dos valores das marcas e do lifestyle que elas representam são práticas de comunicação empresarial bastante antigas. Porém, tenho que admitir que, na era digital, o papel dos influenciadores tem ganhado maior relevância e tem um impacto significativo na desejabilidade das marcas.

Um exemplo ilustrativo é o da Boca Rosa, marca da influenciadora brasileira Bianca Andrade, que, depois de passar cinco anos com produtos desenvolvidos em parceria com a Payot, resolveu lançar sua própria marca de cosméticos. A marca Boca Rosa não apenas vende cosméticos; ela vende um estilo de vida que tem como inspiração a própria Bianca. Seus produtos são uma extensão da sua personalidade e representam sua trajetória de sucesso, desde a favela da Maré, no Rio de Janeiro, até a construção de um negócio milionário. Um exemplo claro de construção da desejabilidade visto que, na primeira live de pré-lançamento da marca em 2024, foram vendidos mais de cinco milhões de reais em produtos em menos de quatro horas!

Discutir o Varejo é, essencialmente, discutir desejabilidade. As empresas bem-sucedidas são aquelas que conseguem transcender a transação convencional, focada em commodities e no menor preço, para alcançar um nível de transação baseado na oferta de produtos diferenciados ou exclusivos. Comprar e usar determinados produtos e serviços é entrar em um universo de alto valor agregado e experiências excepcionais.

4.4 A Marca como impulsionadora de vendas

Além do *lifestyle*, a força da marca é um critério crucial na decisão de compra. Os consumidores frequentemente optam por produtos e serviços de empresas conhecidas, pois essas marcas representam uma escolha segura. A razão é simples: em vez de arriscar com algo desconhecido, muitos preferem a garantia de que estão adquirindo algo que atenderá às suas expectativas, evitando frustrações e arrependimentos posteriores.

Contrariando a ideia de que a busca por itens de marca é restrita a consumidores de alto poder aquisitivo, na verdade, quanto menos dinheiro disponível e quanto mais significativo o investimento, maior a necessidade de acertar na escolha. Em tais situações, vale a pena pagar um pouco mais para ter a certeza de uma compra confiável. A palavra-chave aqui é a "confiança" que as marcas transmitem.

Construir uma marca sólida é fundamental para qualquer varejista que valorize a longevidade e o impacto no mercado. Portanto, é preocupante ver empresas que optam por abordagens genéricas no *Branding*. O que realmente significa ter uma "arquitetura de marca genérica"? Trata-se de uma identidade tão diluída e inespecífica que, ao removermos o nome ou logo, torna-se indistinguível no mar de concorrentes. Imagine caminhar por um shopping e observar as lojas: muitas não se destacam, confundindo-se umas com as outras. A ausência de uma marca distintiva compromete não apenas a visibilidade, mas também o interesse do consumidor, reduzindo as oportunidades de conversão de vendas.

Para refletir:

A desejabilidade começa com a **afirmação dos valores únicos** da marca.

No ambiente digital, essa identidade vai desde a página inicial do site até o tom de voz escolhido para descrever um produto, funcionando como verdadeiros cartões de visita que preparam o caminho para a melhor experiência do consumidor.

No ambiente físico, elementos como a fachada e a vitrine são decisivos, pois comunicam tanto a essência institucional quanto destacam a qualidade dos produtos e serviços oferecidos. A fachada de uma loja, por exemplo, deve ser impactante, transmitindo claramente quem é a empresa e qual é o seu propósito. Essa narrativa deve ser consistente e reverberadora, refletindo-se em cada aspecto interno do espaço comercial, onde cada setor ecoa a essência da marca com suas peculiaridades e valores.

Essa estratégia pode parecer óbvia para alguns, mas a prática diária nos mostra uma realidade diferente. Por exemplo, por que algumas lojas de calçados insistem em exibir todo o estoque na vitrine, em vez de destacar peças específicas que realmente querem promover? Ou, considerando o Varejo de departamentos, por que algumas grandes redes negligenciam completamente o uso de vitrines? No setor de serviços, a falta de esforço em apresentar visualmente os serviços oferecidos na entrada das lojas é uma oportunidade perdida, algo que operadoras de viagens, por exemplo, costumam explorar bem.

Infelizmente, a falha em aplicar conceitos de *Branding* eficazmente é comum entre varejistas. Alguns não sabem como implementar essas estratégias de forma efetiva, enquanto outros se veem como exceções à regra. Para aqueles que enfrentam dificuldades, recomendo enfaticamente a busca por ajuda especializada. Não existe "exceção" no campo do *Branding*: se a marca não se faz presente e marcante na mente dos consumidores, será desafiador atrair e engajar seu público.

Assim, a desejabilidade não se resume apenas a apresentar produtos e serviços; ela trata de como a marca se posiciona em cada ponto de contato com o cliente, criando uma percepção de valor que vai além do convencional e motiva a visita e a compra.

4.5 Merchandising como ferramenta de desejabilidade

O Merchandising, ao lado do *lifestyle* e da força da marca, constitui um pilar essencial para a desejabilidade no Varejo. Essa técnica não se limita apenas à apresentação visual dos produtos e serviços, mas engloba também uma gestão eficaz da marca, criando um ambiente propício para maximizar as vendas nas lojas. O processo começa com a atração do consumidor e se estende até garantir que ele efetue a compra e saia satisfeito, o que influencia positivamente sua experiência e percepção.

The Fantastic World of The Portuguese Sardine (ou O Mundo Fantástico da Sardinha Portuguesa) é uma loja que aposta fortemente no Merchandising como técnica para valorizar a desejabilidade.

O Merchandising opera simultaneamente na valorização da marca e na promoção de produtos. O objetivo é sincronizar essas duas áreas para maximizar a rentabilidade e a fidelização dos clientes. Duas das estratégias mais empregadas nesse contexto são a sazonalidade e a gestão de preços.

A sazonalidade é vital no Merchandising. O Varejo se aproveita de datas comemorativas para captar a atenção do consumidor e fomentar vendas. Por exemplo, no Dia dos Namorados, as lojas adotam decorações românticas e destacam produtos ideais para presentes. Similarmente, conforme se aproxima o Dia das Mães, o ponto de venda adapta sua narrativa e os produtos destacados, refletindo o tema da ocasião.

A apresentação dos produtos pode variar significativamente, mesmo entre ofertas similares de concorrentes. Uma apresentação mais atrativa e inovadora pode aumentar consideravelmente o fluxo de clientes durante períodos específicos do ano.

Além disso, a forma como os produtos são posicionados no ponto de venda é fundamental. Uma boa estratégia de Merchandising deve considerar como os itens de diferentes faixas de preço são exibidos. Dependendo da disposição dos produtos, os consumidores podem formar percepções variadas sobre o negócio. O bom Merchandising não apenas impulsiona as vendas, mas também ajuda a definir a percepção do consumidor sobre o valor dos produtos. A organização interna do portfólio deve ser estratégica, de modo a potencializar o interesse pelos itens de maior valor agregado, sem desvalorizar os mais acessíveis.

Pense, por exemplo, em um agrupamento inteligente por categoria ou em possibilidades de venda cruzada. Aliás, um dos melhores exemplos de venda cruzada que já vivenciei foi em um supermercado em São Paulo, onde, na seção de hortifruti, ao lado da manga, havia um display com fio dental. É genial! Esses produtos ficam normalmente em lados opostos da loja. Contudo, quem pensou nesse posicionamento partiu do ponto de vista do consumo. Comer uma manga e não ficar com fiapo entre os dentes é uma missão quase impossível. Assim, a chance de vender itens de higiene bucal para quem está comprando essa fruta é muito alta.

Aproveito este gancho para falar que outro elemento crucial é a gestão de preços, que deve alinhar-se à percepção de valor dos produtos. No Brasil, muitas vezes evita-se falar abertamente sobre preços. Produtos com preços mais altos que os da concorrência são frequentemente percebidos como uma exploração por parte da marca, criando uma impressão de que o consumidor está sendo injustamente sobretaxado. Por outro lado, itens vendidos a preços inferiores muitas vezes carregam o estigma de serem de qualidade inferior. Essas percepções podem complicar significativamente o processo de satisfazer e fidelizar o consumidor, pois ambos os extremos geram desconfiança e podem distorcer a verdadeira imagem do valor oferecido.

É fundamental que o varejista exponha claramente os preços. A transparência nos preços é um fator decisivo nas decisões de compra, e sua ocultação ou dificuldade de acesso pode levar os consumidores a abandonarem ou adiarem compras. Como consumidora, já me deparei com situações em que a falta de preço visível me fez desistir de compras inúmeras vezes.

4.6 Tendências que seduzem

Mesmo que um varejista não opere diretamente no setor da moda, é importante se inspirar nas tendências atuais para impulsionar as vendas. O uso estratégico de tendências no Varejo permite adaptar a oferta para atender às necessidades imediatas do mercado. Em outras palavras, ao invés de tentar destacar produtos que os consumidores não desejam, por que não colocar suas forças exatamente no que eles estão procurando? Essa abordagem torna o processo de venda mais direto e eficiente.

Periodicamente, surgem itens ou estilos que se tornam altamente desejados pelos consumidores. O Varejo, portanto, deve estar sempre alerta a esses movimentos e responder rapidamente. A demora pode significar perder uma oportunidade crucial, pois o *timing* ideal é efêmero.

É essencial avaliar como as tendências atuais podem ser integradas ao *lifestyle* promovido pela marca, às estratégias de comunicação, ao mix de produtos ou serviços e às técnicas de Merchandising. Similar ao que acontece com plataformas sociais como o TikTok, que promovem temas mais relevantes para suas comunidades, o Varejo pode utilizar *insights* valiosos de tendências de comportamento para ajustar sua oferta. Muitas vezes, pequenas mudanças na forma de comunicar ou no apelo de compra podem aumentar significativamente a desejabilidade de produtos e serviços.

Considere o exemplo de uma rede de farmácias. Imagine que você, responsável pela loja, esteja assistindo à TV em sua folga e observe uma propaganda viral de uma marca de chiclete que alerta sobre o mau hálito. Ao verificar as redes sociais, percebe que o assunto ganhou destaque. No dia seguinte, que ações seriam mais eficazes nas farmácias sob sua gestão? Uma abordagem estratégica seria destacar os chicletes em locais visíveis, utilizando materiais visuais que ecoem a mensagem da propaganda: "Promoção especial: chiclete que mantém seu hálito fresco por 24 horas". Se fosse eu, nessa loja, já colocaria o enxaguante bucal logo ao lado para dar uma forcinha extra!

Este é apenas um exemplo ilustrativo, mas que traduz bem o conceito: aproveitar cada oportunidade para incrementar as vendas.

Quando um tema está em voga, é perfeitamente natural incorporá-lo nas interações diárias com o público que visita suas lojas. Essa prática não apenas estimula as vendas, mas também fortalece a conexão entre a marca e seus consumidores, alinhando a oferta do Varejo com as expectativas e desejos atuais do mercado.

Para refletir:

Ser varejista significa **engajar-se** em um **diálogo contínuo** com os clientes.

4.7 Curadoria de Produtos: o valor da exclusividade

Em um mundo com excesso de informações e estímulos, a curadoria de produtos e serviços é um dos serviços mais preciosos que o Varejo pode oferecer ao público comprador. Ao organizar e orientar as escolhas dos consumidores de maneira eficaz, uma marca pode se estabelecer como uma influenciadora significativa no mercado. Essa abordagem não apenas responde ativamente às expectativas de desejabilidade dos consumidores, mas também participa diretamente na formação de seus gostos e preferências.

Há marcas extremamente competentes na tarefa de selecionar e apresentar itens de destaque em suas lojas. A impressão que se tem é que, se você visitar quinzenalmente aquele estabelecimento, encontrará sempre um mix especial sendo ofertado. Pode ser uma seleção com itens básicos e atemporais ou com artigos sofisticados e sazonais.

Em alguns pontos de venda, há o espaço onde se anuncia: "apostas recentes do nosso time de vendas". Muitos clientes adoram isso e vão diretamente a esse setor. Por que perder tempo percorrendo a loja inteira se o melhor já foi selecionado pelos especialistas? Quando vivemos rotinas com falta de tempo e pressa desenfreada, valorizamos cada esforço de otimização das nossas agendas.

A edição e curadoria de produtos em espaços de Varejo são essenciais não apenas para guiar o cliente através de uma seleção refinada, mas também para demonstrar respeito pelo seu tempo e experiência de compra. Essa prática envolve filtrar o excesso e destacar o que verdadeiramente ressoa com as tendências atuais e as preferências dos clientes. Ao fazer isso, os varejistas podem garantir que cada minuto gasto pelo consumidor em suas lojas seja valioso e profundamente relevante. A curadoria eficaz não só enriquece a experiência de compra, como também fortalece a percepção de valor da marca, construindo uma relação de confiança e apreço que incentiva visitas repetidas e engajamento contínuo.

4.8 Ambiente e Design: cenários que fascinam

Ambientação pode ser explicada como a criação de uma atmosfera especial na loja. Através da ativação dos diferentes sentidos, a empresa desperta estímulos que influenciam as percepções das pessoas sobre o mix de produtos/serviços e ajudam em suas decisões de compra.

Dependendo da estratégia do varejista, molda-se o clima do espaço a partir de determinadas intenções. Na rede de lanchonetes, que ilustrei no início deste capítulo, a ideia é transmitir a sensação de um ambiente de descontração e jovialidade. Ao mesmo tempo, as cores fortes são propositais para que os clientes façam suas refeições rapidamente, dando espaço para outros consumidores. Afinal, trata-se de uma lanchonete de *fast food*.

No sentido oposto, há negócios que fazem de tudo para que seus clientes permaneçam o máximo de tempo possível em seu interior. Assim, criam ambientes para que eles se sintam mais à vontade ou não percebam a passagem do tempo. Já pararam para pensar que boa parte dos shopping centers são fechados, sem luz natural, sem vista externa e sem a presença de relógios? Isso é feito para que os frequentadores não notem a passagem das horas e não tenham a atenção dispersada. A proposta é que fiquem o máximo de tempo possível observando a fachada das lojas, entrando e saindo delas e percorrendo os corredores.

Para refletir:

Para uma arquitetura comercial eficaz, **três** princípios são essenciais: **perenidade, diálogo com os produtos** e **identidade de marca.**

Pensar em perenidade é entender que não é possível reformar uma loja todo ano. Um projeto arquitetônico e de design deve ser capaz de durar muitos anos. Nos contratos de franquia, a atualização do ponto de venda é um investimento com prazo de sete a dez anos. Não adianta termos visuais impactantes e agradáveis, mas que durem pouco tempo. Um dos objetivos do design no Varejo é justamente encontrar códigos estéticos atemporais. Quando se atinge esse nível, basta fazer pequenas intervenções de tempos em tempos para manter o projeto sempre atualizado. Meus projetos atuais de arquitetura para Varejo são cada vez mais flexíveis, ao ponto de poderem ser adaptados a diferentes momentos da marca, e podem durar décadas. Falarei mais sobre isso!

É válido alertar que a ambientação não é criada apenas pelo projeto arquitetônico da loja. A forma de interação com o mix de produtos e serviços influencia decisivamente na desejabilidade dos consumidores. O ponto de venda precisa contar uma boa história, que converse diretamente com a seleção do portfólio da marca.

Falando em marca, são muitos os exemplos em que o produto é um grande elemento de destaque e de reconhecimento. Toda rede de vestuário vende camisetas. Entretanto, a Hering bate no peito e afirma que é a melhor nessa categoria. Como consequência, ela deve entregar uma ambientação especial, um plano de sortimento diferenciado, produtos de alta qualidade e uma exposição incrível que cumpre o prometido e gera desejabilidade. O chinelo é, por si só, uma *commodity*. Não para as Havaianas. Em suas lojas, ela monta um paredão colorido de chinelos de vários tons, criando um impacto visual até para quem está longe. A pessoa passa pelo corredor do shopping e já fica impressionada com aquele degradê de cores. Mesmo sem entrar na loja, o consumidor já sente a experiência da ambientação, o que influencia diretamente seus desejos de compra.

Ambientação do provador da Havaianas na loja conceito Oscar Freire, em São Paulo.

4.9 *Storytelling*

A capacidade de contar histórias é determinante na desejabilidade. Na venda assistida do Varejo, o atendimento é um importante indutor dos desejos dos clientes. Quando a equipe comercial é boa, sabendo servir e persuadir, a curiosidade e a atenção dos consumidores são despertadas. Como se faz isso? Estou falando do *Storytelling*[1]. Quando bem aplicada, essa técnica narrativa torna produtos, serviços, marcas e empresas especiais e com trajetórias memoráveis.

Conheço uma loja de vinhos que tem como diferencial competitivo o atendimento. Os vendedores foram treinados para explicar detalhes de cada produtor, tipo de uva, rótulo e safra. Se o cliente perguntar sobre uma garrafa sul-africana específica, ouvirá a descrição daquela região, as particularidades da vinícola, as características sensoriais das uvas e a saga da família produtora. A experiência de compra se torna extremamente prazerosa para os enófilos.

A venda assistida agrega muito valor e mexe profundamente com a desejabilidade do cliente. Em alguns casos, sem o acompanhamento e o convencimento do time de vendas, o consumidor não teria o desejo de levar determinados itens para casa. Por isso, a marca deve dar especial atenção ao discurso da sua equipe de atendimento.

Certa vez, fui procurada por uma marca que queria mudar a forma de vestir de sua equipe — queriam reduzir muito os custos com os uniformes de seus vendedores. A empresa não estava preocupada com qualidade nem com estética. O fator número um era o baixo custo. Precisei mostrar que aquela postura era uma afronta ao atendimento dos clientes e a própria imagem da companhia, que era *premium* no mercado.

Certamente, o consumidor pensaria: “Se essa empresa não sabe sequer vestir sua equipe, como poderá me dar dicas e sugestões de qualidade?”. Além disso, o conforto e o bem-estar dos colaboradores também são fundamentais. Como eles poderão ser exigidos a oferecer um bom atendimento se estiverem o tempo inteiro incomodados com a vestimenta?

---

1. Termo extraído da língua inglesa, *Storytelling* pode ser traduzido como "contação de história". Afinal, *story* significa "história" e telling é o verbo "contar". No entanto, o *Storytelling* não é o relato convencional de uma narrativa. Através de técnicas que misturam elementos de marketing e ficção, transmitem-se mensagens e enredos visando o maior impacto possível no público-alvo.

Expliquei à marca que não precisava comprar um uniforme caro. Porém, deveria adquirir algo de excelente qualidade, que oferecesse bem-estar e orgulho de vestir à equipe e ao mesmo tempo transmitisse uma boa imagem ao público consumidor.

Os vendedores são um dos melhores interlocutores de desejabilidade para os negócios. Todavia, precisam receber apoio, treinamento e estrutura adequada de trabalho. O discurso deve ser aprendido e praticado incansavelmente até chegar ao ponto de venda. Em outras palavras, o *Storytelling* nunca está sozinho. Ele vem junto com processos e dinâmicas de valorização da equipe de vendas.

A performance da área comercial é parecida à atuação dos atores em cima do palco. A equipe de colaboradores precisa se sentir protagonista, predisposta a interpretar diariamente papéis e enredos do *Storytelling*. É claro que haverá dificuldades. Mesmo assim, os resultados podem ser surpreendentes quando se acertar na dosagem e na execução.

Assim, concluímos a explicação dos sete pilares da desejabilidade e, por consequência, o panorama completo dos fundamentos do Varejo. No próximo capítulo, vamos iniciar o segundo bloco do livro que tem como foco a análise crítica do Varejo atual.

BLOCO 2

STATUS QUO: **UM RETRATO DO VAREJO ATUAL**

Concluído o debate sobre os fundamentos do Varejo, inicio agora um novo bloco. A partir deste momento, nosso olhar se voltará para uma análise crítica da situação atual do Varejo e para as oportunidades que podem e devem ser endereçadas por gestores e marcas.

A proposta é discutirmos os pontos mais delicados da rotina do Varejo, áreas em que as companhias geralmente falham. Existem culturas, estratégias, práticas, dinâmicas e processos que foram incorporados em algum momento no passado dos negócios e, com o tempo, se tornaram obstáculos para o crescimento, a lucratividade e a satisfação dos clientes.

Em muitos casos, as empresas seguem os fundamentos discutidos nos capítulos anteriores, mas falham no "como" trabalhar, no "como" fazer e/ou no "como" operar. Portanto, o problema não está na essência, mas na forma de implementação. Para mudar essa realidade, é fundamental examinar detalhadamente as principais dificuldades enfrentadas no cotidiano do Varejo. Infelizmente, esses erros são mais frequentes do que imaginamos, e até mesmo organizações de sucesso e líderes de mercado podem tropeçar nesses aspectos.

CAPÍTULO 5

REIMAGINANDO A **LIDERANÇA**

No primeiro capítulo desta nova seção, falaremos sobre a nova postura das lideranças. Conduzir negócios, interagir com equipes, motivar pessoas e guiar times de trabalho no século XXI é bem diferente do que foi feito no século XX. Para o Varejo brasileiro evoluir, é necessário adotar uma visão de Gestão de Pessoas mais moderna. É urgente resgatar o orgulho de pertencimento dos colaboradores, aplicar técnicas de RH avançadas e estabelecer bons programas de contratação, capacitação, motivação e retenção de talentos.

Este é um capítulo extremamente crítico. Como já citei anteriormente, a maneira como tratamos os colaboradores impacta diretamente a forma como atendemos os clientes. Em outras palavras, os indicadores de satisfação e engajamento dos colaboradores estão diretamente vinculados às principais metas financeiras e comerciais. Falar sobre liderança, valorização dos funcionários, clima interno das lojas, políticas de incentivo e remuneração, humanização das relações profissionais, construção de visões para o futuro da marca, respeito aos valores empresariais e cumprimento das regras do ESG é discutir aspectos centrais do negócio varejista.

5.1 A crise da reinvenção na liderança

De forma geral, o Varejo brasileiro passa por uma grave crise de reinvenção dos seus talentos. As empresas perdem sistematicamente bons profissionais em quase todas as posições, tanto na linha de frente quanto nos cargos de liderança.

Podemos medir esse problema pelos altíssimos índices de *turnover*[1] das companhias. Nas últimas décadas, a rotatividade das equipes nas lojas beirou números inacreditáveis quando comparados com outros setores da economia. Conheço marcas que trocam a equipe inteira de uma loja em apenas dez meses, um ano. Ou seja, entre 300 e 360 dias, ninguém ou quase ninguém permanece naquele lugar. Imagine chegar na loja desta marca e pedir para falar com o funcionário mais antigo e quem se apresenta é alguém com um ano de empresa! Chega a ser assustador.

Isso é reflexo do caos na Gestão de Pessoas que impera em muitos varejistas. Os principais motivos dessa crise são a desumanização da relação com as equipes de trabalho e os equívocos na postura da liderança. É impossível promover processos de transformação organizacional abrangentes e complexos sem realizar previamente uma mudança cultural

1. *Turnover* é a rotatividade de colaboradores em uma empresa ou grupo de trabalho. Esse indicador está relacionado ao percentual de funcionários que se desligaram ou entraram para substituir quem saiu. Geralmente, ele é medido em percentual (%) e com base em períodos de tempo, como por exemplo, ao longo de um ano.

na companhia. Há necessidades latentes que batem à porta dos negócios e que não são realizadas porque os times e a alta administração não se sentem capacitados do ponto de vista técnico, emocional, motivacional e estratégico.

Conversando sobre educação no Varejo com Ricardo Basaglia[2], que é CEO da Michael Page e apresenta o podcast Lugar de Potência[3], perguntei como ele via o atual processo de desenvolvimento dos líderes varejistas. Estes profissionais estão se atualizando para encarar os novos desafios que surgem diariamente no mercado? A resposta dele foi sensacional. Ricardo disse que vê dois tipos de líderes atuando no setor do Varejo e eu concordo totalmente com ele. Vou resumir aqui um pouco da nossa conversa!

O primeiro perfil de liderança profissional, talvez o mais comum, está relacionado àquele grupo que foi tragado pela rotina do Varejo. São profissionais que trabalham muito, dedicando boa parte do seu tempo ao dia a dia das operações. Geralmente são profissionais atuantes na linha de frente do negócio e que não se auto desenvolvem porque simplesmente não conseguem dedicar tempo de qualidade para isso. Esses líderes muitas vezes têm dificuldade para conciliar o trabalho com a vida pessoal e priorizar o aperfeiçoamento soa quase como um luxo.

O segundo tipo de liderança profissional no Varejo é formado pelos executivos que não estão tão mergulhados na operação. Este grupo consegue, na maior parte das vezes, fazer cursos e participar de rodas de discussão, que são super interessantes para *networking* e enriquecimento cultural e técnico. Contudo, como são minoria em seu ambiente corporativo, não priorizam a troca de experiências com os colegas nem transmitem os aprendizados para as equipes. As tendências e as novas práticas do setor acabam centralizadas neles, represando o aprendizado em poucos indivíduos.

Para refletir:

As marcas varejistas são normalmente compostas por **ilhas de excelência** e têm baixa propagação do conhecimento entre suas equipes.

2. Mestre em Administração de Empresas pela FGV/EAESP, com extensão em *Behavioral Science of Management* pela Universidade de Yale, Ricardo Basaglia é um renomado headhunter brasileiro e uma referência nacional no desenvolvimento de Carreiras e Liderança. Ele é o atual CEO da Michael Page no Brasil, uma empresa de recrutamento e seleção de executivos.

3. *Lugar de Potência* é um dos principais podcasts de Gestão de Carreira, Liderança e Aperfeiçoamento Profissional.

Quando temos baixo impacto da liderança transformadora nos times e nas pessoas, principalmente nas que atuam na linha de frente, o que vemos é uma desmotivação generalizada que transforma o Varejo em um rito de passagem para muitas pessoas. Talvez por este motivo exista tanta troca de posições em busca de melhores salários, condições e crescimento profissional.

O dado mais recente da SBVC – Sociedade Brasileira de Varejo e Consumo – aponta que o *turnover* do Varejo no Brasil está em 36% ao ano. É uma tragédia. Significa que a empresa perde, em média, mais de um terço da equipe a cada doze meses. Em dois anos, portanto, dois terços se foram. Em três, praticamente ninguém antigo permanece no time. Como será possível fazer um trabalho consistente e duradouro nestas condições? Impossível! Sendo esse um indicador médio setorial, obviamente há companhias que possuem números ainda piores.

Não é errado afirmarmos que o ambiente de trabalho em grande parte dos varejistas é ingrato. A pressão pelos resultados, as jornadas extenuantes e as constantes mudanças do mercado cobram seu preço.

Curiosamente, em vez de focarem na retenção, muitas empresas se transformaram em máquinas de recrutamento. Com a rotatividade constante, desenvolveram processos de seleção ágeis, com contratações quase diárias ou semanais. O que é visto como uma prática pontual em outros setores tornou-se uma rotina no Varejo brasileiro, onde a busca incessante por novos colaboradores é a norma.

Quanto maior o *turnover*, menos atenção é dada à Gestão Humana. E quanto menos se investe em Gestão de Pessoas, maior é o *turnover*. Essa realidade reflete a cultura tradicional do Varejo brasileiro.

Para aqueles que acreditam que essa é uma característica intrínseca do setor, vale lembrar que, no passado recente, as equipes de vendas eram apaixonadas pelo seu trabalho. Atender bem, cuidar do cliente e proporcionar

Para refletir:

Há anos, testemunhamos a **desumanização** das relações no Varejo, onde as pessoas são tratadas **como peças descartáveis** da engrenagem organizacional.

experiências de compra memoráveis eram aspectos fundamentais da operação varejista. Os colaboradores, engajados e bem capacitados, apresentavam produtos e serviços com entusiasmo e dedicação. Infelizmente, essa atitude agora é a exceção, não a regra.

5.2 Gestão humanizada

A Gestão de Pessoas no Varejo é um problema estrutural que precisa de uma abordagem mais sensível e moderna. Sem uma mudança cultural significativa na organização e uma reformulação drástica na forma como os Recursos Humanos são geridos, será difícil encontrar soluções eficazes para as questões comportamentais que afligem empresas e colaboradores.

A primeira questão a ser discutida é o modelo de liderança. Como citei anteriormente, muitos líderes varejistas ainda operam com crenças do passado e técnicas ultrapassadas de comando e controle. A crença na cobrança dura e no estilo autoritário é comum, levando a um ambiente de trabalho tóxico. A pressão constante e a falta de diálogo criam um clima interno insustentável, exacerbando o desgaste físico, emocional e psicológico, especialmente entre equipes jovens e inexperientes. Poucos profissionais suportam um ambiente carregado de estímulos negativos e uma liderança agressiva.

Para refletir:

No Varejo moderno, o paradoxo é claro: as marcas buscam **fidelizar clientes com experiências excepcionais**, mas investem pouco na gestão de suas próprias equipes.

Algumas marcas chegam a ignorar até mesmo as necessidades básicas dos colaboradores que são responsáveis por criar essas experiências encantadoras. Essa estratégia é disfuncional, pois, sem treinamento, motivação e valorização adequadas, é impossível elevar a qualidade da experiência do cliente e o padrão de satisfação.

Para evitar falhas, muitas empresas optam por padronizar o atendimento, transformando suas equipes em meros repetidores de roteiros fixos. Isso cria um processo de compra artificial e robótico, exatamente o oposto do que as marcas almejam. Um exemplo claro disso é encontrado em lojas de departamentos no Brasil, onde a insistência em ofertas de cartões de loja se torna uma disputa cansativa e desagradável para o cliente. Mesmo os colaboradores se sentem desconfortáveis com essas abordagens forçadas.

Ao falar de uma gestão mais humanizada, é preciso citar a total falta de sensibilidade em relação ao tempo e às necessidades dos colaboradores, o que também contribui para a insatisfação. Por exemplo, a ausência de uma escala de folgas antecipada impede que a equipe se organize para momentos com a família e amigos. Essa mentalidade de comando e controle, que considera os profissionais como disponíveis o tempo inteiro, contrasta fortemente com a crescente ênfase na qualidade de vida e no bem-estar pessoal e profissional.

Além disso, os processos de remuneração, ainda focados em comissão nas vendas físicas, precisam considerar toda a inteligência omnicanal que vem sendo discutida nos últimos tempos. Não entrarei em detalhes sobre remuneração, mas, para promover um ambiente de trabalho saudável e humanizado, é essencial revisar a política de remuneração, a comunicação com a equipe, os benefícios oferecidos, o clima organizacional e o estilo de liderança.

Um time feliz, engajado, bem treinado e apaixonado pela empresa será capaz de oferecer um serviço de qualidade. Enquanto o mundo corporativo avança em conceitos como Economia da Paixão e Felicidade no Trabalho, o Varejo ainda falha em aspectos básicos de liderança e gestão de pessoas.

5.3 Diagnóstico das Relações Interpessoais

Para promover mudanças eficazes nas práticas de Gestão de Pessoas e revisar o estilo de liderança, o primeiro passo crucial é realizar um diagnóstico minucioso das relações interpessoais dentro da empresa. Compreender como a organização interage com seus colaboradores é essencial para identificar pontos fortes e áreas que necessitam de ajustes. Esse diagnóstico não apenas revela o que está funcionando bem, mas também aponta as deficiências que precisam ser abordadas.

No cenário atual, onde muitos colaboradores passam mais tempo no ambiente de trabalho do que com suas próprias famílias, as lojas podem se tornar uma verdadeira extensão do lar. Para oferecer uma experiência excepcional ao cliente, é fundamental revisar a experiência do colaborador. Note que não estou falando apenas de bem-estar, mas de uma estratégia crucial para garantir um ambiente saudável e produtivo. É aqui que entra o conceito de *Employee Experience* (EX), que coloca o colaborador como um fator central nas decisões organizacionais.

Neste contexto, surge um novo pensamento: desenhar a experiência da loja considerando a experiência da equipe que atuará nela. Embora possa parecer incomum, a definição estratégica da loja determinará se ela se concentrará na construção da identidade de marca, em um ponto comercial tradicional ou em um sistema multicanal. Cada uma dessas opções exigirá uma abordagem distinta para o desenvolvimento dos profissionais. Trabalhar em uma loja flagship é diferente de atuar em um centro de compras popular, assim como é diferente de uma operação omnicanal.

Compreender a proposta da loja é essencial para o diagnóstico de Gestão de Pessoas. Não é recomendável montar um modelo de Varejo e, em seguida, contratar e treinar a equipe sem antes definir claramente o modelo de operação. Se a intenção é mudar a relação com os consumidores, é necessário preparar e motivar a equipe interna para alinhar práticas e comportamentos.

Uma loja mais transacional que adota uma nova proposta experiencial traz desafios significativos para a área de Recursos Humanos. Essa marca precisará de um tipo diferente de colaborador em seus quadros, e será necessário rever as políticas e programas de treinamento. Os modelos de remuneração e incentivo também passarão por transformações, assim como o desenvolvimento de produtos e a oferta de serviços.

Ao realizar o diagnóstico de uma operação, sempre identifico problemas e as barreiras que dificultam a evolução do negócio. Para resolver as complicações técnico-operacionais, é preciso observar os comportamentos e hábitos da equipe. As pessoas agem com base nos incentivos da organização e nas demandas da liderança. Se a principal preocupação do varejista é o número de cartões feitos, e não a excelência do atendimento, os vendedores focarão nessa obsessão. Da mesma forma, se um diretor é tóxico com o gerente, é provável que essa postura se reflita em toda a equipe, prejudicando a experiência do cliente.

Alterar o comportamento da equipe requer uma mudança no ambiente de trabalho. Por exemplo, se uma loja tem uma equipe de vendas que passa 40% do tempo ociosa, é necessário repensar as atividades realizadas durante esses períodos. Incentivar os vendedores a responder dúvidas nas redes sociais pode ser uma solução, mas é crucial garantir que isso seja recompensado de maneira justa. Se os vendedores que atendem presencialmente são remunerados, enquanto os que atendem online não são, a motivação para a nova atividade pode ser baixa. Ajustar a política de comissionamento para refletir a atuação online pode ser uma solução.

Outra abordagem é incentivar os vendedores a realizar tarefas adicionais fora da rotina comercial, como organizar a loja e ajudar na operação de caixa. Para evitar a perda de comissão, a política salarial pode ser alterada para que a comissão seja baseada no desempenho coletivo da loja, em vez de apenas nas vendas individuais. Esses pontos culturais do *Employee Experience* demonstram a importância de um estilo de liderança justo e alinhado com a cultura organizacional, impactando positivamente a forma como o time pensa, sente e age.

Um exemplo atual é o programa das Lojas Renner, que promove a cultura de encantamento dos clientes. Os funcionários, independentemente do cargo, são incentivados a surpreender os consumidores. Eles escrevem cartas sobre histórias de encantamento, que são avaliadas e premiadas pela administração. A empresa também realiza pesquisas de satisfação da equipe e clientes ocultos para avaliar o atendimento e o clima interno. Esses esforços mostram que a liderança está buscando a transformação cultural, motivando a equipe e criando políticas de valorização e reconhecimento.

Vale destacar que essa não é uma prática inovadora no Varejo. Ela foi inspirada na proposta da magia da Disney de maravilhar os clientes[4]. Aqueles que conseguem surpreender os clientes são valorizados e reconhecidos em marcas como Disney e Renner. Os gerentes e os supervisores das lojas mais encantadoras também são destacados. Como estamos falando de uma empresa com centenas de lojas e com dezenas de milhares de colaboradores, o poder transformador de algo que é incorporado à rotina operacional é gigantesco.

No caso da Renner, anualmente os funcionários ganham livros com as melhores histórias de encantamento dos colegas. Os cases reais são extraídos das cartas pessoais dos próprios colaboradores. Ou seja, o comportamento de surpreender e satisfazer os consumidores continua sendo propagado e valorizado diariamente num processo contínuo. A empresa acredita que só poderá encantar os clientes se os seus profissionais estiverem verdadeiramente satisfeitos e sendo respeitados. Por isso, a manutenção da harmonia e a relação saudável dos gestores das lojas com suas equipes são avaliadas com tanta atenção.

4. Esse conceito é apresentado em alguns livros. Um deles é: CONNELLAN, Tom. Nos Bastidores da Disney: Os Segredos do Sucesso da Mais Poderosa Empresa de Diversões do Mundo. São Paulo: Saraiva, 2010.

Gosto desse exemplo porque ele mostra que a liderança precisa achar o caminho para a promoção da transformação cultural. Não é só ter ideias e impô-las para a equipe. É necessário convencer o time das novas propostas e motivar a todos para seguir naquela direção. Ou seja, é fundamental criar políticas e programas de valorização, reconhecimento e premiação aos melhores funcionários. Quando a maioria da equipe entende que aquele comportamento é saudável e produtivo para a organização, ele já foi incorporado à rotina de trabalho.

Reitero a importância de obter um diagnóstico preciso da situação atual das operações de Varejo e de ter uma visão clara dos próximos passos. Somente assim será possível desenvolver um processo de Gestão de Pessoas que esteja alinhado com a estratégia corporativa e os modelos de negócio do Varejo. As ações de RH, os programas de capacitação e incentivo, os indicadores de desempenho e as avaliações dos colaboradores devem estar integrados aos objetivos do varejista. Não há mais fórmulas prontas!

Agora vamos para o próximo capítulo onde discutiremos a urgência que impera no Varejo, entendendo os impactos da cultura imediatista voltada ao curto prazo.

CAPÍTULO 6

O DESAFIO DA URGÊNCIA: **A CULTURA IMEDIATISTA ENRAIZADA NO VAREJO**

Agora vamos abordar a principal fonte de estresse do Varejo contemporâneo: a cultura imediatista. Com um foco excessivo no curto prazo (em alguns casos, no curtíssimo prazo), as marcas varejistas vivem de urgência em urgência. São tantos os "incêndios" diários que resta pouco espaço para implementar mudanças estratégicas.

6.1 Cultura imediatista

O Varejo costuma operar sob uma agenda voltada para o curto prazo. É como se as empresas tivessem incorporado a alta volatilidade do mercado, do consumo e da sociedade. Assim, suas operações passam a refletir as intempestividades, as mudanças, a velocidade e as contradições do ambiente externo. O problema, na minha opinião, não está em aceitar a cultura imediatista e a dinâmica de urgências, mas sim em acreditar que esses são os melhores caminhos para o negócio. Afinal, desde quando atuar com pressa, sem profundidade na análise de informações e adotando uma postura reativa, constitui a melhor alternativa?

A visão centrada no "aqui e agora" eliminou da agenda dos gestores temas cruciais para o médio e longo prazo das empresas. Quando esses temas surgem, acabam relegados ao final da lista de prioridades ou restritos a períodos específicos do ano. Na dinâmica de urgência constante, a operação engole completamente a estratégia.

É como se houvesse um efeito cíclico que consome a essência dos profissionais do Varejo: pouco tempo é dedicado a assuntos emergentes porque a operação esgota toda a energia nas demandas diárias.

Quer um exemplo claro? Por que a sustentabilidade demorou tanto para ser incorporada pelo Varejo? Porque ela não é uma agenda de curto prazo. Aliás, só passou a ser discutida e tratada com seriedade recentemente, por ser hoje um dos principais temas globais, com impacto direto nos resultados de uma marca — especialmente nas empresas listadas em bolsa.

Para refletir:

A sustentabilidade tornou-se prioridade no Varejo porque, atualmente, é tratada como uma urgência.

Esta é a cultura imediatista que domina o Varejo atualmente. Enquanto a agenda permanecer focada exclusivamente no curto prazo, muitos assuntos essenciais continuarão apenas no papel. Projetos voltados para atender às necessidades de médio e longo prazos têm sido engavetados nos últimos anos, pois a alta administração não lhes atribui a devida importância e prioridade.

A cultura da urgência enraizou-se profundamente no Varejo, exacerbada pelas crises econômicas que o Brasil enfrenta periodicamente. A frustração das expectativas de crescimento e desenvolvimento econômico tem levado as empresas a resultados aquém das metas. Em um cenário de batalha, as companhias concentram esforços em resultados imediatos, negligenciando, como mencionei acima, os planos de longo prazo. Dessa forma, a rotina do Varejo tornou-se uma obsessão por números diários, semanais e mensais.

É importante reconhecer que, mesmo quando negligenciadas, as pautas estratégicas e as demandas de médio e longo prazos permanecem relevantes. O fato de não serem abordadas não as faz desaparecer; pelo contrário, a falta de ação tende a agravar seus efeitos, gerando múltiplos focos de "incêndio" na operação da empresa. Assim como doenças não tratadas se tornam mais graves com o tempo, problemas ignorados nas empresas também persistem e se intensificam.

Quando um problema é tratado apenas depois de se transformar em uma crise, ele consome mais recursos, energia e tempo. O que começou como um resfriado pode evoluir para uma pneumonia grave, e uma dor de barriga simples pode se transformar em uma gastrite severa. Ao lidar com questões passadas somente quando já se tornaram urgências, a empresa enfrenta dificuldades para resolver novos desafios, mesmo que sejam pequenos. A cultura imediatista faz com que a equipe só se preocupe com novas questões quando estas já se tornam a urgência da vez.

Sem uma estratégia clara de médio e longo prazos, a empresa se torna desorientada, o que resulta em uma preocupação quase obsessiva com a operação diária. Na ausência de planejamento, criatividade e inovação, a organização reage apenas por instinto, lidando com os problemas à medida que surgem, muitas vezes de forma improvisada. Esse modus operandi, embora comum no setor varejista, não é o caminho das marcas bem-sucedidas.

O imediatismo é perceptível nas conversas com gerentes, diretores e CEOs, que frequentemente exigem soluções rápidas. É comum ouvir pedidos para implementar um redesign da experiência em loja em um prazo de seis meses, com a expectativa de que todas as lojas estejam operando no novo padrão nesse período. No entanto, transformar a marca, a relação com os consumidores e treinar toda a equipe exige mais tempo e planejamento. A pressa faz com que muitas transformações complexas sejam realizadas de forma precipitada.

É importante destacar que eu amo a agilidade do Varejo e considero isso extremamente positivo, mas não devemos permitir que a velocidade dos negócios comprometa a estratégia e a visão de médio e longo prazos. No início do século XXI, discutíamos onde queríamos estar em 2050 e traçávamos planos para os próximos dez anos. Hoje, essas discussões parecem quase utópicas, e a visão de três a cinco anos tornou-se rara.

Como consequência, temas muito importantes como inovação, transformação organizacional, sustentabilidade, identidade de marca, qualidade de produto, capacitação da equipe, planejamento estratégico, desenvolvimento de fornecedores e criação de parcerias são frequentemente negligenciados. Vale lembrar que muitas marcas varejistas só começaram a priorizar os canais digitais durante a pandemia da Covid-19, quando este tema se tornou essencial devido à impossibilidade de vendas físicas.

Para refletir:

Quando um **tema se torna urgente**, a **capacidade** de realização das marcas varejistas é impressionante.

Considero muito interessante como a atenção se volta rapidamente para a solução de urgências, algo que vejo como essencial em um mercado competitivo. No entanto, essa atitude não abrange o todo. Os assuntos relevantes deveriam receber a mesma atenção dedicada aos temas de curto prazo, como pratos equilibrados no alto por um malabarista. É crucial manter o equilíbrio entre as prioridades de curto, médio e longo prazos, pois o trabalho realizado hoje impacta não apenas os resultados imediatos, mas também o futuro da empresa.

6.2 O custo da pressa

A alta rotatividade de executivos no mercado varejista e a constante pressão de acionistas, assim como do próprio setor, reforçam a mentalidade imediatista. Vivemos em um ritmo verdadeiramente insano e extremamente desafiador, até mesmo para profissionais muito experientes. Nesse contexto, o que fazer? Responder às demandas urgentes e torcer pelos resultados imediatos tem sido a escolha mais comum, muitas vezes para garantir posições executivas. No Varejo, a média de permanência de CEOs e diretores é de apenas dois a três anos, sendo que aqueles que permanecem por cinco anos já são considerados exceções.

Gosto muito de um trecho de um artigo da consultoria McKinsey[1] sobre a redefinição do Varejo:

> *"Os varejistas deram uma guinada acelerada quando veio a pandemia de COVID-19; por isso, sua capacidade de fazer movimentos rápidos não está em discussão. No entanto, sem a urgência representada por uma doença em massa e pelos confinamentos globais, apenas os varejistas mais visionários e ambiciosos continuarão a fazer movimentos ousados com agilidade. Os outros, como a história já mostrou, destruirão valor."*

Volto a citar a Renner como exemplo, pois considero José Galló uma exceção notável[2]. Ele permaneceu por mais de três décadas na varejista de moda gaúcha, conseguindo implementar um plano de longo prazo. Em dezenas de entrevistas que li com Galló, sempre apreciei suas falas sobre a melhora da experiência, logística e operação, mas minha atenção especial recaía sobre suas posições em relação à qualidade dos produtos: “Nossos produtos precisam ser os melhores.” Para alcançar esse objetivo, ele estabeleceu centros de desenvolvimento no Brasil e no exterior, principalmente na China, direcionando os esforços para garantir a qualidade dos produtos a médio e longo prazos.

Galló reformulou a criação de produtos para posicionar a Renner como líder em qualidade em seu segmento. As centrais de desenvolvimento no exterior, especialmente na China, destacam-se pelo modelo elaborado e pela significativa presença de brasileiros na criação de produtos. Cada estrutura regional conta com processos de controle maduros, e a operação na China possui sedes em quase todos os polos fabris do país. Isso permitiu à Renner lançar novidades e coleções completas mesmo durante a pandemia. Quando uma região na China enfrentava quarentena, outras continuavam operando, garantindo a continuidade da oferta.

1. MCKINSEY & COMPANY. *A redefinição do Varejo*: um novo manual de estratégia para os líderes do setor. Disponível em: https://www.mckinsey.com/featured-insights/destaques/a-redefinicao-do-Varejo-um-novo-manual-de-estrategia-para-os-lideres-do-Varejo/pt.

2. Em 1991, José Galló foi contratado como consultor para elaborar um plano de negócios que resgatasse as Lojas Renner, varejista de moda sediada em Porto Alegre, da iminente falência. Após apresentar a estratégia à direção, foi convidado a assumir o cargo de CEO da companhia, posição que ocupou até 2019, quando passou a presidir o Conselho de Administração. Ao longo de 32 anos na empresa — 27 como presidente e 5 como presidente do Conselho —, Galló conduziu a Renner à liderança do mercado nacional e expandiu suas operações para o exterior. Em março de 2024, anunciou sua saída da empresa.

São poucas as marcas que conseguem sustentar a excelência operacional e a qualidade dos produtos como a Renner. Não por acaso, ela está entre as líderes de mercado no Brasil e é admirada pelos clientes. Essa posição e imagem não foram construídas em um semestre ou em um ano, mas sim ao longo de décadas.

3º Trimestre de 2024: Resultado do Varejo de Moda

EMPRESA	Nº LOJAS	SSS	RECEITA LÍQUIDA	YOY
Renner	675	11,5%	**R$ 3,390 BI**	9,5%
AZZAS 2154 (Arezzo&Co, Soma)	1593	Cal 7,7% Fem 9,3% Her 14,9% Mas 16%	**R$ 3,038 BI**	11,9%
RCHLO Riachuelo	420	10%	**R$ 2,299 BI**	9,5%
C&A	330	16,1%	**R$ 1,799 BI**	16,7%
Grupo SBF	272	Fisia 0,7% Centauro -1,8%	**R$1,770 BI**	-1,3%
marisa	235	SSS Tri 42,8%	**R$ 350 MI**	54,8%
Veste	173	1,9%	**R$ 265 MI**	-3,6%
Track&Field	381	11%	**R$ 204 MI**	24,4%

Número de lojas: inclui tanto unidades próprias quanto franquias.

Dados divulgados pelas marcas em relatórios trimestrais.

Nos últimos anos, algumas companhias de Varejo abriram capital na bolsa de valores. A chegada de novos sócios, como bancos e grupos de investidores, trouxe impactos distintos para a cultura imediatista.

A busca por retorno rápido e pela recuperação do investimento feito na compra das ações acabou, na maioria dos casos, agravando ainda mais o senso de urgência. O que deveria marcar o início de uma fase de planejamento e de visão consistente para o futuro tornou-se uma obsessão desmedida por resultados de curtíssimo prazo. Em vez de promoverem uma mudança cultural, os novos sócios muitas vezes incorporaram os vícios dos antigos.

Por outro lado, é importante destacar que algumas empresas conseguiram alterar a visão imediatista após abrirem o capital. Infelizmente, elas ainda são uma minoria no Brasil. A partir de um planejamento estratégico bem definido, essas companhias redesenharam seus negócios e, com o capital em caixa, adquiriram concorrentes. Sem abrir mão da agilidade e da excelência operacional, incorporaram novas competências ao cotidiano da organização. Em outras palavras, continuaram girando os pratos do curto prazo, mas também acrescentaram o equilíbrio de novos pratos voltados para o médio e longo prazos.

6.3 Movimentos de mercado

Quando falamos de temas essenciais para a sustentabilidade e o futuro do Varejo, é muito importante priorizar as mudanças no comportamento de consumo. O mundo está em constante transformação, e muitas vezes as marcas falham em responder a essas mudanças no momento adequado. A questão crítica é: como reagir quando isso ocorre? Para mim, as melhores respostas baseiam-se em uma abordagem humanizada, orientada pela transparência, pelo propósito e por benefícios mútuos. As marcas devem ter a coragem de reconhecer seus erros e trazer o consumidor para perto no processo de resolução. O sucesso comercial surge da construção de relacionamentos genuínos e da fidelização de seu público, tanto interno quanto externo. Esse compromisso com o diálogo deve estar presente tanto nas lojas físicas quanto nos canais digitais. Esta, sim, deveria ser uma das verdadeiras urgências do Varejo.

O reposicionamento da Victoria's Secret é um exemplo claro de como humanizar as relações com o público pode revitalizar uma marca. Por anos, a empresa foi associada a um estereótipo feminino irreal e objetificante, representado por modelos jovens de corpos "perfeitos", conhecidas como Angels. Esse padrão estético, inalcançável para a maioria das mulheres, tornou-se um símbolo da Victoria's Secret, mas também a distanciou de muitas consumidoras.

Com a mudança de comportamento das mulheres no século XXI, surgiu um movimento de valorização da diversidade: *"Eu sou gorda e sou linda"*; *"não sou jovem, mas me sinto muito atraente"*; *"meu rosto não segue padrões, mas amo a minha beleza."* Esse novo olhar fez com que o ideal de perfeição promovido pela marca se tornasse ofensivo para muitas mulheres, gerando rejeição e queda nas vendas. A marca, então, precisou rever sua postura, suas estratégias e o próprio conceito de beleza que promovia.

A transformação envolveu uma reformulação completa do negócio, abrangendo estratégias corporativas, treinamento de equipe, comunicação, modelos de manequim, *branding*, ambientação de loja e tipo de produto. A antiga Victoria's Secret deu lugar a uma marca com uma proposta mais inclusiva e verdadeira.

Essa mudança não aconteceu da noite para o dia. A marca precisou de anos para ouvir as críticas, refletir e reagir de forma estratégica. Após um período de silêncio e reestruturação, a Victoria's Secret voltou a se comunicar com transparência e autenticidade, destacando a essência e a diversidade feminina. Ao apresentar essa nova proposta ao público, a marca recuperou a confiança das consumidoras e reconstruiu sua posição no mercado.

Enquanto a Victoria's Secret enfrentava uma grave crise de gestão, identidade e imagem, dois jovens empreendedores aproveitaram a oportunidade para criar, em 2019, a Parade[3]. Com uma proposta inovadora, a marca de underwear oferecia conforto extraordinário, celebrando a diversidade dos corpos femininos e promovendo a sustentabilidade. Além de produtos que respeitavam as consumidoras, a Parade construía um portfólio alinhado com a preocupação ambiental, e seu crescimento foi rápido e consistente.

Minha primeira experiência em uma loja da Parade foi deslumbrante. A sensualidade estava presente, mas de uma forma inclusiva e autêntica, fugindo dos estereótipos e aproveitando a lacuna deixada pela Victoria's Secret. Enquanto as Angels se mantinham em um pedestal, ditando padrões rígidos de beleza, a Parade se posicionou ao lado

3. Fundada em 2019 por Cami Téllez e Jack DeFuria, a Parade é uma marca norte-americana de roupas íntimas. No segundo semestre de 2023, a empresa foi adquirida pela Ariela & Associates International, uma das maiores companhias de lingerie dos Estados Unidos.

das mulheres reais, oferecendo peças confortáveis para o dia a dia e um compromisso com a sustentabilidade.

O sucesso da Parade foi tão significativo que, no segundo semestre de 2023, a marca foi adquirida pela Ariela & Associates, um dos grandes *players* do mercado de underwear. Em apenas três anos, mesmo durante a pandemia, a Parade alcançou um impressionante valor de mercado de US$ 200 milhões.

6.4 Sustentabilidade como resposta à emergência ambiental

A sustentabilidade é um tema que não pode mais ser adiado nas agendas estratégicas dos varejistas. A crise climática deixou de ser uma preocupação exclusiva dos cientistas e passou a fazer parte do cotidiano da população global. Hoje, é inviável pensar em negócios sem considerar o impacto ambiental das operações. A urgência desse tema é inegável: ele precisa ser abordado como uma prioridade imediata, e não mais relegado ao médio e longo prazos.

A atenção à sustentabilidade deixou de ser opcional. Ignorar essa responsabilidade pode comprometer a imagem e a relevância da marca, afastando consumidores que estão cada vez mais atentos ao comportamento ético das empresas. Embora a sustentabilidade seja abordada em profundidade em capítulos futuros, é essencial frisar que sua empresa precisa agir agora para evitar o risco de perder o engajamento e a fidelidade do público no futuro.

Para ilustrar o impacto positivo de uma estratégia sustentável bem executada, tomemos como exemplo a IKEA, que vem se destacando no setor ao implementar ações ambientais inovadoras e acessíveis.

A IKEA colocou a sustentabilidade no centro de seu modelo de negócios[4]. Seu plano possui metas bastante agressivas até 2030, e esses objetivos permeiam conversas tanto nas fábricas quanto nas lojas. Os produtos da marca são fabricados exclusivamente com energia renovável, e alguns pontos de venda foram projetados para reduzir a temperatura média ambiente em 1,3ºC, com emissão zero de carbono.

4. Fundada em 1943 na Suécia, a IKEA é a maior varejista de móveis do mundo. Ela possui aproximadamente 500 lojas e operação em cerca de 60 países.

A preocupação ambiental da IKEA já chegou, inclusive, às operações de revenda nos Estados Unidos. Recentemente, em visita a uma loja da IKEA americana, me deparei com o espaço "As-Is", que oferece aos clientes a oportunidade de adquirir produtos descontinuados, usados ou provenientes de exibição em showroom a preços reduzidos. Esses itens, embora possam apresentar leves sinais de uso, são cuidadosamente inspecionados para garantir funcionalidade e segurança. A iniciativa não apenas proporciona economia aos consumidores, mas também promove a sustentabilidade ao estender a vida útil dos produtos e reduzir o desperdício.

Além disso, a IKEA lançou o serviço "As-Is Online", permitindo que membros do programa IKEA Family reservem esses produtos pela internet e os retirem na loja selecionada, facilitando ainda mais o acesso a móveis de qualidade a preços acessíveis. Sensacional, não é?

Espaço "As-Is" na loja da Ikea em Miami, que oferece aos clientes a oportunidade de adquirir produtos descontinuados, usados ou provenientes de exibição em showroom com descontos super atrativos.

Esse compromisso da IKEA se reflete nas diferentes áreas do negócio e ao longo de toda a cadeia de produção. Do fornecedor ao consumidor, todos estão envolvidos. As metas da empresa estão estabelecidas para 2030, mas ela já está trabalhando intensamente hoje para alcançá-las.

6.5 Incorporação de novas tecnologias

A incorporação de novas tecnologias é mais um ponto que não pode ser negligenciado. Metaverso, inteligência artificial (IA), realidades alternativas (virtual e aumentada), automação, novos métodos de pagamento e a constante interação com o ambiente digital são temas que permeiam o cotidiano de diversas indústrias, e o Varejo não pode ficar para trás. Por muito tempo, o setor foi resistente ao uso de ferramentas tecnológicas; no entanto, essa realidade está mudando rapidamente, especialmente entre empresas líderes em seus segmentos. Hoje, muitos varejistas não apenas abraçam a tecnologia, mas estão na linha de frente, experimentando novas soluções e realizando projetos-piloto com as ferramentas mais modernas disponíveis.

Vale destacar que esta ainda não é uma prática comum no setor, o que cria uma disparidade de cenários. Enquanto algumas empresas avançam e já vislumbram tecnologias que serão comuns em cinco ou dez anos, outras permanecem engessadas, aplicando práticas ultrapassadas. O resultado? Um contraste que salta aos olhos do consumidor: ao sair de uma loja que parece estagnada nos anos 1990 e entrar em outra que incorpora o futuro, o choque é inevitável.

A resistência às mudanças tecnológicas pode levar os varejistas a crises operacionais graves. Focados exclusivamente em resolver problemas imediatos, muitos ignoram inovações que poderiam trazer soluções transformadoras. Com isso, essas empresas acabam girando em círculos, tentando aumentar as vendas e os resultados sem modernizar suas estruturas – como se estivessem, como diz o ditado, "dando murro em ponta de faca".

Adotar uma visão tecnológica para o Varejo não é mais apenas uma escolha; tornou-se essencial para a sobrevivência e o crescimento a longo prazo.

Muitas vezes ouço que evoluir tecnologicamente exige altos investimentos. No entanto, na maioria das situações, a adoção ou não da tecnologia está muito mais relacionada à cultura organizacional do que ao orçamento disponível. Um caso que gosto muito de usar para ilustrar esse ponto é o da We Coffee[5]. Essa rede de cafeterias teve um crescimento vertiginoso entre 2020 e 2024. Suas lojas são conhecidas por operações ultramodernas que contrastam fortemente com o padrão tradicional do setor. A estética impactante da We Coffee está presente em todos os detalhes — até mesmo nas comidas e embalagens, que chamam a atenção. Em uma dessas visitas, não resisti e comprei alguns doces que imitavam cachorro-quente, o que encantou minhas filhas.

A We Coffee criou um ambiente fantástico que combina o mundo digital com o físico, um conceito que ressoa com o público atual. Enquanto algumas empresas permanecem presas ao espaço físico, a We Coffee estabeleceu um modelo em que o digital é o fio condutor de toda a experiência. Não há caixas, pagamento em dinheiro ou interação com atendentes para os pedidos; a experiência começa online e se concretiza no espaço físico.

Além disso, a apresentação dos produtos é estrategicamente "instagramável". A We Coffee entende que, para muitos consumidores, capturar o momento é tão importante quanto consumir o produto. Por isso, os pratos e bebidas são visualmente atraentes, aumentando as chances de serem compartilhados nas redes sociais — uma forma de publicidade gratuita gerada pelos próprios clientes.

Não é à toa que a We Coffee passou de uma loja piloto no bairro da Liberdade para dezenas de unidades em São Paulo em apenas quatro anos, muitas vezes com filas que atestam seu sucesso. O mais interessante é o cuidado da marca em testar suas inovações antes de expandi-las.

Aplaudo a visão da We Coffee, que ousou repensar o conceito de cafeteria enquanto muitos seguiam o modelo da Starbucks. Nos últimos anos, observamos uma padronização do modelo de cafeteria tanto no Brasil quanto no exterior. A We Coffee optou por não seguir o caminho do café com pão de queijo — um produto commoditizado, encontrado em toda parte. Em vez disso, seu desafio é oferecer uma experiência de consumo moderna e autêntica. Com a crescente aceitação desse modelo, a marca agora acelera sua expansão, mantendo o foco na satisfação do cliente, evitando filas longas e aprimorando a experiência nas novas unidades.

5. Rede de cafeterias da cidade de São Paulo criada por um grupo de empresários asiáticos e brasileiros em 2020, a We Coffee faturou em 2023 R$ 100 milhões e tem planos bastante ousados de crescimento para os próximos anos.

6.6 Labs de Varejo

Avaliar mudanças estratégicas de forma eficaz exige que as redes varejistas adotem "laboratórios práticos" no coração de suas operações. Essas lojas-modelo funcionam como pontos de teste, onde inovações podem ser experimentadas em menor escala antes de uma implementação em larga escala. Recomendo fortemente essa prática, pois, em vez de adotar mudanças arriscadas em dezenas ou centenas de lojas, é mais prudente analisar o desempenho de novas ideias em algumas unidades. Assim, a resposta de uma parcela dos consumidores indica se o projeto-piloto tem potencial para expansão. Essa abordagem permite que o Varejo combine esforços estratégicos com operações de campo, transformando o ponto de venda em uma valiosa fonte de pesquisa, onde o feedback dos clientes é quase imediato.

O modelo de lojas-piloto é ideal tanto para validar mudanças de curto prazo quanto para projetar soluções de médio e longo prazos. Em algumas empresas, essas lojas-modelo atuam como verdadeiras startups. Quando a liderança reconhece o potencial de uma iniciativa e investe em sua implementação, a cultura organizacional passa por uma renovação. Em vez de apenas reagir às urgências, os líderes começam a abordar problemas de forma estruturada, incluindo temas estratégicos na pauta do dia.

Ressalto que os laboratórios de Varejo podem ser utilizados para testar soluções e projetos de inovação com diferentes níveis de complexidade. Encaro esses "labs" como uma plataforma para experimentar melhorias em todas as frentes do negócio: desde a cadeia de suprimentos, logística, portfólio de produtos, atendimento ao cliente e formas de pagamento, até a jornada do cliente, comunicação, pesquisa de mercado, gestão de recursos humanos e programas de treinamento e incentivos.

Vale destacar que os laboratórios de Varejo também podem ser virtuais. A Gucci, por exemplo, tem utilizado o metaverso, especialmente a plataforma Roblox, como um laboratório para testar lançamentos de produtos e novas estratégias. Em maio de 2021, a marca inaugurou o "Gucci Garden" no Roblox, uma experiência virtual temporária que permitiu aos usuários explorar e adquirir itens digitais exclusivos em uma réplica digital do espaço físico original, inaugurado três anos antes.

O sucesso dessa iniciativa levou à criação do "Gucci Town" em maio de 2022, um espaço permanente na plataforma Roblox, onde os usuários podem interagir com a marca, participar de minijogos e adquirir produtos virtuais. Essas experiências permitem que a Gucci avalie a recepção de novos produtos e conceitos em um ambiente digital antes de implementá-los no mundo físico, além de fortalecer o relacionamento com um público mais jovem e tecnologicamente engajado.

Gucci Town na plataforma Roblox: loja permanente da marca no metaverso.

6.7 Tempo e prioridades

No Varejo, o tempo parece ter uma dinâmica própria, em que tudo acontece rápido demais. Mesmo com mais de 25 anos de experiência no setor, ainda me vejo constantemente desafiada a lidar com urgências que surgem de todos os lados. O que realmente tem me ajudado na gestão dos prazos curto, médio e longo foi uma revisão completa de como distribuo meu tempo.

Para organizar a agenda dos profissionais do Varejo, é necessário considerar dois aspectos fundamentais: a gestão do tempo e a priorização dos temas.

Começando pela gestão do tempo, não faz sentido investir 90%, 95% ou até 100% da energia e atenção exclusivamente em questões operacionais. Os líderes deveriam reservar pelo menos 30% do seu tempo para inovação, estratégia e transformação organizacional. Se a alta administração não conseguir parar para pensar no futuro, quem assumirá essa responsabilidade? Proponho 30% do tempo para o estratégico, o que ainda deixa 70% para lidar com o cotidiano e resolver problemas operacionais.

Seguindo essa lógica, um CEO poderia adotar a agenda 70/30 (70% operacional e 30% estratégico), enquanto os diretores visariam uma divisão de 75/25. Gerentes poderiam se planejar para uma agenda 80/20; supervisores de loja, uma estrutura de 85/15 ou até 90/10; e a linha de frente tentaria seguir um formato de 95/5, com pelo menos 2 horas semanais dedicadas ao pensamento estratégico. Esse reequilíbrio tem o potencial de transformar profundamente a cultura organizacional e promover o crescimento sustentável a médio e longo prazos.

Após a gestão do tempo, é crucial que o varejista também se concentre na priorização de temas. No Varejo, definir cinco prioridades é o ideal. Afinal, se tudo é importante, nada é prioridade. Vale lembrar José Galló, da Renner, que focou consistentemente na qualidade dos produtos. Esse foco claro foi um dos pilares de sua gestão por muitos anos. Já a We Coffee (lembra?) direciona seus esforços para a experiência do cliente, com um modelo de negócios voltado para a desejabilidade.

Em um ambiente frequentemente caótico e sobrecarregado, o profissional só consegue encontrar tempo para o que realmente importa quando prioriza. Mapeando os temas estratégicos e garantindo espaço na agenda para eles, o trabalho se torna mais produtivo, e o tempo, mais bem aproveitado. Vale lembrar que, como a pauta estratégica já costuma ter pouco espaço, é vital aproveitar ao máximo os momentos dedicados ao futuro. Se nada for semeado hoje, o próximo ano chegará sem nenhum passo concreto em direção ao crescimento.

Planejar o futuro de forma estratégica também exige que o profissional olhe além do próprio segmento e explore outros mercados. Ter a curiosidade e o compromisso de entender a sociedade e o mercado mais amplo é essencial para definir prioridades e próximos passos. Sair da rotina do Varejo e observar o macroambiente são excelentes oportunidades de reflexão.

Uma vez definidas as prioridades, o maior desafio será competir com as questões operacionais do dia a dia. Por isso, é fundamental reservar espaço para o ócio e para o pensamento estratégico, respeitando o planejamento. Afinal, esse é o combustível que permitirá ao Varejo evoluir e se sustentar no longo prazo.

Assim, concluímos o primeiro capítulo do bloco Status quo – O que precisa mudar. A cultura da urgência pouco inteligente não pode perdurar no Varejo. Por mais importante que a operação seja, ela não deve monopolizar a atenção e o esforço da empresa inteira. Nas próximas páginas, discutiremos as crenças limitantes que prejudicam os negócios. Afinal, quais são os mitos, os medos e os conceitos ultrapassados que jogam contra o presente e o futuro dos varejistas?

CAPÍTULO 7

CRENÇAS LIMITANTES: **MITOS, MEDOS E EQUÍVOCOS COMUNS**

O segundo aspecto que caracteriza o Varejo atual é o conjunto de crenças enraizadas nas culturas organizacionais, que passaram de estratégias bem-sucedidas a limitações para o avanço futuro. Muitas operações prosperaram com regras que, por terem funcionado bem em determinado período, ganharam o status de verdades absolutas. No entanto, esses métodos nem sempre acompanham as transformações da sociedade e, por isso, precisam ser revistos. Costumo chamar esses elementos de "crenças limitantes": práticas que, embora possam ter valor isolado, restringem a visão estratégica do negócio e impedem as empresas de avançarem na jornada pela satisfação e fidelização dos clientes.

Para compreender verdadeiramente os desafios enfrentados pelos varejistas, é fundamental adotar uma postura mais aberta e questionadora sobre o funcionamento das empresas. No centro de nossas preocupações devem estar a experiência do cliente, a conexão emocional com a marca, a fidelização do público-alvo e o equilíbrio entre resultados de curto, médio e longo prazos.

Um problema — ou, como preferimos no Varejo, um "desafio" — pode ser abordado de várias maneiras, e enxergar alternativas deve se tornar um exercício constante na gestão. É preciso ter cuidado com as crenças limitantes! Muitos líderes experientes caem na armadilha de acreditar que já sabem tudo e, por isso, subestimam novos caminhos e abordagens. Em várias ocasiões, fico surpresa com o quanto algumas práticas são aceitas sem questionamento, até mesmo pelos profissionais mais renomados do setor.

Reconhecendo o impacto dessas limitações, dediquei este capítulo a identificar "falas" que escuto com muita frequência e que, à primeira vista, soam como grandes verdades. O convite aqui é revisitar esses pensamentos e refletir sobre os mitos, medos e padrões que refletem práticas desatualizadas, bloqueando o crescimento e a inovação em muitas organizações.

7.1 "Não existe operação de Varejo sem caixa"

No Varejo, a obsessão pelo "ponto de caixa" físico ainda é marcante. Quando sugiro mudanças ou até mesmo a eliminação desse espaço para utilizar sistemas mais modernos, encontro uma forte resistência. A justificativa quase sempre se apoia em crenças relacionadas a poucos períodos do ano, como o Natal ou o Dia das Mães, quando o fluxo de clientes realmente justifica essa infraestrutura. Apesar de algumas marcas tentarem inovar em modelos de caixa, a preferência por um espaço dedicado à finalização das vendas persiste, refletindo práticas adotadas há décadas e raramente questionadas.

Mesmo com o avanço de tecnologias que simplificam o pagamento e tornam obsoleta a necessidade de um balcão de caixa fixo, poucos profissionais se arriscam a romper com essa estrutura. Como resultado, o vendedor que iniciou o atendimento precisa transferir o cliente a outro colaborador para concluir a venda, criando um processo que parece burocrático e inconveniente do ponto de vista do consumidor. Esse apego ao caixa físico tradicional é um exemplo claro de "crenças limitantes", que desperdiçam espaço e recursos humanos para realizar uma tarefa que o próprio vendedor poderia concluir rapidamente.

Quando sugiro a eliminação do espaço do caixa, as respostas variam entre alegações sobre limitações tecnológicas, questões fiscais ou a necessidade de atender picos sazonais. Em lojas compactas, comuns no Varejo brasileiro, chega-se a dedicar até 20% da área útil ao caixa para lidar com um alto volume de vendas durante algumas semanas no ano. Soluções como caixas móveis poderiam resolver essa questão: instalados provisoriamente em períodos de grande demanda, poderiam ser retirados quando o fluxo voltasse ao normal. É uma solução simples, mas raramente considerada.

Discutir a eliminação ou otimização do caixa é quase um tabu. Propor mudanças gera uma resistência natural nas empresas, tornando o tema um verdadeiro bloqueador de conversas. Certa vez, ao sugerir a otimização do espaço de caixa centralizado em uma loja, recebi a resposta de que esse balcão era essencial para embalar as compras de forma "privada". Curiosamente, nos quiosques da mesma marca, instalados em corredores de shoppings, todo o processo de finalização e embalagem ocorre diante dos clientes, sem problema algum. Apenas ao expor essa contradição a marca aceitou repensar seu modelo de caixa nas lojas.

Para refletir:

O formato do ponto de caixa precisa ser repensado **sob a perspectiva do cliente**, e não apenas da operação.

Quando as necessidades operacionais são priorizadas em detrimento das dos consumidores, estamos diante de uma clara crença limitante. Algo que funcionou bem no passado não garante sucesso no presente, e ignorar as transformações do mercado e da sociedade limita severamente a visão estratégica do negócio.

Reduzir ou eliminar o espaço de caixas traz inúmeros benefícios. Primeiramente, permite que o vendedor realize a venda do início ao fim, melhorando o fluxo e reduzindo os riscos de falhas de comunicação. Algumas marcas já permitem que o vendedor finalize a venda no caixa, o que representa um avanço, mas o ideal é que ele possa concluir o processo diretamente com o cliente. Além disso, o espaço dedicado ao caixa ocupa áreas valiosas do salão de vendas, que poderiam ser utilizadas para exposição de produtos ou criação de experiências de marca. Isso elevaria o faturamento e melhoraria a jornada do cliente.

Outro ponto relevante é que muitos caixas estão posicionados em locais estratégicos da loja, baseados na crença de que o operador precisa visualizar toda a loja para "fiscalizar" os clientes. Esses espaços privilegiados poderiam ser utilizados para a exposição de itens de alto valor agregado. Se, ao menos, os caixas fossem alocados em locais mais discretos, o impacto negativo seria menor. Em vez disso, muitas lojas posicionam o caixa logo na entrada, como se dissessem: "Vocês terão que pagar antes de sair daqui!".

Por fim, a ruptura do atendimento para levar o cliente ao caixa físico gera filas e frustrações. O caixa, longe de agilizar o processo de compra, muitas vezes se torna um ponto de lentidão.

7.2 "Quanto mais produtos, maior será a venda da loja"

A exposição de produtos é essencial para criar uma experiência de compra atraente e eficiente. Quanto melhor a apresentação, maior a probabilidade de venda — um princípio básico do Merchandising que, apesar de claro, é frequentemente ignorado. Muitos varejistas cometem o erro de exibir excessos de itens, transformando a loja em um grande depósito e tornando a experiência confusa e pouco produtiva para o cliente.

Embora seja importante ter um portfólio completo e um mix representativo, isso não significa que todos os SKUs (*Stock Keeping Unit*, ou Unidade de Manutenção de Estoque) devem ocupar o espaço físico da loja. O ponto de venda deve refletir uma curadoria bem pensada, onde a qualidade da exposição supera a quantidade de itens em destaque. No entanto, muitos varejistas caem na crença limitante de que mais produtos significam mais vendas — uma ideia que, na prática, não se sustenta.

Movidos pelo receio de perder vendas, muitos acabam sobrecarregando o espaço com uma variedade desnecessária de produtos. Outro erro comum é não ajustar o portfólio ao espaço de venda e negligenciar o desenvolvimento do mix com base na capacidade real do ponto de venda. Isso é especialmente relevante para marcas de franquia que operam em shopping centers, onde o espaço é limitado e conhecido de antemão. Em vez de saturar a loja, essas marcas poderiam projetar uma curadoria seletiva e bem planejada, oferecendo aos clientes uma experiência de compra mais focada e eficaz.

Outro dia, visitando uma marca que vende lingerie, percebi que eles expandiram suas linhas e hoje oferecem pijamas, loungewear e até beachwear, duplicando ou triplicando o número de itens disponíveis em um espaço de apenas 45 metros quadrados. Essa overdose de produtos torna o ambiente caótico, fazendo com que nenhum item se destaque ou receba a valorização adequada.

Não por acaso, esse é um dos temas mais frequentes nos projetos que desenvolvo na Vimer Retail Experience[1]. Não dá para falar em valorização do ponto de venda sem abordar as temáticas de priorização e edição das ofertas. Atuar com inteligência no Varejo significa analisar, por exemplo, o giro completo dos produtos. Quando o item chega à loja, qual é o local escolhido para novidades? Em seguida, qual será seu próximo local antes de ir para seu ponto natural? Em um terceiro ciclo, ao chegar no ponto natural de exposição, quanto tempo o produto permaneceu em cada área? Quanto tempo foi necessário para que seu ciclo de vendas se completasse? Todas as linhas de produtos têm o mesmo ciclo dentro da loja? Esses dados são cruciais para o varejista que não quer ser apenas uma "loja-estoque".

Em um projeto recente para uma marca de Varejo, sugerimos reduzir em 25% os produtos expostos na loja. Desenvolvemos o projeto e implantamos um piloto de teste. O resultado foi surpreendente: as vendas aumentaram em 30%. À medida que a exposição foi otimizada, o faturamento continuou a crescer. O CEO da marca, com mais de três décadas de experiência no Varejo, ficou extremamente impressionado após testemunhar uma verdadeira transformação de paradigma na exposição de produtos e no giro de estoque.

1. Fundada em 2006 por Camila Salek, a Vimer Retail Experience é uma agência com foco no Varejo, pioneira em Visual Merchandising (VM) no mercado brasileiro. A empresa oferece soluções inovadoras em desenhos de jornada, arquitetura, planogramas e ativações sazonais.

É improdutivo ter uma loja que seja apenas um reflexo do estoque. A overdose visual de produtos, somada à falta de curadoria e edição, mais atrapalha do que ajuda no processo de compra. Há também o desconforto natural de pontos de venda entulhados de itens, que dificultam a movimentação e a consulta dos artigos. Conheço lojas em que é quase impossível mexer nas araras, tamanha é a quantidade de peças. Na dificuldade de pegar o item desejado ou de encontrar o que procura, o cliente desiste. É o que chamo de *microtédio*.

Para refletir:

No mundo contemporâneo, somos **bombardeados** por informações o tempo todo. Diante de tantos estímulos, nossa atenção **é rapidamente desviada**, e sentimos cansaço ao tentar nos concentrar.

Sabendo disso, é fundamental trabalhar na edição da exposição dos produtos. Quando o cliente entra na loja, é necessário tornar a experiência minimamente agradável e satisfatória. Ele não pode se sentir estressado, confuso, irritado, cansado ou até mesmo receoso. A arquitetura do ponto de venda e o Visual Merchandising têm o poder de influenciar diretamente esses sentimentos.

Nas lojas com venda assistida, é estratégico valorizar o papel consultivo do vendedor, que deve estar preparado para entender as necessidades do cliente e oferecer soluções, seja buscando um item no estoque ou finalizando uma venda online. Esse modelo de Varejo, baseado na qualidade da exposição e na atenção ao cliente, proporciona uma experiência dinâmica e envolvente, mantendo o ponto de venda atrativo e evitando que o cliente sinta o tédio que frequentemente o leva a sair de mãos vazias.

7.3 "Toda a rede deve garantir uma exposição padronizada"

Na Vimer, nossas pesquisas destacam a importância da geolocalização na curadoria e edição do mix de produtos das lojas. Portanto, em vez de padronizar nacionalmente os produtos expostos, busca-se a personalização da oferta com base na realidade local. A cultura da região, os hábitos peculiares do público-alvo e os comportamentos específicos dos moradores devem nortear as escolhas do portfólio. Um bom indicador é disponibilizar entre 30% e 40% dos produtos da loja de acordo com as preferências locais.

Desconsiderar a geolocalização é, infelizmente, um erro comum cometido por muitas marcas varejistas. Elas criam exposições padronizadas e desconectadas do perfil dos consumidores de diferentes regiões do país. Diria até que existe uma crença limitante na falta de valorização da equipe do ponto de venda. É como se as experiências, opiniões e conhecimentos do time de linha de frente — incluindo gerentes e supervisores de loja — não fossem levados em consideração. As decisões são cada vez mais centralizadas nacionalmente e menos personalizadas.

Alguns anos atrás, acompanhei o lançamento de uma campanha publicitária de uma marca de bijuterias. A proposta era enaltecer a linha de peças prateadas ou banhadas a prata. Contudo, a gerente de uma das unidades, localizada em São Paulo, ficou desesperada ao ver as peças de propaganda e Merchandising. Em sua loja, 93% das vendas eram de bijuterias douradas. Suas clientes não queriam saber de nada prateado e provavelmente não entrariam na loja diante daquela campanha na vitrine e no interior do espaço.

Preocupada, a gerente solicitou à área de Marketing a autorização para não veicular aquela ação em sua unidade. A resposta foi negativa: a operação em todo o país deveria comunicar a linha prateada, considerada a tendência do momento. Não haveria exceções. O resultado foi previsível: as vendas desabaram. A queda foi tão acentuada que chamou a atenção da diretoria comercial, que começou a cobrar a gerente pelos números trágicos do período. A resposta dela foi direta: "*Estou há três semanas com a loja vazia. Ninguém entra aqui. Perguntem ao Marketing o que foi feito de errado.*"

Os gerentes de loja e suas equipes devem participar da curadoria e edição de produtos expostos. Afinal, são eles que mais conhecem os gostos e preferências dos clientes. Não defendo que criem produtos ou campanhas de comunicação, mas afirmo que deveriam participar ativamente da definição do mix de produtos. Esse olhar regional é muito saudável para a cultura organizacional. Não se trata de mudar o conceito de exposição ou o padrão de uma loja inteira, mas de adaptar um espaço para incluir produtos que reflitam a realidade local.

Como discutido no capítulo anterior, é fundamental envolver mais a equipe de loja em aspectos estratégicos do negócio. Esse maior envolvimento promove o empoderamento do time de vendas. Quem trabalha no Varejo precisa se sentir dono daquele espaço. Sem engajamento, não há resultados comerciais consistentes.

7.4 "A separação por gênero é a primeira divisão da loja"

Historicamente, muitas marcas do Varejo de moda estruturam suas lojas fisicamente com base na separação de gêneros: masculino de um lado, feminino de outro. Nas lojas com grande metragem, até acredito que essa prática ainda faça sentido. As roupas masculinas ficam em um canto, enquanto as femininas ocupam outro.

No entanto, essa regra não se aplica a todos os modelos de negócios. Lembra-se do primeiro capítulo, onde falei sobre as lojas de departamento? Essas lojas deixaram um legado de muitas regras que continuam sendo replicadas, independentemente do modelo ou do tamanho do negócio de outros varejistas. Isso se torna problemático, por exemplo, em lojas menores, que acabam ficando ainda mais apertadas ao segmentar todo o portfólio em dois mundos. Para modelos compactos, em vez de segregar os consumidores, deveríamos promover encontros. Até porque muitos produtos são, de fato, unissex.

Um bom exemplo é a calça jeans. Boa parte das modelagens veste ambos os gêneros sem qualquer restrição. Aliás, muitas marcas utilizam exatamente a mesma base de modelagem para homens e mulheres, realizando apenas ajustes na grade de numeração e em detalhes estéticos para diferenciação.

Minha pergunta aqui é: por que não integrar esses produtos no salão de vendas e otimizar o espaço? Lojas menores podem contar muitas histórias que vão além do gênero.

Vamos exercitar outro exemplo: quem disse que camisa polo é apenas para homens? Se não houvesse separação entre masculino e feminino no ponto de venda, tenho certeza de que muitas mulheres comprariam (e usariam) esse item sem qualquer constrangimento. Em vez de criarmos barreiras para os clientes, devemos derrubá-las sempre que possível.

Algo semelhante ocorre no mercado de perfumes. A prática comum é fazer uma clara distinção de gênero ao expor os produtos: este é masculino, aquele é feminino. Mas será que uma mulher não pode gostar de fragrâncias amadeiradas e cítricas? Curiosamente, uma parte dos clientes já não se importa com essas classificações e compra independentemente do que os varejistas orientam.

Acho incrível o que a Le Labo[2] faz. Quem entra nas lojas da marca é recebido com uma impactante experiência olfativa. Os consumidores fazem suas escolhas com base em gostos pessoais, e não em divisões de gênero. Por isso, é comum encontrar pessoas que utilizam o mesmo perfume sem qualquer problema.

Certa vez, em uma festa, senti o aroma do Santal 33, famoso perfume da Le Labo. Ao perguntar quem estava usando a fragrância, em um grupo de 30 pessoas, três levantaram as mãos: duas mulheres e um homem. Para eles, compartilhar o mesmo perfume era algo completamente natural.

Tenho me perguntado por que não fazemos essa integração em outros segmentos, como tênis e moda básica. Acho perfeitamente viável. Até porque, para algumas pessoas, a oferta de modelos de tênis femininos pode ser bastante limitada e frustrante. Notem como a maioria dos itens geralmente traz detalhes em roxo, rosa e estampas "fofas". Estabelecer parâmetros rígidos de gênero é uma crença limitante no Varejo que tem gerado muitos questionamentos da minha parte.

Há alguns anos, realizamos um estudo para um varejista que dividia suas lojas em seções masculinas e femininas. Na concepção da empresa, o segmento masculino era considerado mais commoditizado, sob a justificativa de que os homens são mais práticos. Se precisarem de uma camisa, vão até a loja, compram a camisa e ponto final. Já a parte feminina tinha um foco maior na coordenação de looks, com a ideia de que as mulheres preferem comprar composições completas e precisam visualizar as combinações.

Contudo, para surpresa geral, nossa pesquisa revelou que 95% dos clientes dessa rede eram mulheres. Eram elas que compravam as roupas masculinas para seus maridos, namorados, filhos e amigos. Ou seja, a lógica de montar apresentações distintas para cada gênero não fazia o menor sentido. Poucos homens iam à loja para comprar suas próprias roupas.

2. Criada na França em 2006 e sediada nos Estados Unidos, a Le Labo é uma rede de perfumarias com atuação internacional. Ela tem operação em aproximadamente meia centena de países. Conheça mais em: https://www.lelabofragrances.com/ .

Com essa informação em mãos, e entendendo o comportamento de compra feminino, concluímos que o segmento masculino da loja poderia crescer significativamente se promovesse uma maior coordenação de looks, alinhando-se ao pensamento de compra das principais clientes.

7.5 "O que funciona aqui, funciona em todo Brasil"

Uma crença muito difundida no Varejo — e no universo corporativo de forma geral — é a padronização das lojas. Já mencionei esse contexto diretamente relacionado à exposição e, aqui, quero abordá-lo de maneira mais ampla. Se algo deu certo em uma, duas ou cinco lojas, acredito que seja viável escalar a operação. Porém, a ideia de que essa escala deve contemplar equipes, pontos de venda, atendimentos, portfólios, preços e métodos de pagamento uniformes não necessariamente atende à necessidade de satisfação dos consumidores em um país tão multifacetado como o Brasil.

Atender um consumidor da capital de um estado é diferente de atender um do interior. Um comprador da região Sul não pensa da mesma forma que um da região Norte. Alguém do Sudeste pode ter visões completamente opostas às de um cliente do Centro-Oeste. Essas contradições ocorrem inclusive dentro da mesma cidade. Os consumidores de um shopping específico têm perfis diferentes daqueles do shopping vizinho.

Como resposta a essa ampla gama de possibilidades, nos últimos anos o Varejo tem discutido e evoluído o conceito de *clusters* de operação. *Clusters* são modelos de loja voltados para perfis específicos de compradores. Dependendo do público-alvo e dos hábitos de consumo de uma região, a marca oferece um tipo de ponto de venda. Assim, em vez de adotar um único modelo padronizado, a empresa trabalha com algumas opções, cada uma adequada a uma situação específica.

Essa adaptação é essencial, pois a diversidade do nosso mercado destaca a importância de considerar diferentes condições mercadológicas. Há locais onde a marca é amplamente reconhecida e outros em que é praticamente desconhecida. Existem shoppings com dez concorrentes diretos e centros de compras sem nenhum competidor relevante. Diante de realidades tão distintas, não se pode imaginar que a imposição de modelos padronizados resultará em desempenhos uniformes. A personalização pode afetar desde o projeto da loja e o mix de produtos até o perfil dos vendedores, os formatos de atendimento e os prazos de pagamento.

Vale ressaltar que não estou defendendo o abandono da padronização. O que argumento é a necessidade de dispor de formatos de loja e edições de experiências diferentes, ajustados para cada *cluster*. Em vez de oferecer uma solução única para todos os consumidores, moldamos soluções distintas para cada perfil. Acreditar que todas as pessoas são iguais e que o mercado é uniforme é, em si, uma crença limitante.

Em um país de dimensões continentais como o Brasil, temos várias "nações" convivendo sob a mesma bandeira. As culturas regionais são extremamente distintas. Há localidades onde se valoriza o comércio físico e o pagamento em dinheiro vivo. Por outro lado, há regiões onde se prefere as compras online e o uso de papel moeda é cada vez mais raro. Um varejista com ambição de expandir nacionalmente precisa compreender essas nuances; caso contrário, terá grandes dificuldades em alcançar sucesso na expansão de suas lojas.

Como já mencionei em outras ocasiões, o Varejo é um espaço de conexão entre pessoas e marcas. Se as empresas não compreenderem as diferenças de seus clientes, as interações se tornam limitadas, prejudicando consideravelmente a experiência de consumo. Trabalhar com *clusters* diferenciados melhora tanto a eficiência operacional quanto a proximidade com os consumidores. Vale a pena refletir sobre isso!

7.6 "Não tá vendendo? Coloque na vitrine!"

O papel da vitrine é atrair o consumidor por meio da contação de uma história. Uma boa vitrine é aquela que faz o público-alvo que passa pela rua ou pelo corredor do shopping entrar no ponto de venda para conferir as novidades. Em outras palavras, a vitrine é o chamariz, o primeiro contato do cliente com o portfólio de produtos e serviços da marca.

Por esse motivo, uma das responsabilidades da vitrine é apresentar uma prévia do que será explorado no interior da loja. Como seu espaço é limitado, é essencial editar com cuidado o que será comunicado. A crença limitante de alguns varejistas é a ideia de que precisam narrar toda a história logo de cara. Assim, acabam despejando o estoque inteiro, sem curadoria, na vitrine, como se isso fosse suficiente para atrair a atenção do público.

A vitrine não é uma extensão do estoque. Já vivi situações em que sugeri trabalhar uma grande vitrine com apenas alguns produtos, e a resistência da marca foi enorme. Esse cliente costumava exibir de 30 a 40 itens na vitrine. Em sua concepção, quanto mais mercadorias fossem mostradas de imediato, maior seria a chance de os consumidores se interessarem por algo e entrarem na loja.

Expliquei que esse raciocínio estava equivocado. As pessoas só entram na loja se se sentirem impactadas pela proposta de valor da marca. Para isso, a atratividade da vitrine deve estar baseada na desejabilidade e em destaques selecionados estrategicamente. É como o *trailer* de um filme que vemos no cinema: ele não entrega toda a história, mas desperta curiosidade suficiente para que o público queira assistir ao longa.

Para refletir:

A vitrine é como um bom ***trailer***: não revela a história completa do longa-metragem. Sua função é **despertar o interesse** e a **curiosidade** do público pela narrativa principal.

Gosto de pensar na vitrine como um anúncio. Nas propagandas, não exibimos todos os produtos da empresa, mas selecionamos aqueles com maior potencial de impacto para os clientes. É a mesma dinâmica utilizada na comunicação feita no Instagram ou no Facebook. Se as pessoas se interessarem, visitarão o website ou a loja física para explorar o mix completo de produtos.

A vitrine desempenha um papel poderoso tanto no aspecto comercial quanto no de *branding*, e esses dois componentes devem sempre caminhar juntos. No verão, por exemplo, é o momento ideal para destacar os produtos da estação, mas isso deve ser feito de forma alinhada às diretrizes da marca e à comunicação corporativa, garantindo consistência na narrativa. Se o clima mudar, esfriando ou chovendo, a solução não é desviar o foco e incluir peças de inverno na vitrine — seria incoerente expor moda praia ao lado de casacos de nylon e capas de chuva. No entanto, em situações de pressão, algumas empresas acabam cedendo a ajustes desconexos e confusos.

Para redes com várias lojas, a vitrine, assim como o ponto de venda, deve ser ajustada para refletir os diferentes perfis de consumo locais. Em uma única campanha, por exemplo, a positivação das vitrines pode ser adaptada para diferentes *clusters*, considerando variações de investimento no cenário, alterações nos produtos em destaque e até ajustes na narrativa para conectar melhor com o público de cada região.

7.7 "Prefiro não mostrar preços"

Por mais que o posicionamento de muitas marcas não tenha o preço como fator principal de escolha, no Brasil é lei federal a apresentação visível dos preços dos produtos em boa parte do Varejo. No caso específico dos restaurantes, por exemplo, o cardápio com os valores deve estar visível antes mesmo de os consumidores adentrarem o estabelecimento. No entanto, apesar dessa obrigatoriedade, percebo uma enorme resistência dos varejistas em entender a importância da exibição dos preços. Muitas marcas ainda acreditam que o preço pode afastar a clientela.

A questão que me intriga é: quem disse que o preço é sempre um fator impeditivo da compra? E por que a estratégia de esconder o valor até o último instante faria com que os consumidores se tornassem mais propensos a efetuar a aquisição? Paradoxalmente, essa prática é mais comum entre marcas premium. Rebato essa ideia afirmando que precisamos parar de falar em preço e começar a falar em valor. Se o valor percebido pelo cliente é baixo, é provável que a marca não esteja trabalhando adequadamente sua proposta, unindo produto, marketing e *branding*. Nesse caso, os possíveis compradores podem realmente se assustar ao ver os números na etiqueta.

O custo de aquisição de um produto deve estar atrelado a todos os benefícios da oferta de valor. Se o preço estiver desproporcional ao que está sendo entregue, o varejista deve rever sua proposta, e não tentar escondê-la dos clientes. Há uma expressão norte-americana que aprecio muito: *value for money*, que pode ser traduzida como "vale o quanto estou pagando?". Um item de qualidade superior, que leva uma marca valorizada e incorpora conceitos sustentáveis e/ou sociais, naturalmente custará mais do que concorrentes que não possuam essas características. Isso não significa que ele seja caro.

Gosto de aplicar o teste de *value for money* ao analisar projetos de lojas. Uma das perguntas que sempre faço é: a apresentação dos produtos de determinada marca potencializa a percepção de valor na mente dos clientes? Em muitas marcas, o impacto inicial deve ser complementado pela experiência de compra no interior da loja, e é exatamente esse conjunto de sensações que forma a percepção da oferta de valor. Pensemos em redes focadas em descontos, por exemplo. Suas lojas geralmente são menos atrativas, menos organizadas e menos inspiradoras do que aquelas com preços cheios. O ambiente da loja e a forma como os produtos são apresentados transmitem a mensagem de que os preços são mais baixos. O problema surge quando, oferecendo uma experiência de baixo impacto, o cliente pega um produto esperando pagar X, mas descobre na etiqueta que ele custa 2X. Resultado: o item desejado não se mostra à altura do preço cobrado.

No Varejo brasileiro, há uma crença limitante de esconder o preço dos produtos e serviços até o último instante. O varejista deveria fazer exatamente o oposto: ter orgulho de revelar o preço desde o primeiro momento. Com confiança na qualidade da oferta, na força da marca, na excelência do atendimento e na fidelização dos clientes, o valor cobrado será percebido como justo, mesmo que superior ao que o consumidor está acostumado a pagar por itens similares. Quem tem receio de exibir o preço provavelmente reconhece que está entregando uma experiência inferior aos consumidores.

7.8 "Ter muitas lojas é sinal de sucesso!"

Na primeira parte deste livro, apresentei as gerações do Varejo. Imagino que tenha ficado evidente o quanto a cultura do setor é voltada para métricas quantitativas. Para os grandes varejistas tradicionais, o sucesso é frequentemente medido pelo número de lojas abertas, por exemplo.

Vamos refletir com cuidado: ser a maior rede de lojas de um segmento significa, necessariamente, ser a que apresenta a melhor rentabilidade? Basta observarmos o crescente número de lojas fechando no Brasil e no exterior, inclusive entre as grandes varejistas. Muitas dessas situações refletem decisões equivocadas relacionadas à expansão.

Por décadas, nos acostumamos a ouvir os principais executivos do Varejo subindo ao palco de eventos corporativos para falar de suas empresas. Logo após as saudações, já anunciavam que o plano de expansão da companhia previa a abertura de 20, 50, 100 ou até 300 lojas ao longo de um ano promissor. Esse era o padrão. Quem não apresentasse um crescimento vertiginoso na operação era considerado um gestor aquém do esperado.

Os tempos mudaram, a economia se transformou, e a relação com os consumidores sofreu alterações significativas. No entanto, a mentalidade de abrir mais e mais lojas segue intacta para muitos empresários e executivos. Com toda a mudança na jornada de consumo e no papel das lojas, perpetuar esse modelo é algo extremamente frágil.

Não é exagero afirmar que muitas empresas enfraquecem e desaparecem do mercado justamente por realizarem processos de expansão pouco inteligentes. O crescimento, que poderia ser pautado por métricas qualitativas, muitas vezes segue pela estrada das métricas quantitativas. Em inúmeros casos, surgem dificuldades administrativo-operacionais: quem gerenciava bem 30 lojas não consegue cuidar de 60. No caso das franquias, muitas novas localizações escolhidas não se provam viáveis. Esses são apenas alguns exemplos de como, atualmente, muitas contas não fecham.

Para enfrentar esses desafios, algumas marcas têm adotado estratégias de expansão customizadas. Optam por abrir quiosques, lojas compactas ou operações de corners dentro de outras lojas. Dessa forma, conseguem atender mais clientes em novas regiões sem prejudicar a experiência de consumo que as consagrou. Outra abordagem inteligente é focar a expansão física da marca como um canal auxiliar para a distribuição de produtos em regiões onde o acesso era restrito. Nesse modelo, a loja funciona como um canal regional de distribuição, oferecendo conveniência e comodidade ao consumidor.

O desafio está em crescer com inteligência. O ideal é definir a capacidade real de expansão e, a partir disso, montar um plano de negócios que contemple canais variados. Existem tantos modelos diferentes que podem ser utilizados simultaneamente que optar pela padronização de um único formato parece uma decisão pouco estudada.

Somo a esses desafios a necessidade de considerar fatores como o tamanho do mercado, o peso da concorrência, os custos da expansão, as dificuldades de contratação, as demandas de geolocalização, a economia do país, a capacidade produtiva e a saúde financeira da organização. Em muitas situações, a melhor decisão que a marca pode tomar é atender novos públicos por meio de canais on-line ou parcerias de distribuição, em vez de abrir lojas próprias ou franqueadas.

Considero uma marca gigante do segmento de óculos um excelente exemplo de expansão bem executada. No Aeroporto Internacional de Guarulhos, ela opera com diferentes formatos: quiosques, lojas e atendimento especializado. Cada ponto de venda possui um objetivo específico e atende a um tipo de consumidor. Há uma unidade próxima ao check-in, voltada para pessoas que estão saindo de férias e lembram, de última hora, que precisam de óculos escuros. Outra unidade, no desembarque, foca em armações de grau. Já o quiosque na área comum atende ao consumidor de compras por impulso. A marca enxergou o aeroporto como um shopping e, em vez de montar uma grande operação genérica, criou pequenas estruturas para atender demandas específicas. Do ponto de vista estratégico, a decisão foi acertadíssima: as unidades menores, juntas, podem gerar mais vendas do que um único grande complexo comercial, além de satisfazer de forma mais completa os desejos dos consumidores.

Com isso, discutimos algumas das crenças limitantes que dificultam os negócios das empresas varejistas. Podemos agora avançar para o próximo capítulo. Na seção seguinte, nosso debate será centrado no calendário comercial. Afinal, quais são os erros mais comuns que o Varejo comete na definição de datas comemorativas e na execução de ações promocionais? E que oportunidades temos para evoluir?

CAPÍTULO 8

CALENDÁRIO COMERCIAL: **SAZONALIDADE E CICLOS NO VAREJO**

Em meados de 2023, as principais cidades do mundo e as redes sociais presenciaram o que se chamou de "Onda Rosa"[1]. De repente, a cor rosa tornou-se uma tendência marcante na moda. O motivo? O sucesso estrondoso de *Barbie*, filme estrelado por Margot Robbie. Aproveitando o apelo da produção hollywoodiana, muitas pessoas mergulharam na temática do longa-metragem, vivenciando sua sensorialidade. O fenômeno foi tão abrangente que vimos consumidores completamente apaixonados pela tendência do momento e até políticos, em busca de visibilidade e aproximação com os eleitores, posando para fotos com algo rosa.

Paralelamente, diversos modelos de negócios no Varejo também exploraram esse movimento. Confeitarias e padarias lançaram doces em tons rosados. Academias de ginástica decoraram seus estúdios com elementos em *pink*. Agências de viagem alteraram o uniforme das equipes comerciais. Marcas de vestuário destacaram produtos dessa cor em suas vitrines. Esse movimento representou uma oportunidade de aproveitar algo que estava em evidência no consumo e na cultura popular para promover marcas e produtos. Essa é, afinal, a essência de uma ativação comercial.

O terceiro elemento da seção Status quo, que reflete a situação atual do Varejo, é justamente o conceito de ativação comercial. A ideia deste capítulo é apresentar o conceito de Calendário Comercial, discutir como os varejistas normalmente utilizam essa ferramenta e mostrar como poderiam torná-la mais eficaz.

8.1 Conceito de Calendário Comercial

O Calendário Comercial pode ser entendido como a forma pela qual o Varejo organiza seus eventos promocionais. Nesse contexto, o termo "promocional" refere-se a promover novidades, ideias, produtos e datas comemorativas, indo além das tradicionais promoções de vendas ou descontos. Assim, as empresas aproveitam-se das particularidades momentâneas e da sazonalidade do negócio para moldar suas ofertas de valor e seu discurso de comunicação. A proposta é tornar a loja sempre atrativa para os clientes.

Com base nesse conceito, podemos afirmar que o Calendário Comercial existe desde o início da história do Varejo. Está na essência dessa atividade aumentar o fluxo de pessoas

1. A "Onda Rosa" está associada ao fenômeno cultural e popular impulsionado pelo filme Barbie, conforme noticiado pela imprensa: BERNARDO, Jessica. Fenômeno Barbie: Por que filme influenciou "onda rosa" no país. Metrópoles. 22 de julho de 2023. Link: https://www.metropoles.com/sao-paulo/fenomeno-barbie-por-que-filme-influenciou-onda-rosa-no-pais.

no ponto de venda e, uma vez que o consumidor atravessa a porta, potencializar as vendas de produtos e serviços. No entanto, a cada dia temos mais possibilidades de gerir as datas comemorativas e os eventos promocionais, buscando maior impacto e conexão com o público.

Entender a relação entre as vendas e a sazonalidade, bem como adaptar a loja para os diferentes períodos, é uma das principais funções dos profissionais do Varejo. O Calendário Comercial é uma ferramenta indispensável nesse processo.

No Brasil, seguimos amplamente a cultura varejista norte-americana e europeia, além das tradições cristãs, com ações bem padronizadas ao longo da temporada. Apesar de algumas adaptações locais, como o Carnaval e a Festa Junina, e mudanças de datas — o Dia dos Namorados, por exemplo, é celebrado em 12 de junho no Brasil, enquanto no exterior ocorre em 14 de fevereiro —, a dinâmica promocional brasileira se assemelha ao calendário comercial da maioria dos países ocidentais.

Dessa forma, a programação promocional do Varejo brasileiro contempla uma diversidade de datas importantes. Ela mistura feriados religiosos (Carnaval, Páscoa, Festa Junina, Natal), datas comerciais (Dia das Mães, Dia dos Namorados, Dia dos Pais, Dia das Crianças), estações do ano (Verão, Outono, Inverno e Primavera), momentos sociais (volta às aulas, férias escolares), eventos esportivos (Copa do Mundo, Olimpíadas), fenômenos culturais (filmes de enorme bilheteria, programas de televisão de grande audiência, personalidades famosas), feriados nacionais (Dia da Independência, Proclamação da República, Descobrimento do Brasil) e eventos particulares das marcas (aniversários, lançamentos de novas linhas de produto, inaugurações, liquidações ou promoções de vendas).

A impressão que temos é que as datas comemorativas aumentam a cada ano. Recentemente, incorporamos ao calendário brasileiro a *Black Friday*, tradicional evento de descontos nos Estados Unidos. Também absorvemos o *Halloween*, da cultura anglo-saxã, e o Dia dos Mortos, da cultura mexicana. Dependendo do segmento e da estratégia da empresa, outras datas ganham relevância, como o Dia do Consumidor e o Dia do Cliente.

Cada oportunidade para atrair mais consumidores às lojas e promover novas compras deve ser incentivada. O bom uso do Calendário Comercial não apenas alavanca as vendas, mas também potencializa a experiência de compra e estreita os laços entre os clientes e as marcas varejistas.

8.2 Inovar é preciso

Se o Calendário Comercial é uma ferramenta relevante para o Varejo, isso significa que basta utilizá-lo para obter bons retornos? Infelizmente, essa relação não é tão direta. Como qualquer estratégia de gestão, o Calendário Comercial precisa ser bem planejado e executado para gerar resultados satisfatórios.

Um erro recorrente, frequentemente mencionado neste livro, é a mania de padronização. Muitas empresas ainda definem planos nacionais de promoção como se o Brasil não fosse praticamente um continente, com múltiplas realidades. Esse problema torna-se evidente em junho: enquanto no Sudeste o público prioriza o Dia dos Namorados, no Nordeste as atenções se voltam quase exclusivamente para as festas juninas. Ignorar qualquer uma dessas celebrações e não realizar ações específicas para cada região compromete tanto a operação da companhia quanto o relacionamento com os consumidores.

Dependendo da cidade ou região, há datas importantes localmente que passam despercebidas pelo restante do país. O Círio de Nazaré, por exemplo, é fundamental para os moradores de Belém do Pará. Contudo, poucos varejistas de abrangência nacional aproveitam a oportunidade para realizar ações específicas na capital paraense. No interior do Amazonas, o Festival Folclórico de Parintins domina as conversas e o interesse da população no final de junho. Não abordar essa temática no Varejo local é desperdiçar ótimas oportunidades de conexão e negócios.

Curiosamente, até mesmo algumas comemorações de alcance nacional são frequentemente ignoradas pelo Calendário Comercial de diversos varejistas. Muitos setores, por exemplo, não exploram o potencial do Carnaval. E quem disse que apenas o segmento de doces e chocolates pode aproveitar a Páscoa para impulsionar as vendas?

Campanhas promocionais bem planejadas e executadas têm o poder de movimentar consumidores para os pontos de venda, além de elevar as receitas. Contudo, alcançar esses resultados exige criatividade, organização e adaptação às realidades atuais. Essa postura requer um calendário sazonal mais versátil e proprietário, com margens que permitam a exploração de oportunidades inesperadas.

Entender que datas fixas no calendário exigem planejamento antecipado possibilita que as equipes se concentrem no trabalho criativo e estratégico para novos eventos. No entanto, muitas marcas ainda adiam decisões sobre eventos sazonais até o último momento. Apesar de datas como o Natal serem recorrentes e previsíveis, é comum que empresas definam suas estratégias comerciais apenas um ou dois meses antes. Essa falta de antecipação gera estresse, compromete a eficiência e limita o potencial das campanhas. Embora a flexibilidade para ajustes seja importante, as bases das ações para datas de grande impacto, como o Natal, devem ser consolidadas com antecedência. Isso garante campanhas sólidas e uma execução alinhada.

Questiono, então: por que tantas empresas concentram a maior parte de seus investimentos sempre nas mesmas datas? Já repararam que a maioria das varejistas dedica uma parcela significativa de seu orçamento ao Natal? Meu raciocínio é simples: quando todos estão "gritando" ao mesmo tempo, é necessário um megafone ainda maior para ser ouvido. Além disso, se o mercado inteiro promove intensamente uma data específica, talvez fosse mais eficaz focar esforços publicitários em outros períodos, onde a saturação de comunicação é menor. Assim, a mensagem da marca teria maior alcance e impacto em um cenário menos competitivo.

No Natal, 100% do Varejo comunica mensagens semelhantes, fazendo com que nossa voz se perca em meio ao ruído. Mesmo com grandes investimentos, somos apenas uma gota no oceano. Portanto, em vez de tentar "controlar a correnteza", pode ser mais estratégico aproveitar essa "maré" com investimentos moderados. Um exemplo seria destinar 75% do orçamento ao período de 1º de novembro a 25 de dezembro e direcionar os 25% restantes para ações pós-Natal (de 26 de dezembro a 10 de janeiro). Nesse intervalo, muitas empresas abandonam suas campanhas, o que abre espaço para mensagens menos concorridas e investimentos mais eficientes.

Adotar essa abordagem exige planejamento, inteligência estratégica e ousadia. Contudo, a cultura corporativa de muitas organizações favorece o conservadorismo, especialmente em épocas de maior faturamento. O receio de mudanças faz com que diretores e executivos repitam fórmulas já conhecidas, hesitando em testar soluções inovadoras.

Um segmento que vem desafiando o calendário tradicional é o da moda praia. Não faz sentido que marcas desse setor comecem a liquidar seus produtos em 26 de dezembro, como fazem muitas empresas de vestuário, considerando que o verão está apenas começando. O ápice das vendas de biquínis, maiôs e sungas ocorre justamente após o Natal, quando as famílias se preparam para as férias de janeiro e para o Réveillon. No entanto, ao chegar aos pontos de venda nesse período, os consumidores frequentemente encontram esses produtos em promoção. Para marcas de moda praia, liquidar o portfólio no momento de maior demanda é um grave erro estratégico. Felizmente, muitas empresas líderes do segmento já estão repensando essa prática. Este é o caso da Água de Coco que, em respeito ao seu cliente, sempre adotou esta estratégia.

As marcas asiáticas são um excelente exemplo de inovação no uso do Calendário Comercial. Ao expandirem suas operações para além da Ásia, e-commerces como Alibaba, Shein e Shopee identificaram lacunas nas datas comemorativas ocidentais. Na China, por exemplo, celebra-se o Dia do Solteiro. Se casamento e namoro já tinham datas comemorativas, por que não criar uma ocasião especial para os solteiros? Com essa visão, a data passou a promover o autocuidado e a ideia de que o indivíduo poderia se presentear. Observando que o número de solteiros no país era superior ao de casados, os varejistas investiram fortemente nessa celebração, transformando-a em um enorme sucesso.

O Dia do Solteiro, comemorado em 11 de novembro (11/11), é uma criação extremamente inteligente, baseada em uma realidade global: o número de pessoas que vivem sozinhas continua a crescer. Nos últimos anos, essa data se consolidou como o maior evento de descontos no Varejo chinês.

Defendo que as marcas personalizem seus Calendários Comerciais com base em seus interesses, nas dinâmicas dos segmentos em que atuam e no tipo de relacionamento que possuem com seus clientes. Abordar o Halloween pode fazer muito sentido para uma escola de idiomas ou uma rede de doces, mas dificilmente para uma loja de óculos ou uma concessionária de automóveis.

Algumas datas que antes eram amplamente celebradas, como o Dia da Secretária, perderam relevância ao longo do tempo. Contudo, há um grande potencial em datas que remetem a profissões ou segmentos específicos, como o Dia do Médico ou o Dia dos Avós. Um calendário excessivamente padronizado extingue as inúmeras possibilidades de personalização.

Há cerca de quinze anos, em uma conversa com uma grande empresa de cosméticos, chamei atenção para o fato de que sua linha de produtos não explorava a Páscoa. A observação gerou reflexões, e, no ano seguinte, a marca desenvolveu um kit de banho que utilizava cacau como matéria-prima e possuía aroma de chocolate. A proposta era que o consumidor pudesse realizar um "ritual de Páscoa" com sabonete, xampu e creme.

Com o sucesso comercial dessa iniciativa, a mesma marca criou um novo "ritual de banho" para o Réveillon, com produtos contendo sal grosso e alecrim, ingredientes que, segundo a crença popular, afastam o mau-olhado. Essa estratégia exemplifica uma construção de narrativa bem planejada, que aproveitou datas comemorativas de forma original para impulsionar os negócios.

Pensar em um calendário inovador significa buscar oportunidades alinhadas com a essência da marca, seus produtos e sua comunidade, criando conexões genuínas e valiosas com o público. Estratégias personalizadas e criativas não apenas diferenciam as marcas no mercado, mas também fortalecem o vínculo emocional com seus consumidores.

8.3 Ações promocionais proprietárias

Quando falamos em Calendário Comercial, a primeira vontade dos varejistas é investir na maior quantidade possível de datas promocionais. No entanto, a dificuldade, nesse caso, é o orçamento. O *budget* geralmente é restrito e já nasce comprometido com as principais ações. Como consequência, sobra pouca ou nenhuma verba para eventos mais proprietários.

De modo geral, as datas comemorativas mais fortes do Varejo nacional são Natal, Dia das Mães, Dia das Crianças, Dia dos Pais, Dia dos Namorados e *Black Friday*. Essas datas têm maior relevância porque movimentam todo o mercado. Por outro lado, há comemorações que são significativas apenas para determinados segmentos, como a Páscoa para o mercado de doces e chocolates ou o Carnaval para o setor de turismo e eventos.

Defendo que pelo menos 20% do *budget* seja direcionado para ações não convencionais ao planejar o Calendário Comercial. Esse foco permite explorar eventos regionais e datas frequentemente ignoradas pelos grandes varejistas, criando um plano promocional com impacto mais consistente ao longo do ano.

Concentrar todo o investimento em poucas datas pode ser arriscado. Ao distribuir o orçamento de marketing em uma maior diversidade de ações comemorativas, é possível garantir presença constante na mídia e nos canais digitais, além de manter os pontos de venda atrativos por períodos mais longos.

Outro ponto importante é o cuidado com os períodos de liquidação. O Varejo costuma realizar duas grandes queimas de estoque por ano, tradicionalmente em janeiro e julho. Isso é problemático, pois esses meses coincidem com as férias escolares, o que pode limitar o fluxo de consumidores. Além disso, os lançamentos seguem esse cronograma, com novidades chegando às lojas em fevereiro e agosto. Muitas vezes, esse *timing* é inadequado: lojas de vestuário lançam a coleção de inverno durante o calor do Carnaval e a coleção de verão no frio do início do segundo semestre.

Ao analisar o Calendário Comercial, também é essencial considerar as especificidades regionais. A temporada de inverno, por exemplo, é mais forte no Sul do país do que no Norte, onde o clima é quente o ano todo. No Centro-Oeste, a comunicação de verão deve focar em rios e lagoas, e não no litoral. Adaptar o discurso promocional às características locais é essencial para maximizar o impacto das ações.

Um exemplo bem-sucedido é o caso de uma loja de departamentos que criou a "Semana dos Calçados". Após identificar um período de baixa nas vendas dessa categoria, a empresa investiu em uma ação promocional específica. O resultado foi tão positivo que a "Semana dos Calçados" se tornou a data mais importante para essa categoria e passou a ser realizada anualmente.

Esse caso ilustra perfeitamente a função do Calendário Comercial: criar atrativos para que os clientes visitem a loja, transformando períodos de baixa performance em momentos de alta receita. Com criatividade, uma loja de departamentos poderia expandir esse conceito para outras campanhas especiais, como a "Semana do Jeans", a "Semana dos Perfumes" ou a "Semana do Underwear".

Uma programação promocional inteligente, diversificada e bem distribuída ao longo do ano gera no consumidor a sensação de que não pode se ausentar daquele ponto de venda por muito tempo, sob o risco de perder ótimas ofertas. Bem elaborado, o Calendário

Comercial não apenas impulsiona as vendas, mas também fortalece o relacionamento entre marcas e consumidores.

No setor de alimentação, encontramos várias oportunidades de inovação. Redes de lanchonetes, por exemplo, criam lanches temáticos para eventos esportivos como Copa do Mundo e Olimpíadas, oferecendo pratos inspirados em diferentes países. O apelo da limitação temporal faz com que os consumidores se sintam atraídos a experimentar as novidades, mesmo que não haja uma conexão direta entre os produtos e os eventos esportivos.

Em São Paulo, algumas padarias lançam, no início do inverno, festivais de sopas, caldos e cremes. Essa iniciativa atrai consumidores que sabem que os pratos serão oferecidos por tempo limitado. Por que outras empresas não adotam dinâmicas similares? Restaurantes poderiam lançar o "Mês do Vinho" ou a "Quinzena do Fondue". Aliás, por que não promover o fondue em outras estações do ano? Quem disse que ele só combina com o inverno?

A ação proprietária consiste na criação de um Calendário Promocional próprio. A empresa não precisa se limitar às datas institucionalizadas e eventos tradicionais do mercado. Ela pode estabelecer uma agenda personalizada, fortalecendo seu vínculo com os consumidores. Assim como a loja de departamentos criou a "Semana dos Calçados", uma padaria pode criar o "Festival do Fondue". Dessa forma, a marca se diferencia da concorrência, que pode estar focada em sopas ou outras iniciativas mais comuns.

O Calendário Proprietário é uma ferramenta estratégica que permite às marcas brincarem criativamente com seus clientes. Baseado em estudos quantitativos, pesquisas de mercado, movimentos de consumo e perfis de compra, ele possibilita a criação de datas comemorativas alinhadas às necessidades específicas do negócio. Quanto mais proprietário for o planejamento promocional, mais efetivas serão as ações de vendas.

Um exemplo prático é o de uma marca de dermocosméticos que percebeu que 20% de seu público era formado por profissionais da saúde. Por que não celebrar o Dia do Médico, do Nutricionista ou do Fisioterapeuta? Essa estratégia pode ser mais eficiente do que investir em datas como Páscoa, Carnaval ou Dia das Mães. Da mesma forma, uma marca de vinhos que observa o aumento da procura por rosés no verão poderia criar ações promocionais em janeiro ou no Carnaval.

Por fim, questiono: quantas marcas varejistas realizam esse tipo de estudo atualmente? Quem está repensando o Varejo de maneira integrada, incentivando suas equipes de marketing e *trade marketing* a desenvolver soluções inovadoras para romper com o status quo? É hora de refletir e agir!

8.4 Pensando de forma prática

O primeiro passo para a construção de um Calendário Comercial inteligente é identificar as datas promocionais que realmente têm conexão com a marca, os produtos/serviços e os clientes. A partir dessa análise, estipula-se o percentual do orçamento que será destinado às principais ações. O foco deve ser no que é importante para a empresa como um todo, e não apenas para o mercado.

Vale lembrar que as datas tradicionais, quando analisadas em detalhes, podem ser contempladas com soluções simples, como a realocação de produtos e uma exposição diferenciada por meio do Visual Merchandising. Em vez de grandes investimentos em propaganda e marketing, a empresa pode alcançar ótimos resultados ao direcionar energias e recursos para a curadoria do portfólio e a aplicação criativa do Visual Merchandising.

Se o primeiro passo consiste em selecionar os eventos nacionais relevantes e determinar os investimentos para cada um, o segundo passo é considerar as necessidades regionais. Do ponto de vista local, quais ações merecem atenção especial por parte da companhia?

É importante lembrar que eventos como o Carnaval e as Festas Juninas já possuem um apelo abrangente e nacionalizado, mas podem (e devem) receber toques regionais. Algumas marcas ainda trabalham as Festas Juninas de forma caricata, limitando-se a elementos superficiais, como bandeirolas e roupas xadrez para a equipe, sem compreender a profundidade cultural do São João.

Valorizar o regionalismo pode ser, inclusive, um fator de diferencial competitivo. Marcas que exploram suas raízes em eventos proprietários são vistas com maior legitimidade, admiração e respeito pelos clientes. Empresas com origem no Nordeste, mas atuação em nível nacional, podem levar as tradições e celebrações de sua terra natal para outros estados. Essa estratégia contribui para a construção do *storytelling* da marca e cria um vínculo emocional mais forte com os consumidores.

Não tenho dúvidas de que o regionalismo se consolidará cada vez mais nos Calendários Comerciais do Varejo. Como mencionado, o Dia do Solteiro é um exemplo notável de uma aposta proprietária do e-commerce asiático. Identificando uma lacuna no início de novembro, criaram o 11/11, que rapidamente se transformou no maior evento promocional do mundo, com reflexos até no mercado dos Estados Unidos. Em 2024, diversas marcas fortes no mercado brasileiro já aderiram a essa data, enquanto marcas asiáticas a utilizaram como um verdadeiro "esquenta" para a *Black Friday*.

AliExpress, Shopee e Shein estão promovendo campanhas com descontos de até 95%, frete grátis e cashbacks de até 10% sobre o valor da compra.

A marca deve refletir se é viável alavancar um evento proprietário por meio de investimentos individuais em comunicação. Por um lado, o custo do espaço na mídia é geralmente menor em comparação com datas tradicionais, quando a concorrência pela atenção dos anunciantes infla os valores dos anúncios. Por outro lado, é necessário explicar sozinho ao consumidor o conceito da nova campanha, o que exige maior esforço de comunicação.

Recordo-me de um cliente do segmento esportivo que, com base em pesquisas, identificou que o pico das vendas de mochilas em janeiro era impulsionado pela volta às aulas de crianças e adolescentes. Uma parcela significativa dos alunos, insatisfeita com o visual genérico oferecido pelos concorrentes, passou a optar pelos produtos esportivos dessa marca, originalmente não voltados para o público escolar. Esse insight deu origem a uma ação inédita para a volta às aulas dentro do portfólio da marca esportiva, algo até então impensável.

Aproveitando a oportunidade gerada pelo Calendário Comercial Proprietário voltado para os estudantes, a marca expandiu a campanha promocional, incluindo outros itens em sua comunicação. Foram destacados produtos como roupas básicas, minicoleções de uniformes e tênis práticos e versáteis para o dia a dia. De repente, uma data importante foi criada para a companhia, com forte impacto comercial.

Reforço aqui a importância da análise de dados. A cultura de observar o comportamento de consumo e interpretar as informações estratégicas precisa se consolidar no Varejo brasileiro. Apenas por meio da inteligência de dados é possível identificar oportunidades comerciais e compreender a realidade e os desejos dos consumidores.

Considere uma marca tradicional na produção de panetones e colombas, cujas vendas estão concentradas no Natal e na Páscoa. O desafio é: como fazer com que esses produtos sejam consumidos ao longo do ano? É uma tarefa simples? Não. Porém, é essencial tentar. Como? Por meio de um Calendário Comercial sagaz e inovador. Seria possível adaptar o portfólio e as ações de comunicação para datas como o Dia dos Namorados e o Dia das Mães? Assim como o panetone e a colomba são símbolos do Natal e da Páscoa, por que não criar receitas que representem o amor dos namorados ou o carinho dos filhos?

Os varejistas precisam entender que campanhas distintas cumprem diferentes funções dentro da jornada de consumo. Isso significa reconhecer que, ao longo do ano, haverá ações com objetivos variados: atrair visitantes, aumentar vendas, fortalecer a visibilidade da marca, promover engajamento, impulsionar conversões, lançar novos produtos, liquidar estoques, conquistar novos clientes, entre outros. Cada período ou contexto exige uma abordagem específica para atingir o resultado desejado.

O sucesso no Varejo resulta da combinação estratégica de múltiplos objetivos – seja por meio de campanhas tradicionais, regionais ou proprietárias. A chave está em compreender o momento e criar ações alinhadas às expectativas e necessidades do público, garantindo relevância e resultados consistentes ao longo do ano.

8.5 Sinergia e estratégia Calendário Comercial

A construção de um Calendário Comercial eficiente começa com a sinergia da equipe. Geralmente, o time de Marketing é o principal responsável por criar e ativar as ações promocionais. Contudo, essa tarefa não pode ser realizada de forma isolada. A equipe comercial e o time de operações devem participar ativamente do processo. Quanto mais a linha de frente das lojas e os vendedores estiverem envolvidos nessas definições, maiores serão as chances de desenvolver campanhas e eventos alinhados à realidade do negócio e às necessidades dos clientes.

Por isso, é fundamental que áreas como Marketing, Vendas, Logística, Desenvolvimento de Produtos, Tecnologia da Informação e outras divisões estratégicas trabalhem em conjunto para planejar as ações. Dado que as campanhas promocionais frequentemente envolvem operações complexas, implementadas em várias lojas e em diferentes regiões do país, recomenda-se adotar uma abordagem baseada em testes e dinâmicas de laboratório.

O Calendário Comercial deve funcionar como um laboratório. Essa prática permite identificar oportunidades, testar ideias gradualmente e implementar mudanças de maneira controlada. Não se deve esperar grandes transformações da noite para o dia.

Como discutido nos capítulos anteriores, laboratórios envolvem equipes multidisciplinares que focam em diferentes *clusters* e mensuram os resultados dos testes. O mesmo princípio se aplica ao Calendário Comercial. Implementar uma ideia nova e diferenciada em todas as unidades da rede de uma só vez é arriscado e pouco eficiente. O ideal é começar em pequena escala e, caso os resultados sejam positivos, expandir a aplicação de forma massiva.

Um exemplo relevante é o caso das Óticas Carol, com quem trabalhei há alguns anos. A empresa criou uma campanha de marketing de grande repercussão, em que o desconto nos óculos correspondia à idade do cliente. Assim, um consumidor de 85 anos recebia 85% de desconto. A promoção gerou um fluxo significativo de novos consumidores nas lojas e, consequentemente, um aumento expressivo na receita. O sucesso foi tanto que a concorrência chegou a replicar a ideia.

Contrariando expectativas, a margem financeira da empresa não sofreu impacto negativo significativo, como muitos temiam. A decisão foi fundamentada em dados e pesquisas, que mostraram que a média de descontos era financeiramente viável e não comprometeria as finanças da empresa. Uma estratégia verdadeiramente genial!

O objetivo deste capítulo é reforçar a importância de adotar uma abordagem estratégica e pragmática na construção de um Calendário Comercial. Essa construção deve ser baseada em dados, insights e na colaboração de equipes multidisciplinares. Antes de aplicar uma campanha em larga escala, é essencial testá-la em pontos de venda selecionados, validando sua eficácia e ajustando detalhes conforme necessário. Embora essa abordagem possa parecer disruptiva para alguns profissionais do setor, ela é bastante lógica e já amplamente utilizada em outros mercados, evidenciando a necessidade de ações bem fundamentadas para alcançar resultados assertivos.

Aproveitando que falamos de promoções e campanhas comerciais neste capítulo, nas próximas páginas abordaremos um tema intimamente relacionado: o Marketing. Como o Varejo pode utilizar ferramentas mercadológicas e de comunicação para fortalecer o *branding* e ampliar a presença da marca no mercado? É sobre isso que iremos discutir a seguir.

CAPÍTULO 9

VAREJO TRANSACIONAL: **DO PONTO DE VENDA AO PONTO DE CONEXÃO**

Há não muito tempo, o termo *below the line* era amplamente utilizado no universo do Marketing para designar ações fora da mídia tradicional ou voltadas para públicos mais segmentados. Naquele contexto, o foco dos anunciantes e das agências de propaganda estava nos meios de comunicação convencionais, como televisão, rádio, jornais e revistas, que atingiam grandes audiências. O objetivo principal era alcançar o maior número possível de pessoas em um único movimento.

Nesse cenário, promoções realizadas no ponto de venda ou na Internet eram categorizadas como *below the line* e tratadas como ações secundárias. Embora muitas dessas iniciativas fossem relevantes, elas frequentemente eram ignoradas ou limitadas a participações pontuais nas grandes campanhas. Na prática, o Varejo era subestimado e raramente reconhecido como um espaço estratégico para anunciantes.

Historicamente, os pontos de venda eram vistos apenas como locais destinados à transação comercial. As lojas não eram consideradas plataformas de comunicação e, consequentemente, ficavam fora dos planos de mídia de muitas agências e marcas de grande porte. Essa visão restritiva ignorava o potencial do Varejo como um canal poderoso de conexão com os consumidores.

Nos últimos 10 anos, no entanto, houve uma transformação significativa. O crescimento acelerado das redes varejistas, muitas delas operando com dezenas, centenas ou até milhares de lojas, aliado ao avanço da omnicanalidade, despertou a atenção de profissionais de Marketing e publicidade. Passou-se a reconhecer que o Varejo é, de fato, uma mídia valiosa.

Com essa nova perspectiva, marcas começaram a investir em agências especializadas na jornada do cliente e na experiência de compra dentro das lojas. O resultado foi um aumento gradual dos investimentos direcionados à ativação do ponto de venda. Ainda assim, uma parcela significativa de varejistas continua sem incluir as lojas em seus orçamentos de mídia. Para essas empresas, os recursos alocados à comunicação no ambiente físico frequentemente são usados apenas para manter uma atmosfera básica, sem espaço para inovações ou campanhas de grande impacto.

Além disso, muitas marcas ainda enfrentam dificuldades em remodelar suas operações e atualizar seus pontos de venda para alinhá-los a essa nova visão. Para algumas empresas, enxergar o Varejo como mídia ainda é algo inusitado, e conceber campanhas robustas de Marketing e *branding* focadas nas lojas parece um desafio distante. Este capítulo foi escrito especialmente para esses profissionais e organizações.

Nos últimos anos, o mundo mudou drasticamente. A relevância do Varejo físico permanece inegável, mas a Internet acelerou ainda mais as transformações no mercado. Consolidada como a mídia prioritária para a maioria dos setores econômicos, o ambiente digital tem captado a maior parte dos investimentos publicitários. De acordo com dados da NRF 2024, o Brasil ocupa a 11ª posição no ranking mundial de investimentos em mídia digital, com aproximadamente 59% dos orçamentos de comunicação das marcas destinados a esse canal.

Diante dessa realidade, é hora de refletir: como transformar o Varejo em um veículo de comunicação tão relevante quanto as plataformas digitais? Como desenvolver o *branding*, criar experiências de compra memoráveis e usar as lojas físicas como alavancas para ações de Marketing? Esses são os temas que iremos explorar a seguir, com o objetivo de construir um Varejo mais integrado, estratégico e conectado às demandas contemporâneas.

9.1 O Varejo como mídia

É impressionante a frequência com que me vejo em reuniões explicando que não é mais possível tratar o Varejo físico com a mentalidade ultrapassada do *below the line*. Essa visão, infelizmente, ainda persiste até mesmo em grandes companhias. A ausência de ações robustas de Marketing nos pontos de venda resulta em desperdícios significativos de oportunidades e enfraquece a conexão emocional entre as marcas e seus consumidores.

Um dos grandes entraves para a valorização do Varejo físico é a gestão das verbas de Comunicação, que frequentemente permanece sob o controle de agências de publicidade e birôs de mídia tradicionais. Esses *players* tendem a priorizar os canais convencionais e digitais, relegando o ponto de venda a um papel secundário, sem receber investimentos proporcionais à sua relevância na jornada do consumidor.

Reconhecendo essa lacuna, algumas marcas buscaram soluções criando departamentos internos de *Trade Marketing*. Esses times passaram a negociar diretamente estratégias de ativação e ocupação de espaços físicos. No entanto, os orçamentos destinados a essas iniciativas são, em geral, muito menores do que os das campanhas tradicionais. Apesar das boas intenções, a verba limitada impede a realização de ações significativas, perpetuando o desequilíbrio entre a importância estratégica do ponto de venda e o investimento que ele recebe.

Esse modelo precisa ser urgentemente revisado. A loja física não deve ser vista apenas como um espaço de transação, mas como um poderoso veículo de comunicação e experiência. Integrá-la de forma estratégica ao planejamento de Marketing é essencial para criar campanhas mais completas, envolventes e alinhadas às expectativas dos consumidores.

A grande questão que precisamos debater atualmente é como as marcas enxergam o Varejo: como um ambiente meramente transacional ou como um espaço de comunicação e construção de vínculos emocionais com os clientes? No segundo caso, há um potencial imenso para fortalecer o *branding* e ampliar a voz da empresa junto ao mercado consumidor.

Quando analisamos as ações de mídia e os anúncios em redes sociais, a força do Marketing na atração e influência do público fica evidente. Contudo, ao examinar o funil de Comunicação, percebemos disparidades nos investimentos publicitários. Enquanto algumas ações consomem verbas milionárias, muitas vezes com retornos questionáveis, outras são ignoradas, mesmo tendo excelente potencial de retorno.

O impacto do Varejo físico na sedução e encantamento dos clientes é frequentemente subestimado. Talvez isso ocorra porque profissionais de Marketing enfrentam dificuldades para mensurar a jornada do consumidor dentro da loja, enquanto as métricas digitais são facilmente acompanhadas em tempo real. Atualmente, existem ferramentas capazes de mensurar se uma visita à loja resultou em um novo cadastro, compra ou processo de fidelização. No entanto, poucas marcas fazem uso dessas tecnologias. Mensurar o desempenho do Varejo físico é crucial para construir uma ambientação eficaz e proporcionar experiências de compra excepcionais. Dependendo da interação no ponto de venda, o cliente pode sentir-se inclinado a retornar mais vezes. Em outras palavras, o Varejo não é apenas um espaço de mídia, mas também um local de interação e construção de relacionamentos entre consumidores e marcas.

No Brasil, poucas empresas operam com essa visão moderna. E, entre aquelas que o fazem, a maioria concentra os recursos e esforços de *Trade Marketing* quase que exclusivamente em suas *flagship stores* ou *high stores*. Essas unidades especiais são projetadas para fortalecer o *branding*, impactar os clientes e transmitir a essência dos produtos e da marca. Embora ofereçam experiências de compra espetaculares, o número limitado de unidades reduz o alcance e o impacto propagador dessas ações.

Um exemplo é uma renomada marca de produtos de beleza, uma das maiores varejistas brasileiras, que conta com menos de dez lojas especiais. Essas unidades atuam como espaços de mídia e *branding*, recebendo projetos exclusivos de Merchandising, campanhas de Comunicação diferenciadas e produtos e serviços especiais. Para garantir uma experiência de compra completa, essas lojas contam com agências de Marketing especializadas em Varejo, que desenvolvem planos e ações de interação direta com os clientes.

Outro exemplo é uma importante marca de chocolates, também uma grande varejista nacional, que possui suas próprias *flagship stores*. Assim como as lojas especiais da varejista de beleza, essas unidades oferecem uma experiência diferenciada. O destaque, nesse caso, é o atendimento, que é mais detalhista, cuidadoso e próximo. A estratégia da marca é transmitir aos consumidores que ela é humana, gentil e acessível. Dessa forma, a construção do *branding* não se dá apenas pela ambientação especial, mas também pelo serviço prestado.

9.2 Caso de sucesso: Lindt

A Lindt[1], renomada empresa suíça de chocolates, tem realizado um trabalho exemplar ao utilizar o Varejo físico como uma poderosa ferramenta de mídia e *branding*. Presente no Brasil há relativamente pouco tempo, a marca enfrentou o desafio de educar o público sobre seus diferenciais: a qualidade premium de seus produtos, a origem das matérias-primas e os valores que fundamentam sua identidade. Desde o início, suas campanhas de Comunicação e estratégias de *branding* foram direcionadas para ações diretas no ponto de venda, em vez de depender exclusivamente de veículos massivos ou mídias online.

Para essa missão, a Lindt contou com a expertise da Vimer para desenhar a interação com os clientes nas lojas físicas. A estratégia era simples, mas eficaz: usar o contato direto para apresentar a marca, seus benefícios e diferenciais, criando um espaço onde o público pudesse não apenas ouvir, mas vivenciar a proposta de valor. A prioridade não era apenas transmitir informações pela internet ou outros canais, mas transformar a experiência presencial nas lojas em um momento memorável. Cada unidade foi projetada

1. Fundada em 1845 na Suíça, a Lindt & Sprüngli AG, amplamente conhecida como Lindt, é uma empresa especializada na fabricação e comercialização de chocolates de alto valor agregado. Com oito fábricas e centenas de lojas distribuídas pelos cinco continentes, a Lindt é uma das marcas de doces premium mais renomadas da Europa.

como um espaço de relacionamento, proporcionando experiências tangíveis que iam além dos projetos especiais ou *flagships*, abrangendo todas as lojas da rede.

O trabalho foi realizado em duas frentes complementares. Primeiro, a apresentação da marca. Embora muitos brasileiros soubessem que a Lindt era uma empresa estrangeira, poucos conheciam sua história, o prestígio como fabricante suíço e a qualidade de seu processo produtivo, desde o plantio do cacau até o produto final. O segundo passo foi criar uma interação genuína com os clientes. Não bastava apenas informar; era essencial que o público sentisse, provasse e se emocionasse. É nesse ponto que a experiência de consumo realmente se concretiza: quando a magia da marca é vivida e compreendida. Essa combinação de apresentação informativa com vivência prática é o que torna a estratégia da Lindt tão eficaz.

Ao discutir o Varejo como espaço de mídia e *branding*, esses dois pilares – informação e experiência – tornam-se indispensáveis. O primeiro é fixo, ligado aos valores concretos da marca, enquanto o segundo é dinâmico, sinestésico e diretamente relacionado às interações vivenciadas no ambiente físico. Essa integração gera experiências memoráveis e enriquecedoras para os clientes: o café que acompanha o chocolate, a funcionalidade que se mistura ao bem-estar, e a identidade da marca que dá sentido à jornada de consumo.

Por exemplo, se o portfólio inclui uma linha de chocolates veganos, por que não destacar esse atributo em uma comunicação direta com os consumidores? Ou reforçar a excelência de um produto, como a linha de chocolates dark? Comunicar é, muitas vezes, compartilhar os segredos e os diferenciais que tornam uma marca única. No caso da Lindt, a dedicação à excelência, à inovação e ao controle total da cadeia produtiva é um diferencial que merece ser contado. Essas histórias fortalecem o espaço físico do varejo, transformando-o em um canal que impulsiona o valor agregado dos produtos e aprofunda a conexão com os clientes.

Além disso, não é necessário esperar datas comemorativas como o Dia dos Namorados ou o Dia das Mães para impactar os consumidores. Nesses períodos, os chocolates já são presentes óbvios. A questão é: como comunicar o valor do portfólio fora dessas ocasiões? O Varejo tem o potencial de estabelecer um diálogo constante com o público, e isso precisa ser melhor explorado. Desde o momento em que o consumidor cruza a porta, a loja deve começar a se comunicar com ele de diversas formas, contando sua história, apresentando seus valores e destacando o que tem a oferecer.

Infelizmente, essa dinâmica ainda é subutilizada. Muitos pontos de venda apresentam propostas homogêneas e pouco claras. Do lado de fora da loja, é comum que ninguém saiba o que está lá dentro ou quem é aquela marca. Uma fachada sem identidade clara é facilmente esquecida, especialmente em um shopping repleto de concorrentes. Por isso, o varejista precisa investir em elementos marcantes, ofertas únicas e uma identidade de marca sólida.

Essa identidade deve refletir uma visão completa e integrada de Marketing, englobando comunicação visual, ambientação, portfólio de produtos e serviços, atendimento e valores institucionais. Mais do que isso, ela deve ser uma questão de atitude e estilo de vida, ressoando com o cliente de forma autêntica.

Exemplo de utilização do varejo como mídia nesta vitrine interativa de Natal da Lindt, criada pela Vimer, onde o cliente ativa movimentos e sons do cenário.

9.3 Caso de sucesso: Lego

Outra empresa que se destaca na comunicação com os consumidores em suas lojas é a Lego[2]. Um amigo compartilhou a experiência que teve com o filho de cinco anos durante uma visita ao exterior. Assim que entraram na loja da Lego, na Europa, foram recebidos por uma simpática atendente. Após cumprimentar os clientes, a funcionária se agachou na altura da criança e a convidou para brincar. O menino, encantado, arregalou os olhos e prontamente aceitou o convite da nova amiga.

A atendente levou o garotinho para uma área central da loja, repleta de piratas, tratores, blocos de montar e diversos outros produtos da Lego. Eles se sentaram em um espaço confortável, com tatames, cadeirinhas e assentos projetados especialmente para as crianças, e começaram a montar e explorar os brinquedos. Nem mesmo a barreira da língua foi capaz de atrapalhar a interação e as brincadeiras. À distância, era evidente o quanto ambos estavam se divertindo.

Enquanto isso, outra funcionária abordou meu amigo, oferecendo-lhe água e um local para se sentar. Afinal, o menino não parecia disposto a sair tão cedo da loja, e o pai merecia um momento de descanso enquanto o pequeno se divertia.

A Lego é referência na oferta de experiências memoráveis em suas lojas próprias. Em um mundo cada vez mais digital e tecnológico, a marca dinamarquesa encanta seus pequenos clientes com atividades lúdicas e criativas. Ao brincar e construir suas próprias histórias com os brinquedos, as crianças vivenciam momentos de imaginação e diversão únicos. O verdadeiro desafio é convencer a meninada a sair da loja!

Curiosamente, a equipe da loja não tentou, em nenhum momento, persuadir meu amigo a adquirir um produto. A prioridade dos funcionários era criar um ambiente acolhedor e divertido. Porém, meia hora depois, o menino já estava pedindo ao pai para levar vários itens que adorou durante a brincadeira. É quase impossível sair de uma loja da Lego sem comprar algo.

A preocupação da Lego vai além dos pequenos consumidores e alcança também os adultos, que um dia foram crianças. A marca lançou o programa Late Nights, voltado

2. Lego System A/S, amplamente conhecida como LEGO, é uma empresa dinamarquesa especializada em brinquedos formados por pequenos blocos de montar. Fundada em 1932, a companhia mantém a tradição de oferecer produtos lúdicos e divertidos para toda a família.

especialmente para os pais, reforçando a ideia de interação com toda a família. Após o horário comercial, algumas lojas promovem eventos exclusivos para mães e pais, abordando temas relacionados à maternidade, paternidade e os desafios que vão desde a infância até a adolescência.

Eu mesma tive a oportunidade de participar de uma dessas reuniões, cujo tema era "o momento de deixar os filhos pré-adolescentes saírem sozinhos pela primeira vez". Durante o encontro, discutimos questões como as regras vigentes, até que ponto os pais devem proteger os filhos e quando liberar mais autonomia. Psicólogos, psiquiatras e escritores conduziram a conversa, enriquecendo o debate com diferentes perspectivas.

Para não interferir na operação normal da loja, as Late Nights ocorrem uma vez por semana, das 20h00 às 21h00, após o fechamento às 20h00. Os participantes são convidados a partir de um cadastro previamente estabelecido com a marca. No dia em que participei, havia cerca de vinte a trinta pais, todos enfrentando desafios semelhantes aos meus. As discussões e trocas de experiências foram riquíssimas. Mesmo anos depois, guardo com carinho as lembranças daquele encontro e do conteúdo compartilhado.

Esse é um excelente exemplo de como a Lego utiliza suas lojas como plataformas de comunicação para fortalecer o vínculo entre a marca e seus clientes. A estratégia vai além da venda de produtos, proporcionando experiências significativas e reforçando a conexão emocional com o público.

Foto: Divulgação da marca

9.4 Caso de sucesso: Casa Santa Luzia

Para que ninguém diga que trouxe apenas exemplos de varejistas estrangeiros, apresento o case da Casa Santa Luzia, um tradicional empório localizado na cidade de São Paulo. A loja se destaca por adotar uma estratégia de geolocalização, operando como um conceito de loja de vizinhança com uma única unidade. Sua gestão de marca é facilitada pela proximidade com a família proprietária, que mantém uma tradição de quase um século.

A Casa Santa Luzia é reconhecida por oferecer produtos de alta qualidade, um portfólio diferenciado, atendimento impecável e ações de Merchandising que despertam admiração no Varejo nacional. A loja estabelece parcerias com grandes marcas interessadas em expor seus produtos durante datas especiais. No setor de queijos, por exemplo, é comum encontrarmos promoções que incluem apresentações personalizadas, exploração de aspectos sensoriais e materiais explicativos sobre a origem, a história e os diferenciais de cada produtor.

Além disso, grandes vinícolas escolhem a Casa Santa Luzia para realizar campanhas de Marketing. Um exemplo notável é a chilena Concha y Toro, que possui uma ampla linha de produtos, desde o acessível Reservado, por poucas dezenas de reais, até o sofisticado Don Melchor, cujas garrafas ultrapassam facilmente mil reais. Em uma das minhas visitas, observei que, para promover o rótulo Casillero del Diablo, a vinícola criou um display audiovisual na loja, que reproduzia até os sons característicos da famosa cave subterrânea no Chile. Uma experiência super sensorial!

Embora eu tenha algumas ressalvas em relação à organização e ao impacto visual da loja — pontos que, na minha opinião, poderiam ser aprimorados — é inegável que a Casa Santa Luzia possui uma forte conexão com sua comunidade. Suas ações promocionais destacam-se por priorizar a experiência do cliente antes da transação comercial. Mesmo com concorrentes de peso, como o Empório Fasano, que tem uma operação mais recente e com menor escala de itens, mas apresenta um foco maior no espaço físico como mídia, a Santa Luzia se mantém notável pela curadoria de produtos e pela habilidade de enriquecer o processo de compra.

3. Fundada em 1926, a Casa Santa Luzia é um empório localizado no bairro dos Jardins, na cidade de São Paulo. Atualmente, a empresa conta com mais de 500 funcionários e ocupa uma área superior a 2 mil m². Com um portfólio de alto valor agregado e serviços diferenciados, a Casa Santa Luzia é uma referência no Varejo alimentício premium na capital paulista.

Visitar a Casa Santa Luzia é ter a certeza de encontrar o que se procura quando se trata de itens gourmet em São Paulo. A loja tem um olhar voltado para um público qualificado da região. Conheço pessoas que frequentam o local não apenas para comprar, mas para passear, buscando a experiência de se encantar com o ambiente e os produtos, que recebem uma exposição e tratamento diferenciados. Essa experiência é algo raro nas grandes redes supermercadistas do Brasil, que geralmente são percebidas como espaços puramente transacionais.

O case da Casa Santa Luzia ilustra com maestria a importância da experiência de compra como fator de encantamento e fidelização dos consumidores. Como varejista, esse empório de bairro conseguiu transformar seu espaço em uma mídia eficaz e, mais do que isso, em um canal de fortalecimento da marca junto ao público-alvo.

9.5 O papel das lojas próprias na construção da marca

Embora muitos ainda vejam o Varejo como um espaço de trade ou "*below the line*", a maioria das lojas não deveria ser tratada apenas como locais de transação comercial. Elas poderiam ser, acima de tudo, espaços de relacionamento entre a marca e os consumidores. Uma das razões para esses equívocos conceituais e crenças ultrapassadas está na formação dos varejistas. A maioria dos executivos aprendeu na prática e carrega princípios antigos, enquanto os principais cursos de Varejo ainda são recentes e estão apenas começando a ser procurados por profissionais do setor. Isso explica a resistência em compreender conceitos que já estão disseminados há décadas em outros segmentos.

Não aproveitar o espaço físico das unidades próprias para reforçar os valores da marca é um erro significativo. É como dialogar com alguém sem se apresentar, sem explicar no que acredita ou o que propõe. O resultado é uma interação fria e impessoal. Sem enxergar a essência da empresa, o cliente sai frustrado com o diálogo. Embora a mídia tradicional e as redes sociais ajudem significativamente na divulgação, elas não conseguem gerar uma experiência de marca tão forte quanto a interação em uma loja própria.

No Brasil, as estratégias de promoção no ponto de venda e de *branding* na loja costumam ser pouco elaboradas. Muitas lojas focam exclusivamente na venda, relegando todo o restante a algo supérfluo. No entanto, o mercado varejista norte-americano trabalha com um conceito que admiro profundamente: *enjoyment*. Esse termo refere-se à construção de uma experiência de compra prazerosa. O que meu amigo vivenciou na loja da Lego na

Europa (uma unidade própria ou loja monomarca) foi um exemplo clássico de *enjoyment*: a visita ao ponto de venda tornou-se um evento marcante que aproximou a família da marca. A compra, nesse caso, foi uma consequência e não o objetivo final das ações da Lego.

Muitas marcas dão enorme importância à experiência online, mas negligenciam as interações nas lojas físicas, o que cria uma incongruência. Quantas vezes já pensei: "Como seria maravilhoso visitar o ponto de venda dessa marca!" Isso acontece quando conheço uma empresa, gosto da proposta dela e fico curiosa para conhecê-la presencialmente.

Recentemente, procurei roupas de inverno em São Paulo e mencionei a uma amiga o quanto tinha gostado de uma marca que ela havia indicado há algum tempo. Para minha surpresa, ela me contou que agora havia uma loja física dessa marca no Shopping Iguatemi. Depois de visitar o site, decidi ir até a loja para experimentar as peças.

Ao entrar, perguntei à atendente sobre os itens com 50% de desconto anunciados no canal online. Ela me informou que os descontos eram válidos apenas para compras feitas pelo site. Imediatamente, a experiência de compra perdeu seu brilho. Se a empresa era a mesma, por que havia distinção de preços e ofertas entre os canais?

O atendimento também deixou a desejar. A profissional poderia ter usado um iPad para acessar o site e, a partir das liquidações online, me mostrar outras peças com os mesmos tecidos e materiais para eu comparar as modelagens. No entanto, essa possibilidade nem passou pela mente da equipe da loja. Experimentei algumas peças, gostei de uma ou duas, mas a sensação de ter sido mal atendida e a diferença de preços — incluindo 10% de desconto na primeira compra pelo site — me fizeram sair sem adquirir nada. Deixei para comprar em casa.

Em casa, finalizei a compra: uma peça pelo preço cheio com 10% de desconto e outras duas pela metade do preço. Isso aconteceu porque a qualidade das roupas era excepcional. No entanto, se eu tivesse que considerar apenas o atendimento e a experiência no ponto de venda, não teria comprado nada. Nunca mais voltei à loja física, e dificilmente comprarei da marca no futuro, pois não fui fidelizada.

Houve ainda um momento tragicômico nessa história. Meu marido, que acompanhou a visita em silêncio, não conseguiu se conter ao sairmos. Ele comentou: "Faltou pouco para a atendente dizer: 'Ô sua pobretona, você quer comprar com desconto? Então o que está fazendo nesse shopping?' "

Tudo isso porque o site anunciava descontos de 50% em alguns itens e eu quis aproveitar a oferta. Não seria absurdo ter um pequeno espaço na loja física com as mesmas peças do online. Essa simples iniciativa poderia transformar uma experiência frustrante em uma oportunidade de encantamento e fidelização do cliente.

Para refletir:

O Varejo físico é o espaço onde a empresa **tangibiliza sua imagem, reforça a identidade da marca, promove seu lifestyle e estabelece conexões** genuínas com as pessoas.

Esse é o conceito de aterrissagem da marca. De que adianta a empresa investir fortunas em influenciadores digitais, acumular elogios e compartilhamentos on-line, se o cliente for mal atendido no ponto de venda?

Por isso, insisto: ao focar no gerenciamento da marca, não se pode ignorar a contribuição do ambiente físico, que é justamente o ponto de maior interação com os clientes. Cuidar da identidade da marca e negligenciar a experiência no ponto de venda é abrir mão de uma parte crucial do negócio varejista.

No próximo capítulo, o último deste bloco, vamos explorar a conexão entre os diferentes canais. Como mencionei anteriormente na visita frustrada à loja de moda de inverno, muitos varejistas ainda tropeçam na hora de atender os clientes simultaneamente nas unidades físicas e nas operações on-line. O que há de errado e o que pode ser melhorado nessa área? É isso que discutiremos a seguir.

CAPÍTULO 10

CONEXÃO DE CANAIS: **A OMINICALIDADE VIROU UMA PROMESSA?**

Em "*Status quo – Um retrato do Varejo atual*", já discutimos cinco questões essenciais na rotina do Varejo: o papel da liderança (capítulo 5), o desafio das urgências (capítulo 6), as crenças limitantes (capítulo 7), os desafios na gestão do calendário comercial (capítulo 8) e a oportunidade de transformar lojas em espaços de mídia e gerenciamento de marca (capítulo 9).

Neste último capítulo do segundo bloco do livro, vamos abordar o sexto ponto, que talvez seja o maior desafio para os varejistas atualmente: a conexão de canais. Se você está lendo este livro de forma sequencial, já percebeu que, em diversas ocasiões, mencionei a desconexão existente entre os diferentes canais das marcas varejistas. Agora, vamos nos aprofundar nas causas, consequências e, principalmente, na importância da integração entre as plataformas.

Em um mundo onde a rotina offline está cada vez mais interligada às interações online, ser omnicanal deixou de ser um diferencial competitivo para se tornar uma exigência fundamental. Essa integração é indispensável para atender bem aos clientes e construir um modelo de negócio eficiente. Não consigo imaginar uma marca relevante no Varejo nacional ou internacional que, em pleno século XXI, não reconheça a importância da integração de canais e da omnicanalidade como parte essencial de sua estratégia.

10.1 Evolução da Jornada: da linearidade à omnicanalidade

Até os anos 2000, a jornada do cliente no Varejo era simples e previsível. A experiência de compra concentrava-se quase exclusivamente na loja física. O consumidor visitava o ponto de venda, interagia diretamente com os produtos, recebia atendimento presencial e absorvia a ambientação e o *branding*. Caso fosse atraído por algo ou identificasse a solução para uma necessidade, efetuava a compra. Se necessário, agendava uma nova visita para finalizar a aquisição. Esse modelo predominou por séculos, com pouquíssimas exceções que apenas confirmavam a regra: a loja física era o coração de toda experiência de consumo.

Com o avanço das plataformas digitais, a popularização das redes sociais e o desenvolvimento de novas tecnologias entre o final dos anos 2000 e início dos anos 2010, essa lógica começou a mudar. A linearidade da jornada deu lugar a um cenário fragmentado e dinâmico. A experiência do cliente passou a se desdobrar em múltiplos canais, conectando o físico e o digital de maneiras antes inimagináveis.

Imagine uma consumidora que se encanta por um vestido exposto na vitrine enquanto passeia pelo shopping. Ao entrar na loja, ela aproveita o tempo de espera no provador para buscar referências no Instagram. Anúncios de outras marcas aparecem em suas redes sociais, oferecendo opções semelhantes. Ainda indecisa, tira fotos do vestido e as envia para uma amiga, que acessa sites e aplicativos em busca de alternativas. Em questão de minutos, a jornada de compra transforma-se em uma experiência integrada e multifacetada, conectando os mundos físico e digital.

Esse é apenas um exemplo de como a jornada do cliente evoluiu. Hoje, ela pode começar no online e terminar na loja física, ou vice-versa. Pode até se desenvolver inteiramente no digital, sem qualquer interação presencial. Em outros casos, a decisão de compra, mesmo ocorrendo na loja física, é influenciada pelo conteúdo digital. Essa complexidade exige que as marcas sejam multicanais, garantindo presença consistente e relevante em todos os pontos de contato.

Com a transformação nos hábitos de consumo, os varejistas tiveram que abraçar a multicanalidade. Estar presente em diferentes modalidades de contato, atendimento e venda tornou-se indispensável. A proposta inicial da multicanalidade era oferecer conveniência: os clientes poderiam acessar a marca tanto pelos canais físicos quanto pelos digitais, conforme sua preferência.

No entanto, a implementação da multicanalidade revelou desafios significativos. Muitas empresas criaram equipes e sistemas separados para gerenciar cada canal, resultando em plataformas que não se comunicavam. Os consumidores, ao transitarem entre esses canais, encontravam informações, preços e políticas divergentes, o que gerava confusão e frustração.

Para superar essas limitações, a omnicanalidade emergiu como uma solução evolutiva mais robusta. Mais do que apenas oferecer conveniência, a omnicanalidade busca integrar estoques, dados e processos entre os canais, criando uma experiência consistente para o cliente, independentemente do ponto de contato escolhido em sua jornada.

Embora o conceito de omnicanalidade seja amplamente aceito, sua aplicação prática continua sendo um grande desafio. A integração completa entre canais físicos e digitais exige planejamento detalhado, investimentos em tecnologia e mudanças culturais profundas nas organizações. Muitos varejistas ainda enfrentam dificuldades para conectar sistemas, alinhar processos e compartilhar informações entre os diferentes canais.

10.2 Desafios da omnicanalidade

No cenário atual do Varejo, ser multicanal já não é suficiente. É preciso ir além e conectar esses canais de forma fluida, sempre com foco no consumidor, que transita incessantemente entre eles.

Falar em omnicanalidade é introduzir a cultura da redução ou eliminação de dificuldades na jornada do cliente. Quais soluções oferecemos para facilitar suas vidas? Quais modelos de conveniência realmente atendem às suas expectativas? A multicanalidade foi o primeiro passo para aproximar os consumidores das marcas. A evolução natural desse processo, a omnicanalidade, vai além ao buscar atender às necessidades dos clientes, independentemente do canal de acesso escolhido.

O que inicialmente parecia uma tarefa lógica e simples – integrar as plataformas da empresa – revelou-se um desafio corporativo significativo. Muitas marcas, independentemente do segmento, enfrentam dificuldades nesse processo. O resultado? Clientes frustrados e inúmeras oportunidades de negócio perdidas. Embora a omnicanalidade seja um conceito amplamente discutido e reconhecido no Varejo há mais de uma década, poucas empresas conseguem implementá-la com consistência.

Apesar de algumas marcas terem alcançado progressos consideráveis, muitas ainda enfrentam desafios na execução. Por exemplo, operações básicas de uma experiência omnicanal – como comprar no e-commerce e retirar na loja ou adquirir na loja e receber em casa – deveriam ser práticas comuns. Essa é a essência da operação omnicanal: integrar os mundos físico e digital para oferecer conveniência e agilidade ao cliente. Não se trata mais de uma competição entre canais, como ocorria no passado, mas de uma colaboração harmônica que prioriza a satisfação do consumidor.

A pergunta que persiste é: por que ainda é tão difícil colocar em prática um conceito amplamente reconhecido como essencial? Se a integração de canais é unanimemente aceita e desejada, por que tantas falhas ainda prevalecem no Varejo? Após mais de uma década de discussões e tentativas, seria razoável esperar soluções bem estruturadas e amplamente aplicadas. Contudo, a realidade mostra que a teoria ainda está distante de se traduzir plenamente em prática.

Para refletir:

A omnicanalidade implica uma profunda transformação cultural, que demanda a reestruturação de toda a organização.

O primeiro grande desafio é o estoque. Gerenciar a logística, o armazenamento e a distribuição de forma sistêmica não é tão simples quanto parece. Em seguida, surgem os obstáculos tecnológicos – o conhecido problema do "o sistema não permite esse tipo de operação". Por fim, há os entraves culturais: a resistência das equipes pode ser considerável, especialmente em organizações com estruturas rígidas ou tradicionais. Quando combinamos esses três elementos – logística, tecnologia e cultura organizacional –, encontramos a explicação para muitas das dificuldades que ainda inviabilizam a integração plena de canais.

A integração dos canais exige a criação de novos fluxos, processos, estruturas e equipes – algo que muitas empresas não estão dispostas a implementar ou sequer sabem por onde começar. Para que a omnicanalidade seja alcançada, é essencial que a companhia redefina suas conexões internas com base em uma nova visão de atendimento ao cliente. Sem essa transformação, é impossível alcançar resultados significativos nessa área.

Ao analisar a estrutura atual de grande parte dos varejistas, é comum encontrar modelos antigos de gestão, fruto de crenças corporativas ultrapassadas. Geralmente, há uma diretoria dedicada ao canal online e outra à operação física. Abaixo dessas lideranças, encontramos diversas subáreas duplicadas, cada uma focada em uma etapa específica da jornada do cliente. Esse modelo fragmentado impossibilita a construção de um atendimento unificado e a integração completa dos processos.

Vale mencionar que, no Brasil, há um complicador adicional: o ambiente de negócios é marcado por questões legais, fiscais e tributárias complexas, que tornam a unificação dos canais ainda mais desafiadora. No entanto, acredito que os maiores obstáculos à integração sejam internos e não externos.

Quando uma empresa consegue gerenciar o estoque de forma centralizada, definir preços e ações promocionais de maneira unificada, moldar a logística às necessidades dos consumidores e identificar os clientes por meio de um único CRM, os desafios burocráticos tornam-se secundários – ou, ao menos, mais fáceis de enfrentar.

Em resumo, há uma grande diferença entre querer ser omnicanal e, de fato, conseguir implementar essa estratégia. Para alcançar o sucesso, as empresas precisam estar dispostas a percorrer um longo caminho, incluindo a realização de várias "lições de casa". Sem a reestruturação prévia dos aspectos internos, a integração de canais será sempre uma meta distante e inalcançável.

A omnicanalidade exige uma nova filosofia corporativa. Independentemente do local ou da forma de interação, a marca deve manter um posicionamento consistente. Caso contrário, a experiência do consumidor será seriamente comprometida.

10.3 Pelos olhos do consumidor

Um ponto muito importante nessa discussão é adotar a perspectiva do comprador. Para o cliente, não existem diferenças entre os canais. Seja no site, no aplicativo, nas redes sociais ou na loja física, ele percebe tudo como uma única interação com a marca. Nesse contexto, oferecer experiências desconectadas entre as plataformas não faz sentido.

Enquanto os consumidores esperam uma jornada de compra unificada, ágil e eficiente, muitas marcas ainda enxergam os canais de forma fragmentada, moldados por suas estruturas burocráticas internas. Essa desconexão gera um descompasso inevitável, resultando em insatisfações e frustrações tanto para os clientes quanto para as empresas.

Poucas coisas são mais irritantes para o consumidor do que perder tempo devido à falta de transparência. Por exemplo, ao buscar um produto, entro no site da empresa e vejo que ele está sendo oferecido com um bom desconto. Empolgada, clico para comprá-lo, apenas para descobrir que está indisponível. Essa experiência é desanimadora e desrespeitosa. Por que não informar desde o início que o item está fora de estoque?

A situação se torna ainda mais frustrante quando, na tentativa de resolver o problema, vou até a loja física para adquirir o produto – que, ironicamente, está disponível lá, mas com um preço maior do que o informado no site. Como pode haver essa discrepância? Se é a mesma marca e o mesmo produto, por que os preços diferem? Essa falta de consistência gera um grande desgaste e compromete seriamente a experiência de compra.

As empresas que realmente praticam a omnicanalidade garantem que o cliente nunca saia insatisfeito, seja da loja física, seja do *e-commerce*. No exemplo citado, a transação poderia ter sido concluída online, com a retirada do produto na loja física, e o preço, naturalmente, sendo o mesmo. Outra solução seria a equipe da loja providenciar o envio do item para a casa do cliente, caso ele não estivesse disponível na unidade. Além disso, uma política uniforme de promoções e descontos, válida para todas as plataformas, evitaria surpresas desagradáveis.

Para alcançar esse nível de integração, as empresas precisam mudar o foco, priorizando a experiência do cliente em vez de se prenderem aos processos internos. Somente ao analisar a jornada do consumidor de maneira inteligente e dinâmica será possível oferecer uma experiência realmente satisfatória e integrada.

Loja Petz com espaço para retirada de produtos.

10.3 *Unified Commerce*

Uma marca omnicanal pensa em conveniência, na experiência completa de compra, no *enjoyment* e na plena satisfação dos clientes. É frustrante constatar que a integração de canais ainda não vingou com força no Brasil e em grande parte do mundo.

Por isso, já há muitos profissionais do Varejo utilizando outro termo: *Unified Commerce*[1]. Esse conceito, mencionado brevemente no primeiro capítulo deste livro, é uma evolução da omnicanalidade ao propor que, além da conexão dos estoques entre canais, a empresa vá além e unifique suas interações e atendimentos de forma integrada em qualquer plataforma. O *Unified Commerce* olha para a jornada de compra completa do cliente e molda o negócio com foco na satisfação do público consumidor.

Se o termo omnicanalidade vem perdendo força no mercado, até porque poucas empresas conseguiram implementá-lo plenamente, a transição para o *Unified Commerce* surge quase como uma provocação. É como se os profissionais do Varejo ouvissem um grito ecoando: "Parem de pensar em canais e comecem a pensar na empresa como um todo, de forma única!". Somente assim os consumidores estarão realmente no centro das preocupações organizacionais.

Sejamos francos: a perspectiva do cliente é muito prática. Ele busca conveniência, respeito e prazer no momento da compra. Ao decidir se relacionar com uma marca, espera que ela conheça seu histórico de consumo, seu perfil de compra, seus hábitos e suas particularidades. É legítimo que o consumidor imagine que, ao chegar na loja, será reconhecido e atendido de maneira especial. No entanto, isso ainda está longe de ser a realidade no dia a dia do Varejo brasileiro.

Quando se constrói um relacionamento com tal nível de proximidade e personalização, ambos os lados saem ganhando no curto, médio e longo prazos. A empresa consegue fidelizar o cliente, enquanto ele se sente valorizado e empoderado. Esse diálogo não precisa se limitar às visitas ao ponto de venda; ele pode e deve se estender pelas múltiplas plataformas de interação.

1. Em tradução livre do inglês, Unified Commerce significa Comércio Unificado. Trata-se, essencialmente, da prática de integrar os sistemas de retaguarda aos canais de atendimento ao cliente por meio de uma plataforma única, proporcionando uma visão consolidada das interações, dos produtos e dos sistemas de gerenciamento.

A H&M, uma das gigantes do Varejo no segmento de lojas de departamento, tem implementado avanços notáveis em *Unified Commerce*, criando experiências de compra que integram perfeitamente os mundos físico e digital. Um exemplo brilhante é a funcionalidade disponível em algumas de suas lojas, como a de Nova Iorque, que transforma completamente a interação do cliente com a marca.

Imagine o seguinte cenário: uma cliente acessa o aplicativo da H&M e, como muitos consumidores fazem, começa a favoritar produtos de interesse, entre eles, um vestido vermelho. Dias depois, ao visitar uma loja física da H&M, ela lembra do vestido e decide abrir o aplicativo. Nesse momento, uma mensagem automática a reconhece como cliente e oferece a opção de ativar o *"Store Mode"* – o modo loja.

Ao selecionar essa funcionalidade, o aplicativo consulta o estoque da unidade em tempo real e envia uma mensagem personalizada: "Seu vestido vermelho, número 42, que você favoritou, está disponível no segundo andar, próximo aos provadores. Posso te levar até ele?". Essa integração não apenas facilita a jornada de compra, mas também proporciona uma experiência fluida, eficiente e encantadora.

Essa funcionalidade, implementada em lojas estratégicas da marca, é um excelente exemplo de como a tecnologia pode ser utilizada de forma prática e criativa para aumentar a conveniência e a satisfação do consumidor. Considero essa iniciativa da H&M simplesmente sensacional!

Olho para o futuro de um Varejo mais unificado e imagino um consumidor tão intimamente conectado à marca que o relacionamento se torna próximo e personalizado, onde cada interação alimenta continuamente a experiência de compra.

10.4 Vantagens de varejar de forma unificada

A omnicanalidade (e, consequentemente, o *Unified Commerce*) permite que as empresas gerenciem o relacionamento com os clientes de forma mais estratégica e com uma visão de longo prazo. Isso é possível graças ao acesso a um volume significativo de informações. Quando todos os pontos de contato com o consumidor estão interligados, a quantidade e a qualidade dos dados obtidos são enormes e extremamente valiosas. Essa conectividade entre os canais de venda gera uma enxurrada de insights para a organização, que acabam (retro)alimentando as tomadas de decisão, as ações comerciais e os projetos de inovação.

Inclusive, o termo "jornada do consumidor" só faz sentido quando o cliente transita por múltiplos canais integrados. O mapeamento dessa trajetória é viável apenas em uma plataforma unificada e inteligente.

A H&M é um ótimo exemplo de como a experiência de compra pode ser transformadora quando a loja utiliza informações de outros canais para personalizar o atendimento. Imagine entrar na loja e ser informado, de forma automática, sobre a localização de um produto favoritado previamente no aplicativo. Essa integração transforma a experiência de compra em algo fluido e encantador. Além disso, o aplicativo assume o papel de um vendedor, criando uma dinâmica interessante no modelo de autosserviço.

Outro aspecto relevante da omnicanalidade é o fortalecimento da fidelização. Quando a relação entre marca e consumidor se torna mais próxima e personalizada, as chances de o cliente permanecer fiel aumentam significativamente. Nesse contexto, a marca conhece o cliente em detalhes, e ele encontra poucas razões para buscar outras opções.

A estratégia de geolocalização também se beneficia diretamente dos dados coletados nos diversos canais. A análise dos comportamentos de consumo por região permite que ofertas, descontos, lançamentos e até mesmo o calendário comercial sejam personalizados para públicos específicos, aumentando a eficiência e a relevância das campanhas.

Se eu tivesse que destacar um único benefício da omnicanalidade, seria a melhoria na gestão de estoques, um dos problemas mais crônicos do Varejo. A integração do estoque é a base da inteligência omnicanal, alimentando variáveis como o perfil do cliente e o histórico de compras. Campanhas de marketing e vendas customizadas, por exemplo, só são possíveis com uma gestão de dados alinhada e integrada à consulta instantânea do estoque.

Considere o exemplo de um *pet shop*. Um cliente frequenta a loja há três anos para comprar produtos para seu cachorro. Com o histórico de compras visível e o giro dos itens no estoque monitorado, a loja pode criar promoções específicas para esse cliente. Essa integração é benéfica tanto para o consumidor, que se sente valorizado, quanto para o varejista, que aumenta sua eficiência comercial.

Recentemente, recebi Renata Vichi, CEO do Grupo CRM (responsável por marcas como Kopenhagen), para uma homenagem em nosso evento *Retail Experience*. Durante sua participação, ela compartilhou algumas ideias relevantes, destacando:

> "Um negócio com **96 anos de história** precisa de inovação? **Sim**, manter o sucesso **exige inovação.** (...) Em 2024 tivemos uma expansão recorde com mais de 270 lojas. Estas lojas nascem 100% digitalizadas, com total integração ao omnichannel. O e-commerce lê o estoque das lojas e encaminha a demanda para a unidade mais próxima do cliente."
>
> Renata Vichi

Com o debate sobre a importância da conexão de canais, encerramos o bloco *Status quo – O que precisa mudar.* Se, nesta segunda seção do livro, discutimos práticas que o Varejo precisa rever, na próxima parte, *Status cool – O futuro que já é presente*, vamos explorar boas soluções e propostas inovadoras.

Afinal, o que os varejistas líderes de mercado estão fazendo para melhorar suas operações, se diferenciar da concorrência e encantar seus clientes? Qual deve ser nossa visão para o futuro do setor?

BLOCO 3

STATUS COOL

CAMINHOS PARA O VAREJO EXPERIENCIAL

CAPÍTULO 11

TENDÊNCIAS DE IMPACTO: **A TRANSFORMAÇÃO NO COMPORTAMENTO DE CONSUMO**

Entramos agora no bloco final do livro, onde quero conduzir você a um Varejo mais inspirador e visionário. Imagine o quão incrível seria ver o Varejo brasileiro se reinventando de forma marcante, encantando consumidores e deixando sua marca como um setor verdadeiramente cool. É esse o meu sonho e a direção para onde quero apontar neste momento.

Para construir esse Varejo mais experiencial e relevante, vou explorar tendências que considero fundamentais para os próximos passos do setor. São movimentos que, com certeza, ganharão força e moldarão as rotinas de consumidores e profissionais. Estamos saindo de uma análise crítica do presente – o status quo – para o que chamo de status cool: uma visão mais contemporânea e otimista sobre o futuro do Varejo.

Em um mundo de constantes transformações, é inevitável que pessoas, tecnologias, hábitos, produtos, serviços, necessidades e desejos evoluam continuamente. Nesse cenário, é essencial que as marcas tenham agilidade e saibam direcionar seus esforços na direção dos ventos de mudança, evitando cair na irrelevância e perder espaço na competição.

O objetivo deste bloco é apoiar executivos e profissionais do Varejo a entender essas mudanças e se adaptar a elas com mais assertividade. Muitas empresas já estão no meio de transformações organizacionais quando novas tendências começam a emergir. Nesse momento, pode ser desafiador absorver tantas mudanças em sequência. O resultado? Aumento da ansiedade, insônia provocada por incertezas e uma enxurrada de dúvidas nas mentes dos líderes sobre qual caminho seguir.

De fato, navegar por cenários instáveis e em constante mutação não é tarefa fácil. Vivemos em uma era em que a informação circula a uma velocidade sem precedentes. Acompanhar acontecimentos em tempo real tornou-se parte da rotina. Um evento no Japão, como um atentado contra um líder político, é noticiado no Brasil em segundos, com vídeos, depoimentos e análises instantâneas. Da mesma forma, o lançamento de um produto revolucionário na China ou na Noruega chega ao resto do mundo quase simultaneamente.

Nesse contexto, o desafio deixou de ser o acesso às informações e passou a ser a sua correta interpretação. O que essa enxurrada de dados realmente nos diz? Quais tendências estão emergindo? Para onde estão indo os desejos e interesses dos consumidores? Responder a essas perguntas exige mais do que atualização; demanda sensibilidade para captar nuances e sagacidade para enxergar oportunidades.

Para contribuir com o planejamento dos varejistas e inspirar novas estratégias, reuni sete tendências de consumo que considero apostas certeiras para os próximos anos. Acredito firmemente que não é possível criar um modelo de Varejo de sucesso ou estruturar operações de loja vencedoras sem levar em conta esses comportamentos emergentes.

11.1 Derrubada dos muros intergeracionais

Um ponto de partida essencial para entendermos as tendências contemporâneas da sociedade é a diversidade geracional. Por muitos anos, o olhar do mercado esteve focado em analisar as diferentes gerações – Alfa, Z, Millennials, X, Boomers e Silenciosa – para prever como as preocupações de cada grupo moldam os comportamentos, padrões de consumo e o envolvimento com as marcas. Esse recorte geracional foi amplamente usado como base para definir *personas*, criar estratégias de negócios e adaptar produtos. As campanhas de marketing foram, e ainda são, em grande parte, construídas dessa forma.

Entretanto, a pandemia da Covid-19 trouxe uma experiência única e marcante: uma convivência intergeracional intensa. Pessoas de diferentes idades, confinadas sob o mesmo teto, foram forçadas a interagir de maneira mais próxima e frequente. Onde antes a influência comportamental vinha principalmente de amigos e colegas da mesma faixa etária, o cenário mudou para incluir familiares mais velhos ou mais jovens. Isso resultou em um fenômeno único: comportamentos de consumo mais interconectados, rompendo a rigidez dos silos geracionais.

Um exemplo marcante é o mito de que jovens americanos saem de casa ao completar 18 anos para frequentar a universidade. Segundo um estudo da Bloomberg, 48% dos americanos entre 18 e 29 anos vivem com os pais atualmente, uma resposta clara às crises econômicas e à insegurança financeira.

Outro exemplo interessante é a preocupação crescente de mulheres na faixa dos 20 anos com fertilização e congelamento de óvulos. No TikTok, há quase 100 milhões de vídeos sobre o tema publicados por mulheres dessa faixa etária. Esse

Para refletir:

Pertencer a uma determinada geração **não dita os comportamentos** - certamente nem todo ***baby boomer*** é rico e nem todo ***Gen Z*** usa o TikTok.

interesse reflete a convivência e troca de experiências com mulheres de gerações anteriores, que trouxeram essas questões à tona.

Conexões além dos rótulos

Há temas que unem gerações, como a sustentabilidade. A Geração Alfa aprende sobre mudanças climáticas na escola, enquanto a Geração X investe em fundos ESG para a aposentadoria, e os *Baby Boomers* compram veículos elétricos. Embora certos traços possam ser atribuídos a gerações específicas, eles não são exclusividade delas.

Por isso, as marcas têm muito a ganhar ao identificar os pontos de conexão entre os grupos. Por exemplo, os *Boomers* estão mais próximos da Geração Alfa do que nunca, principalmente pelo papel de cuidadores informais. Essa proximidade influencia e molda as mentes dos mais jovens, criando um impacto intergeracional positivo.

Tenho questionado cada vez mais os rótulos geracionais. Acredito que, no futuro, será crucial examinar as curvas intergeracionais de conectividade. Essas curvas mostram como diferentes gerações compartilham preocupações e influências, superando conflitos culturais ou geracionais. É uma visão mais holística que ajuda as marcas a enxergarem onde seus produtos e serviços podem ser mais relevantes.

A epidemia de solidão

As curvas intergeracionais de conectividade são superimportantes, pois apontam movimentos que permanecem por muito tempo na sociedade. Neste momento, infelizmente, estamos vivendo um marco temporal que atinge todas as gerações: uma epidemia global de saúde mental. Apesar de vivermos em um mundo ultraconectado, as pessoas estão incrivelmente sós. A relação entre tecnologia, conexão e solidão é complexa. Um estudo realizado pelo serviço público de saúde dos EUA, *Our Epidemic of Loneliness and Isolation*, revelou que uma em cada cinco pessoas se sente solitária. Esse número inclui 37% dos adultos mais velhos e impressionantes 61% dos jovens adultos.

O cirurgião-geral dos EUA, Dr. Vivek Murthy, emitiu um alerta de saúde comparando os riscos da desconexão social aos de fumar 15 cigarros por dia. Essa solidão intergeracional reforça a necessidade de as marcas entenderem que não estão lidando com consumidores isolados em silos. Estamos falando de pessoas reais, com histórias complexas e sentimentos justapostos, vivendo um momento de transformação social sem precedentes.

Derrubar os muros intergeracionais é uma estratégia necessária para entender melhor os consumidores e criar experiências significativas que transcendem gerações.

11.2 Propósitos ambientais

Um dos temas mais impactantes que têm dominado as mesas de discussão nos últimos anos é a sustentabilidade ambiental. Embora diferentes segmentos da sociedade enxerguem essa questão de maneiras distintas, frente à crise climático-ambiental, muitos irão mudar seus comportamentos. Desde a escolha de tecidos sustentáveis nas roupas até a preocupação com a cadeia produtiva dos alimentos e o descarte das embalagens, esses cuidados deixaram de ser restritos a grupos específicos ou silos geracionais. Tornaram-se pautas universais, abraçadas pela sociedade inteira e priorizadas por governos nacionais e organismos internacionais.

Nesse contexto, um tema que ganhou enorme relevância é o propósito ambiental. Os consumidores buscam cada vez mais marcas que compartilhem valores e práticas sustentáveis. Muitas vezes, o diferencial competitivo de um varejista não está apenas nas características físicas ou funcionais de seus produtos, mas na missão empresarial que promove sustentabilidade.

Em um seminário que participei em Singapura, em 2024, com a presença de executivos de grandes marcas internacionais como Puma e Amazon, presenciei uma das abordagens mais interessantes sobre o dilema: os consumidores estão dispostos a pagar mais por produtos sustentáveis? Uma executiva explicou o desafio de tornar toda a estrutura do negócio – incluindo fornecedores e cadeias produtivas – sustentável. A dúvida era se os clientes, mesmo preocupados com o meio ambiente, escolheriam pagar mais caro ou prefeririam os produtos mais baratos dos concorrentes.

A resposta foi surpreendente e provocativa: os consumidores desejam, ao mesmo tempo, a oferta mais responsável e a mais acessível. Esses dois elementos não são mutuamente exclusivos. Cabe às marcas o desafio de oferecer produtos e serviços sustentáveis a preços competitivos. Afinal, ninguém gosta de gastar mais do que o planejado. Se cada categoria exigir um acréscimo financeiro em nome da sustentabilidade, os orçamentos dos consumidores serão rapidamente comprometidos.

As pessoas querem e precisam de produtos sustentáveis a preços acessíveis. Ponto final. Há, inclusive, companhias que já conseguem unir essas duas premissas – sustentabilidade e custo competitivo – em suas ofertas de valor.

Vou além. Em breve, a sustentabilidade não será apenas um diferencial competitivo, mas uma exigência básica. Quem não for ambientalmente responsável em todas as etapas do negócio – da produção ao descarte – será rejeitado por consumidores e governos. Essa previsão não é apenas minha; ela está alinhada às análises dos principais futurologistas internacionais.

Apesar disso, o tema ainda não decolou como deveria e, infelizmente, vem perdendo protagonismo nas agendas executivas, especialmente no segmento de moda. Um estudo recente do *Business of Fashion, The State of Fashion 2025*[1], apresentou uma análise comparativa dos tópicos mais relevantes do setor nos últimos três anos. O resultado é alarmante: a sustentabilidade já não figura entre os cinco temas mais importantes.

Para refletir:

A mensagem é clara: a oferta do Varejo não pode **agredir o planeta, a natureza ou os animais**. E essa responsabilidade não pode **recair no bolso dos compradores.**

Pergunta: Quais aspectos da economia global você espera que sejam os maiores riscos para o crescimento da indústria da moda em (ano)? Selecione três.

%

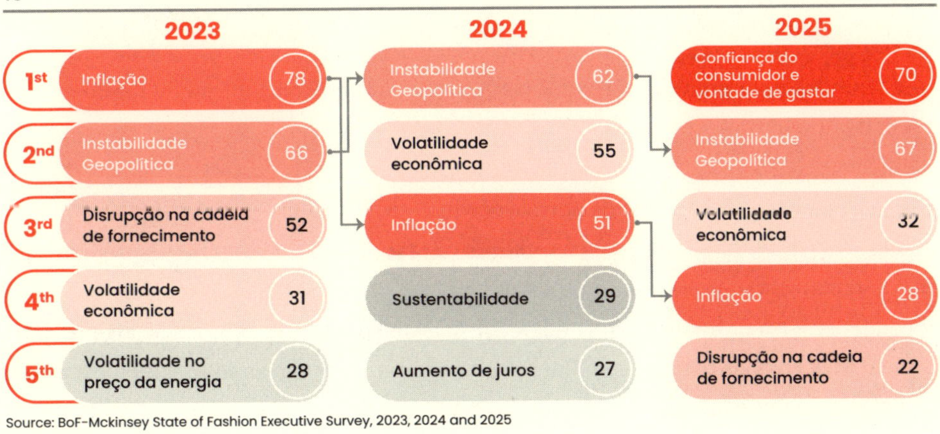

Source: BoF-Mckinsey State of Fashion Executive Survey, 2023, 2024 and 2025

1. Saiba mais em: https://www.businessoffashion.com/reports/news-analysis/the-state-of-fashion-2025-bof-mckinsey-report/ .

É desanimador. A sustentabilidade deveria ser central nas preocupações empresariais. O futuro que imaginávamos distante chegou mais rápido do que o esperado, impulsionado pela velocidade com que os efeitos da crise climático-ambiental são sentidos. A urgência é clara: quem não fizer sua parte será rapidamente identificado como vilão pela sociedade.

A responsabilidade ambiental não é mais uma escolha; é uma necessidade. As marcas que liderarem essa transformação terão não apenas um papel importante no mercado, mas também um lugar privilegiado na construção de um futuro mais sustentável. Falarei mais sobre isso!

11.3 Consciência Social

Um aspecto muito importante que molda a relação entre empresas e consumidores é a consciência social, especialmente no que diz respeito à diversidade organizacional. Os clientes estão cada vez mais atentos ao comportamento das companhias de Varejo em relação a políticas de inclusão – tanto no quadro de colaboradores quanto na diversidade do público-alvo atendido pelas lojas. Essa atenção inclui questões como gênero, sexualidade, cor de pele, etnia, religiosidade, cultura, características físicas, idade e deficiências motoras, entre outras.

A sociedade, mais consciente e vocal, questiona abertamente as empresas: Por que ainda existe uma desproporção entre homens e mulheres em cargos de liderança? Como justificar que pessoas negras sejam minoria no mundo corporativo de um país tão diverso quanto o Brasil? Onde estão os homossexuais nos times? Qual é a política de inclusão para pessoas com deficiência (PcDs) ou mais idade? Por que a publicidade ignora corpos fora do padrão tradicional? Essas perguntas, quando ignoradas ou respondidas de forma superficial, levam a organização a ser percebida como preconceituosa ou desconectada da realidade social.

Hoje, a diversidade está no topo da agenda das lideranças globais, que têm sido provocadas a reformular estruturas, processos e culturas organizacionais. Valores e estratégias que antes pareciam suficientes foram rapidamente considerados obsoletos diante das novas expectativas sociais. Empresas que decidem se posicionar sobre causas sociais precisam ser coerentes e consistentes – qualquer descompasso entre discurso e prática pode soar falso, vazio ou oportunista.

No Varejo, essa consciência social se reflete em dois pilares fundamentais:

- **Interno:** Focado na relação com colaboradores, abrange a cultura organizacional, modelos de liderança, políticas salariais, critérios de promoção, estratégias de gestão de pessoas, entre outros.

- **Externo:** Voltado para os clientes, fornecedores, comunidades, vizinhança, governos e parceiros. Aqui, o tipo de produto e serviço oferecido, bem como o público-alvo atendido, reflete diretamente a visão de mundo da marca.

Ambos os pilares exigem transparência absoluta. Não basta reconhecer a relevância do tema; é preciso implementar ações reais e transformadoras. Uma das barreiras mais frequentes – e que abordamos no capítulo 8 – é a crença limitante de que a consciência social é importante, mas complexa demais para ser transformada em práticas diárias. Essa percepção perpetua a inércia, atrasando o progresso em um tema que, mais do que uma tendência, é uma exigência ética e de mercado.

O desafio do Varejo, portanto, não é apenas se alinhar aos novos anseios sociais, mas liderar essa mudança com autenticidade, construindo uma relação de confiança com todos os seus públicos. A diversidade, mais do que uma obrigação, é uma oportunidade de transformar negócios e impactar positivamente o mundo.

Precisamos endereçar a consciência social de forma séria nas organizações. O ESG[2], amplamente discutido nos últimos anos, veio para colocar um holofote sobre assuntos que, na verdade, nunca deveriam nem ser uma pauta. Busque colocar práticas ambientais, sociais e de governança no centro da estratégia corporativa e informe o mercado sobre as ações realizadas (e os resultados obtidos).

11.4 Saúde e bem-estar como padrões comportamentais

Bem-estar nunca deveria ser tratado como uma simples tendência. Embora o tema esteja constantemente em alta nos "trend topics" e acompanhe a evolução da sociedade há anos, ele se consolidou como um pilar fundamental de um padrão comportamental. Hoje, a busca por longevidade agnóstica de idade, a reconexão com a espiritualidade e a

2. ESG é a sigla em inglês para Environmental, Social and Governance, que, traduzindo para o português, significa Ambiental, Social e Governança. O ESG reúne um conjunto de práticas e ações das empresas nas áreas de sustentabilidade ambiental, consciência social e governança institucional.

ancestralidade, e a priorização do bem-estar físico e mental, sem a pressão de resultados rápidos, tornam-se prioridades inegociáveis para muitos consumidores.

As marcas que integram esses valores em suas estratégias de comunicação e práticas de mercado criam conexões mais profundas com consumidores que valorizam propósito e qualidade de vida. No Varejo, essa realidade também se reflete nas transformações dos modelos de negócios, produtos e serviços, com foco em atender essas demandas. No entanto, é importante ter cuidado: o que poderia ser uma mudança substancial muitas vezes resulta em soluções rápidas e práticas, que chamo de "fast wellness". Em vez de resolverem as dores dos consumidores, essas propostas tendem a remediá-las superficialmente.

Alguns exemplos ilustram essa dinâmica no campo estético: a febre das lentes de contato para melhorar o sorriso, o uso de medicamentos como Ozempic e seus concorrentes para perda de peso rápida, e a popularização da harmonização facial para "rejuvenescer" visualmente. Com isso, entramos na era da beleza indetectável, em que os procedimentos estéticos não devem ser percebidos. Mas a verdadeira questão permanece: não basta remediar a dor; é preciso tratar suas causas. Para o Varejo, o desafio está em entregar ofertas de valor que, de fato, contribuam para a qualidade de vida dos consumidores.

No Brasil, avanços regulatórios demonstram como o bem-estar está moldando as relações de consumo. Fabricantes de alimentos e bebidas, por exemplo, agora são obrigados a informar nas embalagens teores elevados de sódio, açúcares, gorduras e calorias. Essa transparência dá ao público mais clareza sobre o que consomem, impulsionando escolhas mais conscientes. No entanto, apesar da resistência da indústria alimentícia em adotar uma comunicação mais explícita, prevaleceu a força de governos, consumidores, profissionais de saúde e formadores de opinião. O impacto disso já é visível: muitas vezes vemos consumidores analisando embalagens e devolvendo produtos às prateleiras, assustados com o conteúdo prejudicial revelado.

Como tendência, a personalização de produtos de saúde, como suplementos adaptados às necessidades individuais, está em ascensão. Diagnósticos digitais rápidos e soluções personalizadas ganham força, assim como a reformulação de alimentos e bebidas para incluir benefícios funcionais, como suporte imunológico e melhora do humor.

> A demanda por alimentos funcionais, como bebidas adaptogênicas, **reflete a busca por um bem-estar holístico**, integrado às rotinas diárias dos consumidores."
>
> WGSN, Future Consumer 2025

É possível imaginar que, em um futuro próximo, a pressão social obrigará as empresas a repensar seus processos produtivos, eliminando a necessidade de etiquetas com alertas de ingredientes nocivos. Não por força da legislação, mas porque os consumidores exigirão padrões mais elevados e éticos. Quem não se adaptar enfrentará dificuldades para conquistar os clientes de amanhã.

Além disso, a preocupação com saúde e bem-estar vai muito além de alimentos, bebidas ou cosméticos. Outros segmentos de mercado já sentem esse impacto. No setor calçadista, por exemplo, as mulheres rejeitam calçados que sejam bonitos, mas desconfortáveis. Na Alemanha, já é regra oferecer sapatos que combinem conforto e beleza, um padrão que contrasta com a realidade de muitos países até pouco tempo atrás. Para essas consumidoras, um salto alto que impede uma caminhada segura é considerado uma afronta.

Assim, a saúde e o bem-estar deixam de ser apenas atributos desejáveis para se tornarem indispensáveis, influenciando não apenas as escolhas dos consumidores, mas também a maneira como marcas, produtos e experiências são concebidos.

11.5 Novos níveis de personalização

A hiperpersonalização é o próximo passo na evolução do engajamento no Varejo. Com o avanço da IA generativa, marcas estão alcançando um nível inédito de customização, criando experiências únicas que se adaptam às preferências, valores e estilos de vida de cada consumidor. Essa abordagem não apenas eleva a conexão emocional entre marcas e clientes, mas também simplifica as decisões de compra em um mundo saturado de informações.

Essa simplicidade é mais do que um benefício; tornou-se um diferencial competitivo essencial. Os consumidores valorizam marcas que simplifiquem suas vidas, oferecendo soluções claras e personalizadas que vão além da transação comercial. A hiperpersonalização humaniza o Varejo, transformando-o em um espaço de criação de vínculos profundos e significativos. Segundo a WGSN, 78% dos consumidores de luxo afirmam que experiências personalizadas são um fator decisivo para sua fidelidade às marcas. Isso evidencia que a personalização está deixando de ser um diferencial para se tornar um requisito básico para marcas que buscam relevância no mercado.

Um exemplo marcante é a recente mudança de slogan da L'Oréal, que passou de "beleza para todos" para "beleza para um". Esse reposicionamento reflete um entendimento profundo de que, em um mundo tão diverso, soluções padronizadas não atendem mais às expectativas dos consumidores. Reconhecendo a individualidade de cada cliente, a L'Oréal desenvolveu mais de 300 serviços digitais desde 2020, utilizando inteligência artificial e análises preditivas para oferecer soluções quase sob medida.

O setor de beleza exemplifica bem esse movimento. Um caso interessante foi a mudança nas preferências em relação às sobrancelhas: enquanto as sobrancelhas finas eram tendência no passado, hoje a preferência por sobrancelhas grossas se tornou dominante. Para responder a essa mudança, a L'Oréal desenvolveu uma máquina que utiliza realidade aumentada para mostrar às consumidoras como diferentes estilos de maquiagem impactam seu rosto. Através da câmera do celular, é possível projetar resultados em tempo real, permitindo que cada cliente visualize os efeitos antes mesmo de adquirir o produto. Além disso, a empresa criou dispositivos que imprimem em segundos as opções de maquiagem, ampliando ainda mais a experiência personalizada.

Ao oferecer soluções de hiperpersonalização, as marcas aumentam significativamente as oportunidades de negócio, elevam os níveis de satisfação dos consumidores e transformam a experiência de compra em algo memorável. No Varejo, a personalização não é mais apenas uma opção; é o caminho para conquistar a lealdade e o coração dos clientes, criando uma experiência que os faz sentir únicos e valorizados.

11.6 Novos canais de comunicação e novos interlocutores

Nos últimos anos, a emergência de novos canais de comunicação tem transformado profundamente a relação entre varejistas e consumidores. Essas plataformas não apenas criaram mais pontos de contato, mas também trouxeram novos interlocutores ao centro do mercado. Os influenciadores digitais, por exemplo, tornaram-se vozes poderosas.

Inspirando seguidores, moldando comportamentos e impactando decisões de compra, eles são ferramentas indispensáveis para estratégias de propaganda e marketing. Além disso, a creator economy – um modelo em que criadores de conteúdo constroem audiências e monetizam diretamente suas produções – está redefinindo as regras do jogo. Marcas não podem mais ignorar o impacto de criadores autênticos que estabelecem conexões profundas e altamente segmentadas com suas comunidades. Essas parcerias ajudam a traduzir o propósito das empresas em uma linguagem relevante e emocional para diferentes nichos do mercado.

No Brasil, o impacto das redes sociais é amplificado pela sociabilidade característica de nossa população e pela diversidade cultural que permeia cada região. As pessoas aqui são fortemente influenciadas por conteúdos virais, recomendações de amigos e familiares e pela credibilidade de influenciadores que dialogam de forma autêntica com suas realidades locais. Esse dinamismo cria um ambiente desafiador para as marcas, que precisam estar não apenas atentas, mas profundamente conectadas às especificidades culturais e sociais de cada público.

O regionalismo, nesse contexto, não é apenas uma tendência, mas uma necessidade estratégica. Consumidores estão cada vez mais inclinados a buscar autenticidade e conexão com marcas que valorizam economias locais e promovem narrativas enraizadas em suas comunidades. Um exemplo excelente é o trabalho da Sotaque Creators, liderado por Vinicius Machado, que utiliza a força do sotaque e das nuances regionais para criar campanhas e conteúdos profundamente conectados às culturas locais. Como Machado ressalta: "A influência com sotaque é mais do que falar a língua do consumidor; é compartilhar sua vivência, suas histórias e sua identidade."

Iniciativas como a pesquisa "Brasil no Espelho" também destacam a relevância de analisar ausências e representações regionais, reforçando a importância de marcas que integram o regionalismo em suas estratégias. Realizada pela Rede Globo em parceria com a Quaest, a pesquisa ouviu mais de 10 mil pessoas por todo o Brasil e tem como objetivo apresentar, em 2025, um estudo completo dos valores e das representações brasileiras. Tive a oportunidade de estar na Rede Globo e conferir uma prévia desse levantamento, que evidencia a riqueza cultural do país e a necessidade de analisar tanto as ausências quanto as representações regionais.

Ao criar diálogos genuínos com sotaques, expressões e histórias locais, as marcas não apenas engajam, mas contribuem para o fortalecimento das identidades regionais, solidificando a fidelidade e ampliando seu impacto em um mercado tão diverso quanto o brasileiro.

Um exemplo claro dessa realidade é o McDonald's, que alocou mais profissionais na equipe de respostas nas redes sociais do que na própria criação de campanhas publicitárias tradicionais. Um caso emblemático desse cenário foi a campanha do Grimace Shake, um milkshake lançado pelo McDonald's nos Estados Unidos em 2023. O produto, associado ao personagem Grimace, gerou polêmica por sua cor roxa e pela narrativa inusitada que o apresentava como um "bicho do mal" que roubava milkshakes de crianças. As reações foram extremas: enquanto alguns consumidores criticaram o conceito, muitos outros se divertiram, criando vídeos virais em que simulavam efeitos "sobrenaturais" ao consumir a bebida. O McDonald's, inicialmente desconcertado, acabou abraçando a brincadeira realizada por sua comunidade e permitiu que os consumidores guiassem a narrativa. O resultado? Estoques esgotados e uma das campanhas mais bem-sucedidas da marca em anos.

Essa história ilustra o poder avassalador das redes sociais e dos influenciadores, sejam eles celebridades, criadores de conteúdo ou consumidores anônimos. No entanto, o mercado de influenciadores também enfrenta desafios. O crescimento das parcerias patrocinadas reduziu a autenticidade de alguns conteúdos, gerando quedas de engajamento. Ainda assim, existem casos inspiradores que demonstram a força da comunicação genuína.

Drew Barrymore, por exemplo, lançou uma linha de móveis e eletrodomésticos com design focado em funcionalidade e bem-estar. Um destaque foi a criação de uma "poltrona de um lugar e meio", projetada para casais que desejam estar mais próximos. A inovação não apenas atendeu a uma necessidade emocional dos consumidores, mas também se conectou profundamente com seu público por meio de histórias autênticas e relevantes. O sucesso de Barrymore demonstra como a comunicação direta e verdadeira pode criar identificação e fidelidade.

A Selfridges, tradicional loja de departamentos inglesa, também exemplifica uma abordagem inovadora com seu conceito Yellow Drop. Em vez de grandes lançamentos sazonais, a varejista opta por fragmentar suas coleções em pequenas narrativas semanais. Essa estratégia mantém o público engajado e reforça a proximidade, já que os consumidores precisam acompanhar regularmente as novidades para não perderem nada. O modelo de pílulas de conteúdo se adapta perfeitamente ao comportamento das novas gerações, que demandam novidades constantes e experiências dinâmicas.

Esses exemplos mostram que, no Varejo, os novos canais de comunicação não são apenas ferramentas, mas plataformas para construir relacionamentos mais próximos e impactantes. Seja aproveitando o poder dos influenciadores, explorando histórias autênticas ou adotando estratégias fragmentadas, o sucesso está em engajar o público de forma genuína, criando conexões que vão além da transação comercial.

11.7 Valorização do tempo e busca pela conveniência

Como já mencionado anteriormente neste livro, o tempo é um dos recursos mais preciosos para os consumidores modernos. Para irritar alguém, basta desperdiçar seus minutos. Em um mundo cada vez mais dinâmico, as pessoas querem interagir com marcas que respeitem suas necessidades de conveniência e suas expectativas de eficiência. É possível que um cliente esteja disposto a passar cinco horas em uma loja explorando produtos e avaliando opções. Porém, se for deixado quinze minutos em uma fila de caixa sem justificativa, a marca corre o risco de perder o cliente para sempre.

Quando falamos de compras, é essencial distinguir entre dois tipos principais de transação: a rápida e corriqueira, e a mais demorada e experimental. No primeiro caso, o cliente já sabe o que quer. Ele entra na loja com um objetivo claro, busca agilidade e espera resolver tudo de forma eficiente. No segundo caso, a compra é um processo de descoberta e avaliação. O consumidor quer explorar as alternativas, testar produtos e tomar uma decisão mais informada, mesmo que isso leve tempo. Ambos os casos têm em comum o desejo de evitar desperdícios de tempo, e cabe ao varejista estruturar suas operações para atender a essas duas demandas.

Para refletir:

A busca por conveniência continua **moldando** o Varejo. Serviços de entrega ultrarrápida e flexível, como o ***same-day delivery***, são cada vez mais valorizados, adaptando-se às agendas dos consumidores modernos.

Independentemente do tipo de compra — seja a transacional, rápida e objetiva, ou a experiencial, mais demorada e exploratória —, o cliente não tolera desperdício de tempo. Cabe ao varejista simplificar a jornada do consumidor, priorizando a conveniência em cada etapa do processo. Um exemplo claro dessa tendência é o modelo inovador implementado pela Zara em Dubai. A loja utiliza um sistema de etiquetas RFID que elimina a necessidade de operadores de caixa. Ao se aproximar com a sacola de compras de um leitor automatizado, o cliente tem seus itens registrados instantaneamente, com a lista de produtos e o valor total exibidos na tela. Se optar pelo pagamento com cartão, a transação é concluída em questão de segundos.

O que antes poderia levar cinco ou dez minutos agora é resolvido de forma quase imediata. Esse avanço só é possível graças a tecnologias que otimizam a logística e a experiência do cliente, atendendo a uma demanda crescente por agilidade e eficiência. Para o consumidor moderno, que valoriza seu tempo como um bem precioso, soluções como essa são mais do que diferenciais — são essenciais.

Outro *case* relevante é o da Decathlon no Brasil, que adotou um modelo de autoatendimento automatizado. Como muitos clientes da Decathlon já sabem exatamente o que desejam comprar, faz sentido que o tempo gasto na loja seja aproveitado conhecendo novos produtos no salão de vendas, e não enfrentando filas para pagamento. Essa abordagem evidencia como o Varejo pode oferecer conveniência para transações simples e, simultaneamente, criar espaços para experiências mais aprofundadas.

O grande desafio do Varejo é equilibrar conveniência e experiência no mesmo ponto de venda. Enquanto alguns clientes buscam transações rápidas e eficientes, outros desejam imersão e experimentação. As *flagship stores* são exemplos perfeitos de como alinhar esses dois objetivos. Elas combinam tecnologia de ponta, atendimento inovador e operações *pop-up*, oferecendo velocidade e conveniência sem comprometer a experiência do consumidor.

No final, o varejista que melhor souber estruturar sua operação para atender a essas duas modalidades simultaneamente — transacional e experimental — terá um diferencial competitivo. É sobre respeitar o tempo do cliente, entendendo suas necessidades de eficiência em um momento e suas expectativas de profundidade e conexão em outro. Esse equilíbrio é o que cria uma experiência de compra verdadeiramente memorável.

Em suma, quando enfocamos tendências de impacto no consumo, são esses os sete pontos principais que ditarão o comportamento dos clientes no Varejo no presente e no futuro:

- (1) derrubada dos muros intergeracionais;
- (2) marcas com propósitos ambientais;
- (3) consciência social e diversidade;
- (4) saúde e bem-estar como padrão comportamental;
- (5) novos níveis de personalização;
- (6) novos canais de comunicação e novos interlocutores;
- (7) valorização do tempo e busca pela conveniência.

No próximo capítulo, a ideia é tratar o Varejo por uma perspectiva regenerativa. Em vez de impactar o meio ambiente e a sociedade construindo soluções do zero, a proposta é aproveitar o que já existe e transformá-lo em novidade para os consumidores.

CAPÍTULO 12

VAREJO DE REGENERAÇÃO: SUSTENTABILIDADE SOCIOAMBIENTAL, VALORES COMUNITÁRIOS E ARQUITETURA DE REUSO

No capítulo anterior, discutimos algumas tendências de consumo que estão moldando o futuro do Varejo. Entre os comportamentos que mais impactarão o setor ao longo do século XXI estão a sustentabilidade ambiental e o compromisso social. Esses dois pilares são tão relevantes que merecem um capítulo próprio neste bloco Status cool. É nesse contexto que surge o conceito do Varejo de Regeneração. Mas o que exatamente significa esse termo e como ele transformará o dia a dia dos varejistas?

O Varejo de Regeneração representa uma visão mais sustentável do ponto de vista ambiental e mais solidária sob o ponto de vista social. Ele propõe um novo paradigma: construir mais, destruir menos. Em vez de simplesmente explorar, produzir do zero e descartar, como foi a norma durante décadas, os varejistas passam a reciclar, preservar, reaproveitar e produzir com base no que já existe.

Em um mundo que enfrenta crises climáticas severas, desigualdades sociais profundas e a limitação de recursos naturais, o modelo tradicional de atuação, que ignora as consequências futuras, tornou-se insustentável. O novo mantra do Varejo deve ser adaptar, remodelar, reutilizar, respeitar e incluir. Trata-se de uma transformação cultural e operacional que coloca a responsabilidade socioambiental no centro da dinâmica empresarial.

O Varejo de Regeneração redefine o papel do setor, atribuindo novos significados a espaços, materiais, produtos, serviços e pessoas. É uma abordagem mais íntegra, sistêmica e inteligente, que rompe completamente com as práticas convencionais do passado. Em essência, é um esforço de reconexão com o ambiente e com a sociedade.

Do ponto de vista ambiental, esse conceito promove o tratamento responsável e saudável do meio ambiente. Práticas como poluir ou degradar a natureza serão cada vez mais condenadas. O uso de animais como matéria-prima ou em testes de produtos medicinais e cosméticos será visto como inaceitável. Desperdiçar recursos e energia sem necessidade será considerado uma prática altamente prejudicial à coletividade.

Sob a perspectiva social, o Varejo de Regeneração destaca a importância de atender às necessidades dos colaboradores, assegurar condições dignas de trabalho para as equipes de fornecedores e cuidar do bem-estar das comunidades e consumidores que interagem com a marca. Modelos de negócios e cadeias produtivas que perpetuam danos sociais terão dificuldades de se sustentar, a menos que sejam reformulados de forma significativa.

O Varejo de Regeneração se apoia em dois pilares fundamentais: a sustentabilidade ambiental e a sustentabilidade social. Para conectar esses dois elementos de forma eficaz, algumas diretrizes precisam ser seguidas.

- **Consumo Colaborativo** – Encorajar práticas que promovam o compartilhamento e a reutilização.
- **Economia Circular e Logística Reversa** – Incorporar modelos que reduzam o desperdício e maximizem o reaproveitamento de materiais.
- **Integração à Comunidade** – Fortalecer laços com as comunidades locais, promovendo benefícios mútuos.
- **Zelo pelo Ecossistema Produtivo** – Estimular práticas responsáveis em todas as etapas da cadeia produtiva.
- **Arquitetura Sustentável** – Priorizar o uso consciente de recursos na concepção e construção de espaços físicos.

Nos próximos tópicos, exploraremos esses princípios com mais profundidade. Acredito firmemente em um formato de Varejo que tenha como propósito regenerar, inovar e impactar positivamente tanto o planeta quanto a sociedade.

12.1 Sociedade, Varejo e Consumo colaborativo

Quando analisamos a sociedade como um todo, percebemos que a regeneração social está intimamente interligada à regeneração ambiental. Essas duas dimensões da sustentabilidade são inseparáveis e encontram no Varejo uma expressão tangível. As lojas, que representam a face mais visível dessa cadeia, mantêm uma relação direta e intensa com os consumidores. No entanto, elas são apenas a ponta de um iceberg que engloba uma longa e complexa cadeia produtiva. Antes que um produto ou serviço chegue ao ponto de venda, inúmeros processos já ocorreram nos bastidores.

Os varejistas, especialmente aqueles que atendem a públicos amplos e que construíram marcas admiradas, possuem uma influência e credibilidade singulares no mercado. Justamente por essa posição de destaque, o Varejo frequentemente se torna o ponto de partida para importantes transformações sociais. Pressões por mudanças significativas tendem a emergir nesse setor e, a partir dele, se disseminam pelos diversos elos da cadeia de valor, afetando produtos e serviços em escala global.

Para refletir:

O Varejo ocupa uma posição estratégica como **intermediário** entre os **anseios da sociedade** e as **práticas da indústria.**

O Varejo atua como um elo crucial de conexão social. Quando os consumidores exigem práticas de consumo consciente, relações mais genuínas e ações de responsabilidade socioambiental, essas demandas recaem diretamente sobre os varejistas, que são pressionados a refletir esses valores em suas relações com a indústria.

Um movimento crescente de consumidores rejeita marcas que, mesmo apresentando design inovador e produtos desejáveis, estejam associadas a práticas inaceitáveis, como trabalho escravo ou semiescravo, exploração de mão de obra barata ou ações predatórias contra o meio ambiente. Essa intolerância se estende a toda a cadeia produtiva, mesmo quando as irregularidades ocorrem em países distantes ou envolvem etapas aparentemente menores do processo. A responsabilidade final invariavelmente recai sobre a empresa principal e sobre o varejista que comercializa os produtos. Escândalos desse tipo continuam a ganhar destaque na mídia, frequentemente abalando a reputação de marcas renomadas no Brasil e no exterior.

Da mesma forma, práticas ambientalmente predatórias, como exploração da fauna e da flora, são alvo de duras críticas. Produtos que, no passado, eram valorizados por conterem elementos naturais como peles, ossos ou cartilagens, hoje são amplamente condenados. Atos como poluir, devastar ou caçar não são apenas vistos como antiéticos, mas como antagonistas do modelo produtivo contemporâneo. Assim como acontece com erros sociais, falhas ambientais em qualquer ponto da cadeia produtiva acabam por se tornar responsabilidade do varejista e da marca principal.

Consumo colaborativo: força coletiva para o bem comum

O consumo colaborativo é um dos pilares centrais do Varejo de Regeneração, refletindo a união de esforços para promover o bem coletivo. Como mencionei anteriormente, o Varejo desempenha o papel crucial de intermediário nesse diálogo entre consumidores, empresas e fornecedores. No entanto, essa intermediação nem sempre é simples ou intuitiva. Uma comunicação robusta, clara e contínua é indispensável para construir a colaboração entre todas as partes envolvidas. Essa comunicação deve fluir em uma via de mão dupla: dos consumidores para os varejistas, indústrias e fornecedores, e no sentido inverso, das empresas para os consumidores.

Outro ponto essencial é que a regeneração socioambiental seja inclusiva e multigeracional. Causas que mobilizam toda a sociedade não podem ser limitadas a faixas etárias ou grupos específicos; elas precisam engajar e beneficiar a todos.

Quando tratamos de temas críticos para a sociedade, como o impacto ambiental das embalagens, as marcas precisam identificar produtos ou serviços que simbolizem o caminho para um futuro mais sustentável. Atualmente, muitos produtos ainda chegam ao consumidor em embalagens que representam um grande desafio ambiental. Por exemplo, um pãozinho da padaria pode vir embalado em uma sacola plástica, e salgados ou doces são frequentemente servidos em recipientes de isopor. Embora o consumo do alimento seja imediato, essas embalagens podem levar séculos para se decompor, devido à falta de reciclagem ou biodegradabilidade.

Diante disso, empresas precisam adotar materiais recicláveis e biodegradáveis com urgência e implementar políticas de logística reversa para as embalagens. Pequenas mudanças podem gerar impactos significativos na preservação ambiental, demonstrando que a sustentabilidade e a regeneração são alcançáveis, mesmo em cadeias produtivas complexas.

Um exemplo inspirador é a IKEA, que tem investido ativamente em soluções inovadoras para embalagens futuras. A empresa trabalha em parceria com startups globais para desenvolver alternativas mais sustentáveis. Como destacou Erik Olson, gerente de Embalagem e Identificação da IKEA:

"Uma embalagem também é uma transportadora de informações importantes e da marca IKEA. Se você compra on-line, o único ponto de encontro que você, como cliente, tem, é o IKEA.com e a caixa que chega à sua porta."

Outro caso exemplar vem da parceria entre a Amazon e a Procter & Gamble. Durante uma visita ao centro de distribuição da Amazon em Seattle, tive a oportunidade de conhecer o trabalho colaborativo entre marcas como Tide e Lego no desenvolvimento de embalagens mais sustentáveis. Um dos projetos mais impressionantes é a Eco-Box da Tide, uma embalagem redesenhada exclusivamente para pedidos online. O objetivo foi otimizar o transporte do produto sem a necessidade de reembalagem.

Os resultados foram notáveis: ao substituir as embalagens convencionais pela Eco-Box, essas marcas retiraram do ciclo de consumo 1.400 toneladas de plástico por ano. Para ilustrar o impacto, isso equivale a cobrir uma área de 5.000 campos de futebol com o plástico que deixou de ser descartado no ambiente.

Além do impacto ambiental, a Tide realiza ações de ativação para conscientizar o público sobre suas iniciativas de consumo colaborativo sustentável. Durante uma edição do SXSW, em Austin, Texas, tive a oportunidade de vivenciar uma dessas experiências. Foi um exemplo claro do compromisso da marca com a regeneração e com práticas de consumo mais responsáveis, mostrando que mudanças concretas podem impactar positivamente o planeta e a sociedade.

Foto: Vimer e divulgação da marca

Ativação em formato takeover da Tide durante o festival SXSW, realizado em Austin, Texas. No detalhe, a embalagem Tide feita com exclusividade para Amazon.

O Varejo possui uma oportunidade ímpar de se posicionar como um catalisador de transformação ambiental, promovendo conexões entre parceiros, sociedade e indústria, e assumindo um papel ativo na condução de mudanças positivas.

12.2 Economia circular

Quando falamos em Varejo regenerativo, é fundamental destacar que existem dois tipos de empresas: aquelas que já nasceram com essa mentalidade e aquelas que precisaram readequar suas operações para se alinharem à nova realidade. O objetivo de ambas é atender às expectativas do mercado contemporâneo por meio de produtos e serviços que promovam modelos de negócios sustentáveis.

Um exemplo notável é o Alibaba, gigante chinês do e-commerce, que criou o *Idle Fish*. Fundado em 2014, esse marketplace reúne atualmente mais de 300 milhões de usuários que buscam produtos de revenda. Em vez de comprarem itens diretamente dos fabricantes, os consumidores recorrem a artigos de segunda mão, reduzindo significativamente o impacto ambiental. Além disso, essa dinâmica inclui um importante componente social: a geração de renda para pessoas que, de outra forma, provavelmente descartariam esses produtos como lixo.

O sucesso do *Idle Fish* foi tão expressivo que, atualmente, ele se posiciona como o terceiro principal negócio do Alibaba, uma das maiores empresas do mundo. Em termos de faturamento, perde apenas para o *Tmall*[1] e o *Taobao*[2]. Em termos de lucratividade, *Idle Fish* é o negócio mais rentável do grupo chinês. Sua proposta foi simples, mas poderosa: conectar pessoas e facilitar negócios entre elas, incentivando a circulação de itens usados.

Essa tendência alcançou até o mercado de luxo, algo que, até pouco tempo atrás, parecia impensável. Com foco na sustentabilidade, a *Loewe*[3] , marca espanhola de moda de luxo, inaugurou sua primeira loja no mundo dedicada exclusivamente ao reparo de bolsas e sapatos usados de seus clientes. Localizada em Osaka, no Japão, a unidade se chama Loewe Recraft. Um artesão em tempo integral está disponível para consertar ou reformar qualquer peça de couro da marca. Com essa iniciativa, a Loewe reforça o conceito de que

1. Lançado em 2014, o Tmall é a plataforma de comércio eletrônico do Grupo Alibaba, especializada em operações internacionais no modelo Business-to-Consumer (B2C).

2. Lançado em 2003, o Taobao é a plataforma de compras online do Grupo Alibaba, líder no mercado chinês e uma das mais acessadas globalmente.

3. A Loewe é uma marca de moda de luxo especializada em artigos de couro. Fundada em 1846 e com sede em Madrid, a marca integra atualmente o portfólio da holding francesa LVMH.

seus produtos são tão bons e duráveis que os consumidores preferem preservá-los a se desfazer deles, além de comunicar de forma clara o posicionamento sustentável da empresa.

O sucesso foi tão grande que a Loewe agora disponibiliza artesãos que criam peças exclusivas reaproveitando couro excedente de coleções anteriores. A loja também oferece um espaço dedicado à personalização de itens da marca, permitindo que os clientes adicionem monogramas, tiras, pingentes ou tachas.

É inspirador pensar na utilização dessa matéria-prima excedente de altíssima qualidade para criar peças únicas e personalizadas, resultado de uma co-criação entre artesãos e clientes. O resultado? Produtos super exclusivos e com um toque especial de sustentabilidade.

Loja Loewe em Osaka com foco no artesanal e na economia circular.

Observe que a Loewe incorporou ao seu modelo de negócios práticas como reparo, reciclagem, manutenção e a criação de novos produtos a partir do reaproveitamento de materiais. Um destaque especial da loja em Osaka é que todas as peças são produzidas artesanalmente, o que adiciona um charme único ao *branding* da marca. As bolsas são feitas à mão, com o artesão atento às necessidades e desejos de cada cliente.

No capítulo anterior, exploramos exatamente esse ponto: a importância de elevar os níveis de personalização da oferta como um caminho eficaz para satisfazer e fidelizar o público consumidor.

Enquanto o *Idle Fish* já nasceu com a cultura do Varejo regenerativo em sua essência, a Loewe teve que redefinir sua operação para se alinhar à nova mentalidade de clientes e da sociedade.

12.3 Redefinindo a propriedade

No contexto do Varejo regenerativo, o aluguel de produtos vem ganhando destaque como um serviço cada vez mais relevante. Se há algumas décadas a locação se limitava a itens específicos, como residências, máquinas comerciais, veículos e fitas de filme, hoje as possibilidades se multiplicaram, abrangendo até mesmo artigos de uso cotidiano e de menor valor comercial. Para muitos, dependendo da frequência de uso, alugar é uma opção mais vantajosa do que comprar. Além de proporcionar economia financeira, essa prática é ecológica e melhora a qualidade de vida das famílias, já que evita o acúmulo de objetos que raramente são utilizados.

A crise climática e os excessos do consumismo têm levado as novas gerações a repensarem hábitos da sociedade capitalista. Para uma parcela crescente de consumidores, ter muitos produtos e estar constantemente em busca de novidades deixou de ser sinônimo de *status* e passou a ser visto como algo fora de moda.

Como consequência, esses consumidores tendem a comprar apenas o que realmente necessitam, e ainda assim, com grande parcimônia. Para que adquirir um carro, se existem várias soluções de transporte mais eficientes e econômicas? Por que comprar uma residência, se é possível morar de aluguel em qualquer cidade do mundo? Qual a vantagem de ter um guarda-roupa lotado, se a moda está em constante transformação?

Para refletir:

O Novo consumidor **valoriza mais as experiências** que envolvem o ato de consumir do que a propriedade em si.

Para esse público, o aluguel, o reuso e a economia circular se tornam alternativas preferenciais de consumo. Um exemplo emblemático desse movimento é o sucesso do

Loanhood, um aplicativo inglês que funciona de maneira similar ao Airbnb, mas voltado para intermediar produtos de moda. O negócio combina o ambiente digital, por meio de aplicativo e site, com eventos físicos em formato de popups acessíveis e dinâmicos, que engajam comunidades e inspiram a repensar a forma como produzimos, consumimos, e vivenciamos a moda.

Na plataforma digital, o Loanhood permite que os usuários encontrem produtos disponíveis por geolocalização, possibilitando a busca por itens dentro do próprio bairro e promovendo a interação entre vizinhos. Já nas ativações físicas, o aplicativo realiza eventos como o Swap Shop, que já teve como palco a famosa Selfridges, em Londres. Nesse formato, os usuários "compram" peças usadas oferecendo outras peças usadas como "pagamento" – uma reinterpretação moderna do escambo.

A economia do século XXI caminha cada vez mais em direção à circularidade, abandonando o modelo linear. Em vez de adquirir artigos novos, muitos consumidores estão priorizando itens de segunda mão como complemento ao consumo. Essa mudança comportamental representa uma ruptura significativa no modelo tradicional do mercado capitalista. Ao priorizar o uso consciente em detrimento da posse de bens, essa nova postura desafia as bases do Varejo, historicamente focado na venda de produtos novos.

Além disso, o Varejo deve se preparar para enfrentar um concorrente emergente: os próprios indivíduos como micro lojistas. Itens guardados no armário ou na garagem de casa podem ser facilmente alugados, revendidos ou trocados. Cada pessoa tem o potencial de se tornar um pequeno comerciante. Se os grandes *players* do mercado não se adaptarem rapidamente a essa realidade, poderão enfrentar sérios desafios no curto prazo, incluindo perda de relevância e competitividade.

12.4 Integração à comunidade

O Varejo de regeneração não pode ser dissociado de pessoas e comunidades. As marcas estão cada vez mais inseridas na sociedade, construindo redes de relacionamento que vão muito além da simples transação de produtos e serviços. Acredito profundamente que o crescimento comercial das empresas está diretamente relacionado às conexões criadas com as comunidades com as quais interagem. Esses ambientes demandam transparência, confiança e um nível de intimidade que abrange todos os elos do mercado.

Um exemplo emblemático desse movimento é a Patagonia, uma marca quase unânime quando o assunto é Varejo regenerativo. Focada em esportes e bem-estar, a Patagonia tomou uma decisão histórica: transformou o planeta Terra em seu único acionista. Após discussões amplas com sua comunidade, a empresa transferiu 100% de suas ações com direito a voto para o **Patagonia Purpose Trust**, que protege os valores da companhia, e 100% das ações sem direito a voto para o **Holdfast Collective**, uma organização sem fins lucrativos dedicada a combater a crise ambiental e proteger a natureza. Essas ações refletem a essência do que a Patagonia sempre defendeu.

Além dessa visão societária inovadora, a Patagonia utiliza suas lojas como espaços de voz e conexão, alinhadas ao pensamento do Varejo regenerativo. Um exemplo claro são as oficinas promovidas dentro das unidades, onde clientes aprendem a realizar pequenos reparos em roupas. Nessas oficinas, a marca ensina como costurar botões, ajustar barras de calças ou reparar rasgos, incentivando o reuso e a sustentabilidade. Os participantes trazem suas próprias peças para as aulas práticas, reforçando a conexão com a comunidade.

Mas a atuação da Patagonia vai além do conserto de roupas. As oficinas também incluem lições sobre manutenção de equipamentos esportivos, como bicicletas, pranchas de surfe e esquis, além de técnicas de sobrevivência na natureza. Certa vez, presenciei uma instrutora ensinando como utilizar cápsulas de Nespresso como solução temporária para embreagens de bicicletas em trilhas. Esse tipo de criatividade prática transforma a marca em uma parceira autêntica das aventuras dos clientes, fortalecendo laços que vão muito além da relação comercial.

Outro aspecto inovador da Patagonia é o incentivo ao retorno de produtos. A marca oferece uma comissão aos clientes que devolvem roupas ou acessórios que já não usam mais, para que sejam revendidos a novos consumidores. Essa prática cria um ciclo sustentável onde todos saem ganhando: o cliente original recebe parte do investimento de volta, o novo cliente adquire produtos de alta qualidade a preços menores, e a marca mantém sua relevância comercial sem causar impactos adicionais ao meio ambiente.

Outras marcas também estão seguindo por esse caminho. A Boots, rede europeia de farmácias, transforma suas lojas em espaços de encontro para a comunidade, onde são realizados debates e workshops sobre saúde, bem-estar e prevenção. Já a Nike desenvolveu o conceito de ***Community Stores***, lojas localizadas em pequenas e médias cidades próximas aos grandes centros. Nessas unidades, os colaboradores locais oferecem aulas e atividades esportivas em espaços exclusivos, como quadras poliesportivas, promovendo saúde e integração social.

No Brasil, a Dengo é um exemplo brilhante de Varejo regenerativo. A marca de chocolates construiu uma relação profunda com 200 famílias produtoras de cacau na Bahia. Além de oferecer suporte técnico gratuito, a Dengo paga até 245% acima do valor de mercado para cacau de alta qualidade, compartilhando lucros com os produtores. Esse modelo de negócio, que valoriza a comunidade e promove o desenvolvimento sustentável, transforma clientes em verdadeiros embaixadores da marca.

O Varejo regenerativo é mais do que uma estratégia comercial: é um compromisso com o impacto positivo nas pessoas, no planeta e nas comunidades. Quando bem executado, ele cria um ecossistema de negócios que inspira admiração, fidelidade e respeito, tornando as marcas protagonistas de uma transformação que beneficia a todos.

12.5 Arquitetura de reuso adaptativo

Ao falarmos de sustentabilidade socioambiental no Varejo, a arquitetura das lojas ocupa um lugar central nesse debate. Remodelar os espaços de compra tornou-se indispensável, considerando aspectos como funcionalidade, eficiência energética e acolhimento das pessoas.

No design, tenho explorado profundamente conceitos como biomimética e biofilia, que oferecem abordagens complementares para a arquitetura no Varejo. Mas o que significam esses termos? Ambos buscam inspiração na natureza: a biomimética reproduz soluções já testadas e eficazes observadas na fauna e na flora, enquanto a biofilia reforça a conexão inata dos seres humanos com o ambiente natural. Quando falamos de inteligência em design, não há exemplo mais completo e sofisticado do que a própria natureza.

Recentemente, durante uma visita a Singapura, deparei-me com construções que adotavam sistemas de resfriamento posicionados no chão, em vez do teto. À primeira vista, achei a ideia estranha. Afinal, por que não instalar os aparelhos de ar-condicionado no teto, como é comum em tantos lugares? Instigada, decidi investigar e descobri que a lógica era inteiramente baseada em princípios naturais: o ar quente sobe, enquanto o ar frio desce. Ao colocar os aparelhos próximos ao chão, o ar frio circula com maior eficiência, reduzindo o consumo de energia elétrica em impressionantes 30%. Esse exemplo demonstra como a natureza pode inspirar soluções mais inteligentes e sustentáveis para o design humano.

Tanto a biofilia quanto a biomimética têm o potencial de revolucionar a arquitetura, otimizando custos e promovendo o bem-estar das pessoas. O futuro das construções humanas deve seguir aprendendo com a perfeição e a sabedoria inerentes às estruturas naturais.

Repensando o Uso de Espaços Físicos

Ao ampliar o olhar para uma arquitetura de reuso adaptativo, surge uma questão crítica: o aproveitamento dos espaços físicos existentes. É comum que marcas, ao assumirem um novo imóvel, optem por demolir tudo e começar do zero, ignorando a possibilidade de reutilizar a estrutura já disponível. No entanto, com inteligência e disposição para avaliar o cenário, muitas vezes é possível adaptar o espaço anterior, economizando recursos e reduzindo significativamente os impactos ambientais.

A prática de demolir para reconstruir está sendo cada vez mais questionada. Designers internacionais têm adotado uma mentalidade regenerativa, priorizando a restauração de espaços degradados e criando projetos complementares às estruturas existentes. Em grandes feiras de design na Itália, por exemplo, observa-se uma preferência crescente por iniciativas que revitalizam espaços comunitários abandonados, em detrimento de novas construções efêmeras. Essas escolhas refletem um compromisso com a sustentabilidade e com o respeito à história dos locais.

Um Exemplo Inspirador

Durante uma viagem a Milão, visitei o showroom temporário de uma marca italiana chamada Gubb. Para a montagem desta ativação na cidade, a empresa escolheu se apropriar e restaurar uma piscina pública dos anos 1930, em vez de gastar milhares euros em uma estrutura moderna que seria usada por apenas uma semana.

Após o evento, a piscina foi devolvida à comunidade local, proporcionando um espaço renovado para os moradores. Esse projeto não apenas demonstrou consciência ambiental e social, como também ofereceu uma nova perspectiva sobre o uso inteligente dos recursos da marca e do planeta.Após o evento, a piscina foi devolvida à comunidade local completamente renovada, proporcionando aos moradores um espaço revitalizado e funcional. Esse projeto não apenas evidenciou uma consciência ambiental e social exemplar, como também apresentou uma nova perspectiva sobre o uso inteligente dos recursos da marca e do planeta. Uma iniciativa que alia impacto positivo e criatividade, deixando um legado duradouro para a sociedade.

O Varejo, cada vez mais, seguirá em direção à adoção da arquitetura de reuso em alguns de seus modelos, especialmente em lojas de maior porte e de rua. Muitas marcas já possuem oportunidades claras de melhorar suas práticas no curto prazo, adotando soluções mais sustentáveis e inclusivas. Transformar a sociedade e os negócios em direção a um mundo mais limpo, ecológico e responsável não será uma tarefa simples, mas é uma jornada que precisa começar imediatamente.

Icônica piscina Bagni Misteriosi, que serviu de palco para ativação da marca GUBB durante a Milan Design Week.

Com a crise climática pressionando governos, empresas e consumidores, o Varejo será desafiado a liderar essas mudanças. As demandas por uma abordagem mais consciente e regenerativa não apenas se intensificarão, mas se tornarão um imperativo para a sobrevivência e o sucesso no mercado do futuro.

No capítulo seguinte, vamos aprofundar a análise sobre a jornada do cliente. Como as marcas devem se comportar para oferecer experiências de consumo encantadoras e únicas? De que maneira moldar as operações futuras para atender às novas necessidades e desejos dos visitantes? Esses e outros temas serão abordados nas próximas páginas.

CAPÍTULO 13

JORNADA DO CLIENTE

Não é possível discutir as tendências do Varejo nem listar os principais elementos do Status cool sem abordar a jornada do cliente. Dentre as inúmeras transformações que a sociedade, o mercado e as práticas de consumo têm vivenciado – e continuarão a experimentar nos próximos anos – os novos comportamentos dos consumidores e as possibilidades ampliadas de experiência de compra são cruciais para o sucesso das empresas. Aqueles que não compreenderem a multiplicidade de interações com os clientes e não adaptarem suas formas de relacionamento certamente enfrentarão sérias dificuldades para se manterem competitivos.

Neste capítulo, exploraremos a jornada do cliente sob a ótica do estado da arte – como ela deve ser concebida para atender às demandas do futuro. Nos capítulos dos blocos I e II, já discutimos amplamente diversos aspectos da relação com os consumidores. Abordamos as práticas essenciais para a sobrevivência do Varejo, assim como identificamos aquelas que, embora enraizadas, já não fazem sentido no presente ou que perderão relevância em breve. Agora, é o momento de avançar: o foco está no futuro, nas soluções e nas principais tendências que moldarão a experiência do cliente.

O objetivo aqui é demonstrar como o redesenho estratégico da jornada do cliente pode ser uma ferramenta indispensável para os negócios. Mais do que isso, ele deve ser encarado como um pilar para a satisfação dos consumidores e um motor para alavancar tanto o faturamento quanto a lucratividade das empresas.

Com o conhecimento acumulado até este ponto do livro, estamos prontos para explorar as possibilidades de reimaginar essa jornada, oferecendo uma visão clara e prática sobre como o Varejo pode transformar a experiência de compra em uma vantagem competitiva, plenamente alinhada às expectativas dos consumidores modernos. É hora de olhar para frente e moldar o futuro.

13.1 Do Funil de Vendas ao Labirinto da Compra

Para compreender o conceito de jornada do cliente, é essencial primeiro entender a evolução do processo de compra. Historicamente, o Varejo visualizava a transação como algo simples e linear, baseado no modelo clássico do funil de vendas. Nesse modelo, o processo de compra era dividido em etapas claras e progressivas: atração, engajamento, conversão e retenção. A lógica era que, ao atrair o cliente e conduzi-lo por essas fases, a venda seria concretizada com sucesso.

No funil de vendas, a atração representava o início da relação com o cliente. O varejista lançava campanhas promocionais, descontos de estreia ou ações de comunicação para despertar o interesse do consumidor. A ideia era chamar a atenção e gerar desejabilidade. Em seguida, vinha o engajamento, etapa em que o relacionamento era aprofundado. Aqui, a interação com o consumidor – seja no digital ou no físico – tornava-se mais intensa, por meio de perguntas, testes de produtos e experiências com a marca. Esse era o momento de construir confiança e estabelecer diálogo.

A conversão, terceira etapa, marcava a conclusão da venda. Todo o esforço de atração e engajamento culminava na decisão do cliente de efetuar a compra, uma fase crucial que demandava credibilidade e entrega de valor. Por fim, o funil previa a retenção, com foco em garantir a satisfação e promover a fidelidade, incentivando recompras frequentes por meio de contato contínuo e experiências positivas.

Embora esse modelo tenha sido predominante por décadas, ele já não reflete a realidade contemporânea. A jornada de compra tornou-se caótica, não-linear e imprevisível. O consumidor pode iniciar o processo em um canal, migrar para outro, retornar ao início, acelerar ou desacelerar a decisão, e concluir a compra em um ponto inesperado. O funil de vendas, com sua linearidade, já não traduz a complexidade dessa experiência.

Hoje, é mais apropriado comparar a jornada do cliente a um labirinto. O consumidor pode entrar por uma porta, explorar um caminho, retornar, tentar outra direção, e seguir por um trajeto único e imprevisível. Cada comprador cria sua própria dinâmica; não há mais um "passo a passo" fixo ou universal.

Essa mudança de paradigma é evidente tanto no ambiente digital quanto no físico. No digital, a migração entre plataformas é comum: o cliente vê um anúncio no Instagram, inicia uma conversa por mensagem, visita o site para mais detalhes e, eventualmente, decide ir à loja física. Se a marca não estiver preparada para acompanhar essas transições, a venda pode ser perdida.

No ambiente físico, as práticas tradicionais de Merchandising também estão sendo desafiadas. Antigamente, acreditava-se que a experiência de compra começava pela vitrine e seguia um fluxo previsível dentro da loja: o cliente entrava, era atraído pelos displays iniciais e caminhava pelo salão de vendas. Hoje, isso soa ultrapassado. Muitos consumidores ignoram completamente a vitrine – seja porque estão distraídos olhando o celular, seja porque já chegam na loja sabendo exatamente o que desejam.

Além disso, a jornada pode começar fora do ambiente da loja, em um lugar inesperado, como um ponto de ônibus. O cliente vê uma peça de roupa em uma propaganda no mobiliário urbano, passa a seguir a marca nas redes sociais, explora o portfólio online e só depois decide visitar a unidade física. Esse trajeto, que combina o tradicional e o digital, exemplifica a **complexidade** e **fluidez** da jornada moderna.

> "Não é mais uma jornada do cliente, é uma **rave do cliente**. Os varejistas precisam estar totalmente presentes **onde, quando e como seus clientes escolherem se relacionar."**
>
> Greg Merrill, Chefe Global de Transformação Digital da Nike

A experiência de compra labiríntica representa uma nova forma de jornada, que se transformou em uma verdadeira "rave", exigindo que as marcas conectem perfeitamente os mundos online e offline. Não é mais possível prever com precisão onde começa a jornada de compra ou quais passos o cliente seguirá. Por isso, é crucial que todos os pontos de contato – redes sociais, site, loja física, atendimento remoto, entre outros – estejam integrados para oferecer uma experiência fluida, consistente e encantadora.

Por exemplo, um consumidor pode iniciar sua interação com a marca navegando pelo Instagram, mas optar pela conversão em uma loja física, após um atendimento presencial que o impactou positivamente. Ou o contrário: a experiência pode começar na loja e terminar online, com o produto sendo entregue diretamente em sua casa. Nesse cenário, marcas que insistem em estratégias rígidas e lineares, baseadas na fórmula atração-engajamento-conversão-retenção, correm um grande risco de fracassar, pois não atendem à complexidade e imprevisibilidade do comportamento contemporâneo dos consumidores.

O Desafio de Traçar o Novo Caminho

Diante da complexidade da jornada de compra, os varejistas precisam abandonar a ideia de que existe um único trajeto ideal para todos os consumidores. O foco deve estar na criação de múltiplos pontos de interação, todos conectados e adaptáveis às diferentes dinâmicas de cada cliente. Mais do que nunca, é fundamental investir na integração dos canais e no entendimento profundo do comportamento do consumidor.

O desafio vai além de atrair ou engajar o público; está em acompanhar, de forma inteligente e fluida, a navegação única e imprevisível de cada comprador pelo labirinto da compra. As marcas que conseguirem interpretar essa jornada com sensibilidade e adaptabilidade estarão muito mais preparadas para prosperar e se destacar no cenário contemporâneo do Varejo.

13.2 Diagnóstico da Jornada

Discutir a jornada do cliente começa, inevitavelmente, com um diagnóstico. Como é possível preparar interações estratégicas e eficazes sem compreender profundamente os hábitos, comportamentos, interesses e particularidades dos consumidores? Isso seria impraticável.

Esse diagnóstico requer observação cuidadosa e análise detalhada de dados, sendo um elemento crucial para o sucesso no Varejo. Para abordá-lo de forma abrangente e estratégica, compartilho uma ferramenta que desenvolvi e aperfeiçoo constantemente: a **Matriz de Pontos de Contato com os Clientes**. Essa matriz tem sido uma base sólida para minhas análises e se mostrou eficaz ao longo dos anos.

A matriz é estruturada em dois eixos principais:

- **Eixo X:** separa as interações que ocorrem dentro da loja daquelas que acontecem fora dela.

- **Eixo Y:** distingue o mundo online do offline.

Esses eixos criam quatro quadrantes que mapeiam os diferentes tipos de contato entre marcas e consumidores, oferecendo uma visão clara e organizada das múltiplas possibilidades de interação.

Matriz de Pontos de Contato com os Clientes

As linhas que estruturam a matriz são: interior da loja versus exterior da loja (eixo X) e mundo online versus mundo offline (eixo Y). Esses eixos delimitam os quatro principais tipos de interação entre as marcas e os consumidores:

- **1. Quadrante 1 (Loja/Offline):** A experiência de marca dentro da loja física.
- **2. Quadrante 2 (Fora da Loja/Offline):** Interações com a marca no mundo físico, porém fora da loja.

- **3. Quadrante 3 (Loja/Online):** A experiência de marca digitalmente, em canais proprietários.

- **4. Quadrante 4 (Fora da Loja/Online):** Interações com a marca no mundo digital, em canais não proprietários.

No **Quadrante 1** (superior esquerdo), temos a exploração do universo físico da marca: a loja. Nesse contexto, é crucial avaliar não apenas as vendas, mas também a sensorialidade e a interatividade. O que o consumidor sente ao visitar nossas unidades? Qual é o impacto da nossa marca? O que o público visitante busca, e como ocorrem os diferentes pontos de contato? Como é a proposta de experimentação? Qual é a qualidade dos serviços prestados? Como o ambiente da loja e o Merchandising são percebidos? Quanto tempo um cliente permanece na loja? O propósito da marca está claro para ele? Quais métricas além da taxa de conversão e da venda por metro quadrado estão sendo utilizadas para mensuração?

No **Quadrante 3** (inferior esquerdo), ainda estamos em canais próprios da marca, mas agora sob a perspectiva do universo online. Aqui, analisamos o impacto, a navegabilidade e a experiência oferecida pelo e-commerce, redes sociais, aplicativos, WhatsApp, entre outros. Existem promoções segmentadas no e-commerce? Quais palavras-chave são mais buscadas em cada segmento do portfólio? A política de preços muda de acordo com a plataforma? Qual é a estratégia de anúncios adotada em cada canal? Como estão os indicadores de desempenho, como a taxa de engajamento e a duração das sessões?

No **Quadrante 4** (inferior direito), o cliente permanece no universo online, mas interage com a marca através de canais que não são proprietários. Ele pode estar assistindo ao seu programa preferido no YouTube, vendo um review de um influenciador no TikTok, lendo uma newsletter no e-mail ou acompanhando uma live de uma celebridade. A interação acontece exclusivamente por estímulos virtuais. Nesse cenário, quais influenciadores engajam mais o público? Quais são as estratégias adotadas nas redes sociais? Como está o desempenho de métricas como CTR (taxa de cliques) em e-mails, conversão de leads e CPL (custo por lead gerado)? Vale ressaltar que o Quadrante 4 gera um grande volume de dados, permitindo testes e análises mais precisas para orientar ações futuras.

Por fim, o **Quadrante 2** (superior direito) abrange as interações no mundo físico, mas fora da loja. Nessa condição, como a marca está presente na mente do consumidor e como pode influenciar suas decisões no ambiente offline? As alternativas incluem rádio, mídia impressa, mala direta, venda direta, mobiliário urbano e catálogos enviados aos clientes, entre outras. Assim como no quadrante anterior, é fundamental mensurar a eficácia dessas ferramentas offline. Por exemplo, ao realizar um anúncio em mídia impressa, como ele será avaliado? Quem está sendo alcançado? Qual é o impacto comercial? As pessoas estão respondendo à campanha? Para facilitar essa mensuração, muitas marcas têm utilizado QR Codes, que direcionam o público aos canais digitais e permitem capturar dados diretamente.

Ao analisar amplamente a jornada de compra, as marcas podem criar experiências mais assertivas e personalizadas, com um olhar empático voltado às necessidades das comunidades que atendem.

> "As táticas de personalização passarão de puramente **transacionais** para entregas **profundamente empáticas!"**
>
> Mastercard Retail Trends Report 2024

Acredito profundamente nisso. As empresas começarão a enxergar seus clientes de maneira renovada: mais humana, compreensiva e individualizada. Em vez de oferecer personalizações superficiais de produtos, elas passarão a permitir customizações complexas de toda a oferta de valor.

Na primeira edição da NRF na Ásia, realizada em 2024, em Singapura, assisti a uma palestra inspiradora de Christopher Thomas Moore, Chief Digital Officer (CDO) e um dos principais líderes globais da Domino's Pizza[1]. Ele compartilhou um exemplo marcante de como a personalização e a reformulação da jornada de compra podem revolucionar a experiência do cliente: o serviço Pinpoint Delivery.

1. A Domino's Pizza, a maior rede de pizzarias do mundo, registra um faturamento global de aproximadamente US$ 18 bilhões e opera mais de 20 mil lojas em todos os continentes. Presente em quase 100 países, a empresa norte-americana conta com uma força de trabalho superior a 400 mil colaboradores.

Essa inovação oferece aos consumidores uma opção de entrega fora do convencional. Em vez de receber a pizza em um endereço fixo, como em casa ou no escritório, o pedido pode ser entregue em qualquer local escolhido pelo cliente – até mesmo no meio da rua. Para viabilizar essa ideia, a Domino's incorporou ao seu aplicativo uma funcionalidade que permite ao cliente posicionar um PIN no mapa, indicando exatamente onde deseja receber o pedido. Embora o desafio tecnológico não fosse complexo, já que ferramentas como Google Maps, Waze e Uber utilizam tecnologias semelhantes, o maior obstáculo foi superar barreiras de mentalidade dentro da própria organização.

Para promover o novo serviço, a Domino's lançou uma campanha publicitária ousada e divertida, com um tom futurista. Os anúncios mostravam entregadores voando pelo céu e aterrissando em locais inusitados, como parques, beiras de estrada, campos de futebol, praias e festivais de música, para entregar pizzas diretamente aos clientes. Com essa iniciativa, a empresa não apenas redesenhou sua operação logística, mas também criou uma conexão emocional mais profunda com seus consumidores, oferecendo uma solução prática e personalizada para atender às suas necessidades individuais.

Essa personalização foi muito mais do que superficial. Não se limitou a incluir o nome do cliente na caixa ou a adaptar o design da embalagem a ocasiões sazonais. Foi uma transformação significativa e estrutural, que alterou profundamente a jornada do cliente.

Outro exemplo brilhante da Domino's Pizza demonstra a empatia da empresa em compreender as dinâmicas do dia a dia de seus consumidores. Em vez de simplesmente oferecer promoções em dias de menor movimento, como segundas e terças-feiras, na tradicional fórmula "compre um e leve dois", a marca decidiu abordar a oferta de maneira mais alinhada ao comportamento de seus clientes. Pesquisas revelaram que os consumidores frequentemente veem a pizza como uma solução emergencial – o prato ideal para situações inesperadas, como uma receita que deu errado ou visitas-surpresa em casa.

Com base nessa percepção, a Domino's lançou uma promoção em que, ao comprar uma pizza, o cliente ganhava outra para guardar e usar em momentos de emergência. A comunicação da campanha foi criativa e bem-humorada, retratando situações do cotidiano em que o cupom da segunda pizza era a solução perfeita. A mensagem era clara: a Domino's está ao lado da família para resolver imprevistos.

Embora o brinde – uma segunda pizza – fosse o mesmo que em outras promoções, a forma como foi comunicado e posicionado fez toda a diferença. A sensação de proximidade e conexão foi amplificada, consolidando a Domino's como uma parceira confiável e empática para as famílias.

Esses exemplos de inovação e personalização só foram possíveis porque a empresa mergulhou profundamente nas necessidades, dores e hábitos de seus consumidores. Para isso, investiu em pesquisas de mercado, analisou a jornada de compra, testou novas ideias, ajustou processos internos, desenvolveu tecnologias e criou promoções que ressoavam diretamente com as realidades do dia a dia de seus clientes.

É evidente que a tecnologia desempenha um papel fundamental ao possibilitar níveis elevados de personalização. No entanto, a verdadeira inovação nasce da vontade da equipe em superar expectativas, surpreender e encantar os consumidores. Esse esforço exige, frequentemente, romper com paradigmas tradicionais e desafiar velhas fórmulas de trabalho. Com suas iniciativas criativas e ousadas, a Domino's Pizza se destaca como um exemplo notável de como a personalização, aliada à empatia e à inovação, pode elevar a experiência do cliente a um novo patamar.

13.3 Redesenho da jornada do Varejo Físico

Olhando especificamente para a jornada no ambiente digital, conseguimos mapear instantaneamente o caminho percorrido por cada pessoa através da tecnologia, mesmo que ela não realize uma compra. Isso representa uma verdadeira revolução no Marketing. Infelizmente, essa prática ainda não ocorre no Varejo físico. Se o cliente não se dirigir ao caixa ou não se identificar, possivelmente não saberemos quem ele é. Dessa forma, as marcas têm diversos consumidores circulando em suas lojas, pesquisando, interagindo, provando e experimentando, mas sem conhecer nada ou quase nada sobre eles.

Essa é a realidade atual do Varejo. Com raras exceções, o consumidor só passa a "existir" para as empresas a partir do momento em que decide realizar uma compra. Nesse instante, a tecnologia entra em ação. Contudo, é importante reconhecer que essa é uma atuação tardia, pois muitas interações já ocorreram e não foram registradas.

Observe que a tecnologia aparece apenas no final da experiência de compra (back), e não no início (front), uma inversão do que acontece no Varejo digital. Dessa forma, o processo inicial não conta com ferramentas que permitam identificar quem é o cliente, de onde ele veio, quantas vezes já interagiu com a marca, o que busca e quais são seus interesses e preferências. Trabalhar assim é como caminhar no escuro.

Quando pensamos na jornada futura, é inconcebível que uma marca se conecte com o cliente apenas no momento da compra, sem conhecer quase nada sobre ele até a finalização da transação. Toda a jornada contém informações valiosas que não podem ser ignoradas. Como corrigir falhas nas etapas anteriores do processo de compra se não conseguimos visualizar a reação do público? Existem casos em que os consumidores ficam "perdidos" por mais de uma hora dentro da loja, sem que ninguém da marca esteja capacitado para redesenhar essa experiência.

É fundamental evitar que o cliente chegue ao caixa sem que a marca saiba quem ele é, quais são seus gostos, quanto já consumiu e quais são suas intenções futuras. Cada vez mais, será necessário investir na capacitação da equipe de vendas. Em muitos casos, a equipe que está na linha de frente é a principal interlocutora da marca. Esses profissionais podem transformar um atendimento desconectado em uma interação realmente integrada a uma base de dados. Para isso, é essencial incluir o vendedor em todas as etapas da jornada do cliente, fornecendo-lhe tecnologias que permitam um atendimento mais eficiente.

Para quem acha que esse cenário é impossível, vale lembrar que essa já foi a realidade do Varejo físico algumas décadas atrás. Em meados do século XX, o cliente de uma mercearia de bairro era saudado pelo nome assim que entrava na loja. O dono conhecia seus hábitos, sabia o que gostava e o que estava procurando. O registro das compras era feito à mão em cadernos. O Varejo digital resgatou essa experiência por meio da tecnologia, e agora cabe ao Varejo físico seguir o exemplo.

Em vez de depender da memória do dono da mercearia e de anotações manuais, o vendedor do futuro terá na palma da mão informações detalhadas sobre cada consumidor. Assim, poderá moldar o atendimento de forma personalizada. Conhecendo o indivíduo à sua frente, seus hábitos de consumo e necessidades, a equipe de vendas será capaz de oferecer produtos e serviços específicos para cada caso.

Até mesmo nesse aspecto, a tecnologia desempenhará um papel essencial. Algumas marcas possuem centenas ou milhares de SKUs (*stock keeping units*). Com tantas opções no portfólio, é impossível que o vendedor (ou qualquer pessoa) memorize todos os itens disponíveis. A Inteligência Artificial (IA) pode ser uma aliada, indicando o mix mais adequado para cada público ou cliente específico. Com esse suporte, a equipe de vendas será mais assertiva em suas recomendações e na resolução de dúvidas.

É importante destacar que não se trata apenas do desenvolvimento tecnológico. O redesenho da jornada exige que o time comercial assuma um papel mais protagonista. Os vendedores devem ser empoderados e treinados para atuar em todas as etapas do processo de venda: interação inicial, reconhecimento do perfil, escuta ativa, avaliação das necessidades, proposta consultiva, oferta de soluções personalizadas, manejo de objeções, retirada de dúvidas, fechamento da venda e pós-venda.

A marca de calçados Di Santinni[2] adota uma abordagem diferenciada no mercado varejista brasileiro. Inicialmente, identificaram que os vendedores levavam, em média, entre sete e oito minutos desde o início do atendimento até a entrega dos primeiros pares de calçados para experimentação. A maior parte desse tempo era consumida na busca pelos itens no estoque, localizado dentro da loja. Como consequência, o cliente ficava esperando sozinho, o que prejudicava a experiência de compra.

Ao identificar essa falha, a Di Santinni reformulou seus processos. Agora, os vendedores permanecem o tempo todo no salão de vendas, interagindo com os clientes, enquanto uma equipe dedicada no estoque é responsável por buscar os itens solicitados, registrados automaticamente no sistema pelo time comercial. Essa mudança não apenas elevou a qualidade do atendimento, mas também trouxe agilidade ao processo. Com a nova dinâmica, o tempo entre o início do atendimento e a entrega dos primeiros pares caiu para aproximadamente um minuto e meio a dois minutos.

O ganho de produtividade foi expressivo, especialmente considerando que a compra de calçados normalmente envolve várias idas e vindas ao estoque para ajustar tamanhos e modelos. Além disso, a interação mais próxima com os consumidores permitiu aos vendedores estreitar relacionamentos e compreender melhor as necessidades dos clientes. Para o público, o impacto mais evidente foi na satisfação com o atendimento. Ninguém

2. Inaugurada em 1980 como uma fábrica de calçados, a Di Santinni ingressou no Varejo em 1986, com a abertura de sua primeira loja no Rio de Janeiro. Atualmente, a empresa possui mais de 100 lojas, conta com cerca de 4,5 mil colaboradores e atende aproximadamente 4,3 milhões de clientes por mês, tanto em suas unidades físicas quanto no ambiente digital.

gosta de esperar sem necessidade, e o esforço da empresa em otimizar a experiência de compra foi muito valorizado.

Os resultados dessa reestruturação foram claros: as receitas aumentaram significativamente. Com o novo sistema de atendimento, as vendas de produtos adicionais nas lojas Di Santinni cresceram 39%. Durante as conversas com os consumidores, os vendedores conseguiam identificar necessidades adicionais e oferecer itens complementares aos calçados. Além disso, sabendo que o processo de prova seria rápido, os clientes se sentiam mais à vontade para solicitar novos pares e explorar mais opções.

Essa abordagem evidencia a importância de analisar e aprimorar a jornada do cliente. A Di Santinni mostrou como detectar lacunas no atendimento e solucioná-las de forma eficaz. O Varejo físico oferece inúmeras oportunidades de melhoria que, quando implementadas, podem gerar grandes benefícios tanto para as empresas quanto para os consumidores. No entanto, alcançar esses resultados exige disposição, visão estratégica e inteligência de dados.

Frequentemente, a diferença entre uma empresa lucrativa e em crescimento e outra em declínio não está na capacidade de atrair público para a loja, mas no que ela faz com os clientes durante sua permanência no ponto de venda. Para tornar a jornada dentro da loja ainda mais completa, é essencial integrar o relacionamento com o público, conectando as interações no ambiente físico com as experiências online e offline. Além disso, é muito importante avaliar detalhadamente o rico ambiente físico da loja, mesmo nas interações da marca que não envolvem diretamente os vendedores. Nesse sentido, alguns aspectos merecem atenção especial:

1. A visão externa da loja

Por mais que o cotidiano do varejista esteja concentrado dentro do ponto de venda, é fundamental adotar a perspectiva de quem observa a loja do lado de fora, seja da rua ou do corredor do shopping. Como o consumidor enxerga a marca? Qual impacto a fachada gera? E se a logomarca fosse removida, o público ainda conseguiria identificar a empresa e o que ela oferece? Essas perguntas são essenciais para avaliar se a identidade visual está bem definida e se a loja consegue atrair a atenção desejada. É nesse contexto, por exemplo, que a análise do impacto das vitrines se torna crucial.

2. A experiência dentro da loja

Quando o consumidor entra no ponto de venda, ele começa a vivenciar a experiência de compra de maneira mais profunda. Nesse momento, diversos aspectos passam a ser avaliados: a qualidade dos produtos, o atendimento, a clareza na oferta de serviços, a percepção de preço e a imagem da marca. O "miolo" da loja, ou seja, o espaço central do salão de vendas, geralmente é o local mais interativo e relacional. É ali que a verdadeira magia da experiência de compra acontece. Por isso, é fundamental analisar como os clientes interagem com os produtos nessa área.

3. A busca por um item específico

Outra etapa relevante ocorre quando o consumidor entra na loja em busca de algo específico. Ele consegue encontrar o que deseja com facilidade ou enfrenta dificuldades? Após localizar o produto, demonstra interesse em outros itens ou encerra a compra rapidamente? E como funciona o processo de persuasão para que ele considere adquirir produtos adicionais? Compreender essas dinâmicas é essencial para aprimorar a experiência de compra e aumentar o ticket médio.

4. O portfólio de produtos

Nenhum diagnóstico da jornada do cliente está completo sem uma análise detalhada do portfólio. A variedade e a profundidade do mix de produtos são suficientes para atender às necessidades do público? A qualidade percebida corresponde às expectativas? O espaço da loja estimula os sentidos e enriquece a experiência de compra? E quanto ao estoque, ele é consistente ou apresenta falhas recorrentes? Um portfólio bem estruturado é fundamental para garantir uma jornada satisfatória e fortalecer a relação do cliente com a marca.

Ao observar esses aspectos com atenção e utilizar as informações obtidas para ajustar as estratégias, os varejistas estabelecem uma base sólida para otimizar suas operações e criar experiências mais envolventes e eficazes.

Acredito que a loja física é o coração da jornada de consumo atual. Por isso, seu diagnóstico é essencial para transformar uma simples ida às compras em uma vantagem competitiva no mercado.

Com base nas informações coletadas no diagnóstico, a empresa deve desenvolver um Plano de Ação que resolva problemas imediatos e redefina os principais micromomentos de interação com os clientes. É crucial determinar quais pontos de contato online são levados para a operação física e quais pontos de contato presenciais influenciam a dinâmica digital.

No próximo capítulo, vamos explorar um tema intimamente ligado à jornada do cliente: o Merchandising. Quais técnicas de organização, arrumação e exibição de produtos no ponto de venda os varejistas estão usando para impactar positivamente a experiência de compra? Quais tendências podemos esperar para os próximos anos? Esse é um tema complexo e riquíssimo, que merece um capítulo exclusivo.

CAPÍTULO 14

VISUAL MERCHANDISING

Discutir a Jornada do Cliente, como acabamos de fazer, é o ponto de partida ideal para introduzir o tema deste novo capítulo: o Visual Merchandising (VM). Muitos não sabem, mas minha empresa, a Vimer Retail Experience, foi fundada há 19 anos com o objetivo de promover a excelência em Visual Merchandising no mercado. O VM está na minha essência, nos meus sonhos e no meu cotidiano. Sempre acreditei no poder do VM para potencializar a experiência do consumidor e aumentar a atratividade da oferta de valor de uma marca. Para mim, as lojas devem ser cuidadosamente projetadas para transmitir sensações, despertar sonhos, refletir o estilo de vida dos clientes e comunicar de forma clara a missão, os valores e a proposta de valor da marca. O objetivo final é levar os visitantes à ação — geralmente, a compra. E o VM é uma das ferramentas mais poderosas que os varejistas têm à disposição para influenciar esse *call to action*.

Como este capítulo faz parte do bloco que denominei Status cool, vamos explorar o tema sob a ótica das tendências de mercado e do benchmarking. Afinal: quais são os elementos mais relevantes do Visual Merchandising que o Varejo contemporâneo está utilizando? Quais as evoluções e expectativas para essa área nos próximos anos? O que empresas que almejam liderar o setor precisam fazer no visual de suas lojas para impactar positivamente os consumidores e garantir êxito comercial? Como inovar na ambientação, no design e na arquitetura do Varejo físico?

Essas são questões que o VM aborda e que iremos explorar nas próximas páginas deste capítulo.

14.1 Essência do VM: criando conexões visuais

O Visual Merchandising (VM) reflete a essência de uma marca. Por meio da organização, dinâmica, estrutura, atendimento, estilo, funcionalidade e atmosfera da loja, o visitante consegue perceber a proposta da empresa. O espaço físico comunica múltiplas informações aos consumidores, muitas delas de forma não verbal. É um processo semelhante ao que ocorre na nossa vida pessoal: ao conhecer a casa de alguém, podemos inferir muito sobre sua personalidade, gostos, hábitos e hobbies, mesmo sem qualquer explicação verbal. É natural que valores, tanto de indivíduos quanto de organizações, sejam transmitidos por seus ambientes.

Infelizmente, no Brasil, ainda existe uma visão limitada sobre o VM. Muitos empresários e executivos o veem como uma ferramenta meramente tática, relacionada à arrumação da loja, em vez de reconhecerem seu papel estratégico no negócio. De forma clara: Visual Merchandising não é sinônimo de organização do ponto de venda!

O VM abrange muito mais do que vitrines bem montadas ou salões de vendas organizados. Ele envolve a análise da inteligência de exposição dos equipamentos, a distribuição do portfólio no ponto de venda, a comunicação interna, a apresentação de preços, a dinâmica da visita, a ambientação, o atendimento e as histórias narradas pela marca. Em essência, o VM é responsável por materializar a proposta de valor da marca através do design e do impacto visual no Varejo físico, influenciando os clientes de maneira estratégica e assertiva.

Nos últimos anos, com o aumento da competitividade no Varejo brasileiro e a acelerada profissionalização das empresas, o VM ganhou um protagonismo inédito. Como discutido nos capítulos anteriores, os novos padrões de consumo (Capítulo 13), a cultura regenerativa (Capítulo 14) e as novas possibilidades da jornada do cliente (Capítulo 15) só podem ser plenamente explorados com um olhar mais profundo para o design e o dinamismo do ponto de venda.

Costumo dizer que o VM, como o próprio nome indica, é a soma de dois elementos: o Visual, que abrange os aspectos estéticos e sensoriais, e o Merchandising, que se refere à tangibilização dos produtos e serviços. Dessa união, nasce o processo de compra no Varejo. Sem atratividade visual e sem a oferta clara de produtos e serviços, não há transação comercial.

Empresas competentes iniciam o planejamento do Merchandising no momento do desenvolvimento e aquisição de produtos, com foco no impacto que esses itens terão sobre o público. Após definido o portfólio, é essencial tangibilizar sua apresentação nas lojas. Em outras palavras, a sequência lógica do VM é: primeiro o Merchandising e depois o Visual. Contudo, na prática, muitas companhias brasileiras fazem o contrário, tentando compensar falhas no portfólio com uma boa apresentação no ponto de venda, acreditando, erroneamente, que o VM pode corrigir erros estruturais.

Voltando à história do Varejo, a Revolução Industrial inaugurou uma era de consumo em massa, mas nas últimas décadas as pessoas passaram a consumir guiadas por estilos de vida e identidades culturais – reais ou almejadas. Nesse contexto, o VM se tornou a principal ferramenta para construir e expressar esses elementos nos pontos de venda.

Um exemplo clássico de referência em VM é a Selfridges, a famosa loja de departamento inglesa. Seu fundador, Harry Gordon Selfridge, enxergava o Varejo como um palco, onde os produtos eram os protagonistas e os clientes, a plateia. A Selfridges foi pioneira ao moldar suas lojas com base em diferentes lifestyles e ao contar histórias por meio do VM. Essas ideias, que hoje parecem inovadoras, foram implementadas na primeira metade do século XX, provando o quanto Harry Gordon Selfridge foi visionário.

Para evitar confusões conceituais, gosto de usar o termo Experience Merchandising (EM) para descrever o trabalho que realizo com meus clientes na Vimer. Esse termo destaca a importância de criar experiências impactantes para os consumidores, mobilizar outras áreas do negócio e adotar uma abordagem estratégica e multissensorial no Varejo físico.

A diferença entre VM e EM está no foco: enquanto o VM é mais centrado nos elementos visuais, o EM explora os diversos sentidos e utiliza o Marketing Multissensorial, tema que aprofundaremos no próximo capítulo. Esses dois conceitos não são sinônimos, mas sim aspectos complementares do Marketing no Varejo, que, quando bem aplicados, transformam o ponto de venda em um espaço dinâmico, atraente e altamente eficaz.

Para refletir:

O Merchandising, seja visual ou experiencial, **promove o produto diretamente no ponto de venda**, no momento da compra. Trata-se de uma ferramenta que **combina** objetivos comerciais e mercadológicos, projetada para **influenciar** os consumidores e **maximizar** as transações.

14.2 Estratégias que transformam: o impacto do VM

Sob uma perspectiva estratégica, tanto o Visual Merchandising quanto o Experience Merchandising compartilham os mesmos cinco elementos essenciais para a construção de um plano eficaz de Merchandising: (1) ambientação, (2) sazonalidade, (3) precificação, (4) moda e (5) curadoria.

A ambientação, em particular, destaca-se como um fator determinante. Explorar a tridimensionalidade da loja significa criar um ambiente capaz de impactar sensorialmente os consumidores. Esse aspecto influencia diretamente a percepção que eles têm da marca e do espaço, além de afetar suas inclinações para a compra.

Para refletir:

Diferentemente de qualquer outro canal, o Varejo físico tem o poder de estimular os sentidos e despertar as emoções das pessoas.

A marca pode decidir trabalhar ou não todos os elementos do design para gerar estímulos experienciais. Mesmo sem um planejamento intencional, a atmosfera do ponto de venda inevitavelmente provoca sons, cheiros, texturas, impressões visuais e sensações. Em alguns casos, nem é necessário entrar no estabelecimento para ser impactado sinestesicamente; do corredor do shopping ou da própria vitrine já é possível captar a ambientação interna e compreender a proposta da marca.

A importância de um bom projeto de Visual Merchandising está no fato de ele ser decisivo para estimular ou desestimular a compra. A atmosfera da loja pode deixar o cliente mais confortável para continuar o processo de aquisição ou, ao contrário, fazê-lo querer sair o mais rápido possível. Identificar as preferências do público-alvo e moldar o espaço físico para proporcionar os estímulos adequados é uma das funções primordiais do Visual Merchandising.

O segundo elemento estratégico do Merchandising é a sazonalidade. O ponto de venda precisa transmitir a ideia de estar sempre atualizado e repleto de novidades. Isso envolve renovar constantemente o portfólio para estimular clientes fiéis a retornarem, aproveitar o Calendário Comercial para atrair público e criar histórias narrativas que despertam curiosidade e interesse nos visitantes.

Um varejista que domina o uso da sazonalidade no VM consegue criar ciclos regulares de atratividade. Cada período do ano tem apelos específicos que podem ser explorados para gerar ineditismo, exclusividade e urgência nas ofertas. A ideia de que o cliente pode perder uma oportunidade única de produto ou preço, ou que ficará desatualizado ao deixar de visitar a loja por muito tempo, é poderosa e eficaz.

Em terceiro lugar, temos o preço. Falar de ' também é falar de precificação. A questão central não é apenas se os preços devem ser exibidos (a resposta é quase sempre sim), mas como apresentá-los. Existem diversas técnicas de VM que ajudam as empresas a comunicar a oferta de valor de maneira eficaz. Muitas vezes, uma simples mudança na exposição do item pode aumentar as vendas, criando a percepção de um excelente custo-benefício, mesmo que o preço seja mais alto do que o dos concorrentes.

Estratégias como "atração primeiro, sedução depois" também são amplamente utilizadas. Essa prática é comum em marcas de grande escala: produtos promocionais são posicionados estrategicamente na entrada da loja para atrair compradores, enquanto os itens de maior valor agregado, que requerem uma curadoria mais sofisticada, estão dispostos no interior do salão de vendas para gerar uma compra emocional.

O quarto elemento essencial para o Visual Merchandising é a moda. No contexto do Varejo, as demandas dos clientes mudam constantemente. O que é procurado hoje não é o mesmo de ontem, nem será igual ao de amanhã. Essa dinâmica é essencial para manter o setor em movimento. Sem as tendências de moda e consumo, os clientes ficariam satisfeitos com o que já possuem, reduzindo as visitas às lojas e comprometendo o giro da economia.

Esses elementos – ambientação, sazonalidade, precificação e moda – são fundamentais para criar um Visual Merchandising eficaz e estratégico, capaz de potencializar o impacto do ponto de venda, atrair clientes e aumentar as conversões.

Por isso, ao tratar de moda ou *hot items*[1], o varejista precisa estar sempre atento para oferecer o que está em alta e retirar do catálogo os itens que perderam apelo junto ao público. Esse processo deve ser ágil, pois as mudanças ocorrem em um piscar de olhos. Qualquer demora ou hesitação pode deixar a marca defasada em relação às demandas dos consumidores, comprometendo diretamente a receita e a lucratividade da organização.

O quinto e último aspecto da estratégia de Visual Merchandising é a curadoria, ou seja, a seleção do portfólio. Como já mencionei, um dos papéis fundamentais do varejista é escolher as melhores opções para os clientes. Tão importante quanto definir o que será apresentado é decidir como apresentá-lo – e é aqui que o Merchandising exerce seu papel essencial. Trabalhar a curadoria de produtos e serviços, além de orientar as escolhas do público, significa estruturar a jornada do cliente na loja, como discutido no capítulo anterior.

1. Em uma tradução livre, *hot items* pode ser entendido como "itens desejados" ou "produtos em alta", aqueles que estão em maior demanda pelos consumidores em um determinado momento.

Sem uma boa seleção de produtos e serviços, e sem a apresentação coordenada no ponto de venda – considerando o perfil de consumo e os dados de geolocalização –, a operação da loja pode ser gravemente comprometida. Quando isso ocorre, os varejistas frequentemente sentem como se estivessem navegando contra a correnteza. Mesmo com esforços significativos em várias áreas do negócio, os resultados não aparecem e a satisfação do cliente parece inatingível.

O profissional de Visual Merchandising tem à disposição esses cinco elementos estratégicos para trabalhar: (1) ambientação; (2) sazonalidade; (3) precificação; (4) moda; e (5) curadoria. A combinação e a gestão inteligente desses componentes são determinantes para a construção de uma jornada do cliente mais envolvente e eficiente no ponto de venda físico.

14.3 Ferramentas de impacto: técnicas essenciais de VM

Além das estratégias, o VM possui várias técnicas que podem ser utilizadas no dia a dia para gerar impacto na percepção dos consumidores. Não vou me aprofundar neste assunto, mas quero dar a você, leitor, a visibilidade de que estamos falando de um processo técnico e criativo quando o tema é Visual/Experience Merchandising.

A primeira técnica que posso citar é o uso das cores. O varejista recorre à brincadeira cromática para chamar atenção e criar uma atmosfera diferenciada no ponto de venda. As principais ferramentas são: Blocos de Cor (único tom em uma mesma exposição), Grupo de Cores (duas ou mais tonalidades em uma mesma exposição), Uma Cor e Seu Degradê (um tom principal em conjunto com suas pequenas variações) e Escala de Cores (várias tonalidades apresentadas ordenadamente, como se fosse um arco-íris).

Há várias maneiras de dividir a exposição cromática. Dá para diferenciá-la em cores quentes e frias, cores irmãs, cores primas, cores complementares ou cores análogas. Essa montagem multicolorida gera um enorme impacto visual no Varejo físico e convida o consumidor a interagir com a marca e os produtos.

É importante destacar que o uso das cores é apenas uma ferramenta de estímulo visual. O varejista também pode aplicar outras técnicas de exposição de produtos para garantir movimento, equilíbrio estético e organização do ambiente. Algumas combinações que promovem grande impacto são: Simetria/Espelhamento (mesma diretriz de exposição replicada a partir de um ponto central), Assimetria (diferentes diretrizes de exposição replicadas a partir de um ponto central), Verticalidade (arrumação dos produtos em alinhamento vertical), Horizontalidade (arrumação dos produtos em alinhamento horizontal), Diagonal (arrumação dos produtos em alinhamento diagonal), Zig-zag (arrumação dos produtos quebrando a linearidade tradicional) e Triangular (arrumação dos produtos em forma de triângulo).

Repare que o que estamos discutindo aqui vai contra a prática comum de simplesmente utilizar o salão de vendas como um grande estoque de produtos, esperando que eles sejam vendidos naturalmente. Sem a aplicação de técnicas e ferramentas de Visual Merchandising, o consumidor pode se sentir perdido no interior da loja, principalmente se houver excesso de itens à disposição. O trabalho do profissional de VM é pensar o ponto de venda a partir da experiência dos clientes. Os visitantes devem sentir vontade de comprar.

Quando falamos em Visual Merchandising, é possível utilizar algumas técnicas em conjunto, e não apenas cada uma isoladamente. Por exemplo, aplica-se a Blocagem de Cor com Horizontalidade. Dependendo do tipo e da linha de produto, algumas formas de exposição são mais interessantes do que outras. Quando se aplica pouca cor, cria-se um efeito na loja; ao usar várias tonalidades, o impacto é completamente diferente. Linhas verticais podem fazer sentido em um momento, enquanto linhas diagonais são mais adequadas em outros. Cada recurso utilizado proporciona uma atmosfera específica no ponto de venda.

Há alguns anos, a equipe de Visual Merchandising do Walmart criou uma ação que se tornou um case clássico do Varejo. Olhando para os consumidores, eles perceberam que fazia sentido expor fraldas e cervejas no mesmo espaço. Por quê? Porque a maioria dos clientes que ia ao supermercado comprar fraldas era composta por homens jovens com pressa. Possivelmente, estavam ali na urgência de adquirir o item que faltava em casa. Na correria, não teriam disposição para atravessar a loja inteira em busca de cerveja. E, caso comprassem a bebida primeiro, muitas vezes esqueciam que as fraldas do filho estavam acabando.

Ao unir os dois produtos no mesmo espaço do supermercado, por mais ilógico que pudesse parecer sob a ótica tradicional de exposição por categorias, o Walmart promoveu um aumento substancial nas vendas de ambos os itens. Para melhorar ainda mais a experiência do cliente, as cervejas eram colocadas em geladeiras ao lado das fraldas, permitindo que fossem consumidas logo ao chegar em casa.

Essa ação é fruto de um excelente trabalho analítico de uma equipe com forte foco em Experience Merchandising. A ferramenta utilizada foi a combinação de produtos com base nas necessidades dos consumidores, e não pela divisão convencional de categorias. É a mesma lógica por trás de colocar fio dental ao lado da manga no supermercado, como comentei em capítulos anteriores. São produtos de categorias diferentes, mas com uma sinergia de uso gigante.

Quando falamos em aumentar as vendas no Varejo, é necessário dar atenção especial à compra por impulso. Quando bem aplicado, o VM consegue elevar o faturamento de itens por vezes esquecidos, desprezados ou não prioritários para os clientes. Não à toa, alguns produtos são estrategicamente expostos nos corredores das lojas ou perto das ilhas de caixa. Esses espaços são usados para chamar a atenção dos consumidores para artigos pouco essenciais ou de compra impulsiva.

Por exemplo, ninguém vai ao supermercado com o objetivo de comprar chiclete. No entanto, ao vê-lo exposto no display ao lado do caixa enquanto espera na fila, a chance de colocá-lo no carrinho aumenta consideravelmente. O mesmo acontece com uma bebida gelada ao lado do caixa. É como se o varejista dissesse: "Ei, veja essa curadoria de produtos que você provavelmente quer ou precisa, mas se esqueceu." Essas ações são responsáveis por potencializar as vendas em dez entre dez varejistas.

14.4 Fluxo e funcionalidade: o layout como experiência

Outro erro comum dos varejistas brasileiros é encarar o VM como uma ação mecânica. Muitas marcas criam suas próprias regras de exposição e contratam um time para atuar especificamente na aplicação dessas regras. Dessa forma, acabamos vendo uma verdadeira pasteurização de conceitos criativos, o que limita o potencial dos resultados do VM.

Se o Visual Merchandising não utiliza a maioria das estratégias e técnicas que apresentei nas duas últimas seções deste capítulo, isso significa que a marca não está aproveitando plenamente essa ferramenta. Se o conjunto de ações realizadas não é fruto de inteligência mercadológica, não potencializa a experiência do consumidor, não impacta a loja como um todo e não valoriza os produtos ofertados, talvez não seja correto chamá-lo de VM.

Na prática, o que a maioria das companhias faz está distante do estado da arte e da totalidade de possibilidades do Merchandising. Não tenho dúvida de que, no futuro, isso será impensável. O VM será verdadeiramente protagonista do Varejo. A atmosfera das lojas será mais experiencial, imersiva, interativa e envolvente. As ações no ponto de venda responderão à análise de dados, serão criadas a partir das demandas dos consumidores e conectarão as marcas ao público-alvo.

Isso é Visual Merchandising de verdade! Quando seu potencial é plenamente entendido, ele ocupa um papel central no planejamento da empresa e visa à maximização dos resultados comerciais. Escolhem-se as melhores estratégias e diferentes técnicas de VM com critério e inteligência. Assim, criam-se narrativas que contém boas histórias e guiam os clientes pelo espaço, oferecendo uma verdadeira jornada de compra concebida para potencializar a experiência de consumo.

Portanto, agora quero falar sobre layout de loja, que nasce na concepção de um projeto arquitetônico, mas que influencia criticamente o Visual Merchandising. Se o formato do varejista for o autosserviço, é necessário um tipo específico de desenho para o ponto de venda. Se o atendimento for assistido, o projeto deve enveredar por outra configuração. Caso a marca opte por um modelo híbrido (misto de autosserviço e atendimento assistido), será necessária uma terceira estrutura. O layout de loja oferece os caminhos para que a jornada do cliente aconteça.

Há alguns exemplos de jornada que podem ser configurados pelo Visual Merchandising. Os principais Layouts de Loja são: In & Out, Freeflow, Given Route, Lilly Pads, Inner Sanctum e Hero Object. Veja, a seguir, a representação deles:

Tipos de Layout do Varejo Físico

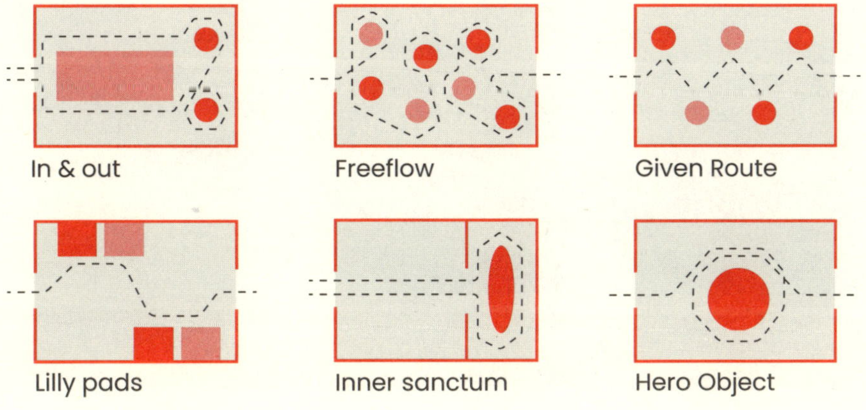

Peguemos como exemplo o In & Out. Nesse modelo de layout, a jornada é construída com um grande objeto no centro do salão de vendas. O cliente entra pela direita, percorre até o fundo e sai pela esquerda, ou entra pela esquerda, percorre até o fundo e sai pela direita. A navegação é previsível: entra-se por um lado e sai pelo outro. É uma jornada que funciona muito bem para lojas supercompactas ou pop-ups. Ao utilizar este conceito, costumo brincar com elementos no fundo da loja como grandes pontos focais que atraem o cliente para essas áreas.

Foto interna da loja Melissa na semana da reinauguração, com Visual Merchandising assinado pela Vimer.

Inner sanctum

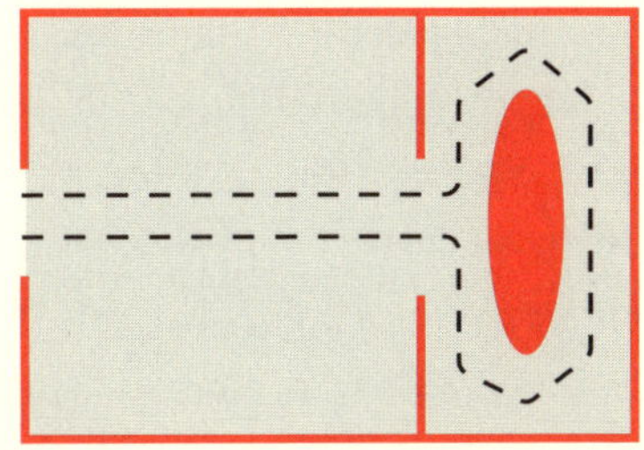

A Melissa da Oscar Freire, a loja-conceito da marca na cidade de São Paulo, adota uma Jornada de Santuário (ou Inner Sanctum). Este modelo de jornada é amplamente utilizado para convidar e acolher as pessoas em um primeiro momento, para então apresentar produtos altamente glorificados. Quem já visitou essa loja percebe que a entrada é um espaço muito amplo, com pé-direito altíssimo e entrada de luz natural. Os consumidores ficam livres para circular e se deparam com várias intervenções artísticas, vinculadas ou não aos lançamentos de produtos. Nesse momento, a exploração é o fator principal, pois a marca busca se conectar com as pessoas por meio dessa loja-conceito.

Bem no fundo desse primeiro espaço, há uma pequena porta que conecta os consumidores ao portfólio da marca. É ali que estão os produtos, super glorificados e com seu storytelling muito bem contado!

Chamo esse tipo de configuração de loja de Santuário porque a proposta é valorizar os produtos como se eles tivessem um *status* de endeusamento. Quem deseja comprar algo precisa passar por essa portinha – um lugar quase secreto, especial. O sentido da jornada e a proposta da marca ficam evidentes com esse modelo de Layout de Loja.

14.5 Mapa de sucesso: planogramas que vendem

O Planograma de Exposição é um excelente guia para a execução do Visual Merchandising. É ele quem define o que será feito, como e quando. Se não houver uma campanha especial acontecendo na loja, como os profissionais de VM vão trabalhar a exposição da marca? Quais produtos destacar? Quais técnicas de Merchandising utilizar em cada equipamento? E, caso haja uma ação do Calendário Comercial, como a loja será reorganizada? Por quanto tempo ela permanecerá com aquela ambientação temática? Quais itens priorizar na nova exposição?

O Planograma cuida tanto dos produtos quanto de cada espaço da loja, sem perder a visão do todo. Ele explica a história contada pela marca e a linha narrativa da coleção ou campanha. Também faz a delimitação do zoneamento, detalha a exibição da vitrine e monta a estratégia de atração, engajamento e conversão dos clientes.

Acho muito importante que as marcas considerem planogramas sazonais como parte da sua inteligência de uso da loja. Um bom planograma deve sempre levar em conta os objetivos da marca em função da ativação do Calendário Comercial e dos resultados das vendas. Esse material, geralmente expresso em um documento detalhado e com muitos elementos visuais, é o manual de como o VM deve ser executado em cada loja, em cada submarca/setor e em cada equipamento. Assim, ficam nítidos os espaços de atração, transição e interação. Com ele em mãos, os profissionais de VM e a equipe comercial conseguem organizar o ponto de venda da melhor maneira para gerar o impacto desejado nos consumidores.

Costumo brincar que o planograma de exposição é o melhor amigo da arquitetura de loja (assunto da próxima seção deste capítulo). A Arquitetura cuida da estrutura geral da unidade de venda, como a fachada, a posição da vitrine, a materialidade dos equipamentos e o look and feel. Ela entrega uma base, um design que tangibiliza a marca e que precisa de uma equipe de Visual Merchandising em ação: "Ok, agora temos que destacar os produtos e criar diferentes tipos de ambientação ao longo do tempo para despertar a atenção dos clientes." O Planograma tangibiliza um bom projeto de VM ao definir como produtos, equipamentos e histórias vão interagir com os visitantes no ambiente físico entregue pela Arquitetura de Loja.

Quando crio planogramas, sejam eles fixos ou sazonais, sempre identifico zonas quentes e frias da loja por meio de um mapa de calor. As zonas quentes são as partes mais visitadas pelos consumidores, com maior interação e alto apelo comercial. Também são chamadas de áreas nobres do Varejo físico. As zonas frias, por sua vez, são as partes menos visitadas, com baixo acesso, menor interação e baixo apelo comercial.

Esses pontos do Layout da Loja são extremamente relevantes para a definição do que expor e do que não expor em cada área. O bom planejamento do planograma considera, por exemplo, lançamentos e produtos de maior valor agregado nas áreas quentes, enquanto reserva às áreas frias os artigos promocionais ou as peças de coleções antigas. Vale reforçar que não existem regras fixas para isso, pois cada mercado se comporta de uma maneira. O mais importante é balancear o peso entre as áreas quentes e frias sob a perspectiva geral do espaço. Do contrário, pode-se ter muitas pessoas concentradas em um lado da unidade e poucas em outro.

14.6 Arquitetura de loja: o design a serviço da marca

Antes de falar sobre Layout de Loja e Planograma de Exposição, os profissionais de Visual Merchandising precisam se atentar à Arquitetura da Loja. Em uma lógica espacial, o Planograma está dentro do Layout, que, por sua vez, está dentro da Arquitetura.

Para iniciar o projeto arquitetônico do varejista, é necessário entender a proposta de experiência da marca, as características de Merchandising do setor de atuação, a dinâmica da jornada dos clientes, os elementos do portfólio da empresa e o tamanho ideal da operação. Com esse conhecimento, monta-se a estrutura rígida e os elementos internos do estabelecimento, como medidas de passagem, distanciamento entre móveis, espaçamento ideal entre os clientes e demais aspectos da arquitetura.

No Brasil, visitar lojas de departamento é, normalmente, uma experiência ruim. Há tantos equipamentos no salão de vendas que os consumidores não conseguem caminhar adequadamente. Uma mãe entra na área infantil e não consegue passar pelos corredores com o carrinho de bebê. É um desafio gigantesco querer que os visitantes se sintam à vontade para comprar se o espaço não oferece o mínimo de conforto.

A deficiência no projeto de Arquitetura de Loja acarreta problemas posteriores para o Layout da Loja e para o Planograma de Exposição. Tudo isso, como expliquei, está altamente conectado ao VM. Com excesso de equipamentos, por exemplo, a comunicação visual de preços e de submarcas fica em segundo plano e/ou não oferece o destaque necessário. O mau posicionamento das ilhas de caixa ou dos provadores também pode destruir importantes áreas quentes do salão de vendas, o que compromete as receitas.

A Arquitetura da Loja deve ser entendida como a casca que apresenta a marca ao consumidor. Dentro dos projetos arquitetônicos, existem vários fatores que, se não forem pensados em conjunto com o Visual Merchandising, acabam comprometendo a entrega final da marca e a estética do estabelecimento. É comum encontrarmos projetos de lojas em que as vendas estão baixas e as pessoas entram e saem sem encontrar os produtos. Quando analisamos a fundo a situação, percebemos que a estrutura montada foi equivocada.

Existem alguns elementos fundamentais na Arquitetura de Loja que auxiliam significativamente o projeto de Visual Merchandising. Na minha visão, o primeiro deles é proporcionar um design flexível ao ponto de venda. Vivemos tempos de grande volatilidade no Varejo. Se hoje as coisas estão de um jeito, amanhã estarão de outro, e, daqui a três meses, poderão ser completamente diferentes. Gostemos ou não, essas transformações aceleradas do mercado e do mundo contemporâneo vieram para ficar.

Para refletir:

Mais da metade dos projetos de arquitetura que atualmente realizo na Vimer envolve o **redesign** de estruturas com **menos de três anos de implantação** que **não alcançaram** os objetivos das marcas.

Se achamos que as mudanças acontecem rapidamente hoje, no futuro elas serão ainda mais aceleradas. Por isso, o projeto arquitetônico não pode ser engessado a ponto de não permitir adaptações ao longo do tempo. Quando analisamos o passado recente, percebemos que o Varejo não tinha essa preocupação. A Arquitetura de Loja era extremamente rígida, e os mobiliários, nada flexíveis. Com as mudanças constantes no mercado e no mundo, muitas dessas propostas se tornaram obsoletas rapidamente.

Pensar em diferentes movimentos de consumo significa projetar estruturas de mobiliários e materiais de Merchandising que sejam versáteis e modulares. Dessa forma, é possível alterar o Layout da Loja sem a necessidade de reformatar todo o ponto de venda. Essa flexibilidade se torna uma vantagem competitiva em tempos de incertezas e transformações contínuas.

A própria multiplicação de Planogramas de Exposição fica facilitada em lojas com maior versatilidade. Com um bom modelo de arquitetura de Varejo, é possível criar incontáveis histórias e narrativas. Não fixar equipamentos no chão, por exemplo, oferece a possibilidade de subir, descer ou até mesmo remover prateleiras e expositores, dependendo da sazonalidade e do Calendário Comercial. Também permite recombinar mobiliários para lançamentos de produtos, coleções ou ações promocionais, aumentando a atratividade e a funcionalidade do ponto de venda.

Nosso projeto recente de arquitetura para a marca Água de Coco possibilita um layout 100% flexível, permitindo que a marca remodele sua experiência e exposição de produtos em diversos momentos do ano.

Além disso, como vimos no capítulo sobre o Varejo de Regeneração, a realidade contemporânea não permite desperdício de recursos e materiais. A pressão por sustentabilidade ambiental é cada vez maior e será aplicada em todas as facetas da organização. Portanto, quanto mais perene for o projeto arquitetônico, melhor para a empresa, para a sociedade e para o planeta.

Outro fator de extrema importância na arquitetura é a atmosfera da loja. Os escritórios de arquitetura devem projetar os espaços de venda considerando, desde o início, os aspectos sensoriais do Varejo. É a combinação desses elementos que impacta os consumidores e proporciona experiências únicas. Sob a perspectiva estética, podemos citar os materiais, as formas, as cores, as texturas, as padronagens e o sistema luminotécnico como fatores que contribuem significativamente para a ambientação.

Foto da Starbucks Roastery Reserve de New York.

Os materiais vão além do impacto visual e remetem a sensações. A madeira, por exemplo, naturalmente barra a propagação do som, enquanto a pedra reflete o som de maneira difusa e espalhada. Tapetes, cortinas e outros tecidos absorvem as ondas sonoras. Além disso, a madeira e os tecidos transmitem uma sensação de calor, enquanto as pedras evocam um aspecto mais frio. Cada escolha de design, dentro do contexto do Varejo, precisa estar alinhada com a experiência que se deseja oferecer.

A Starbucks lançou, há alguns anos, um novo conceito de cafeteria, a Roastery Reserve. Essas unidades apresentam um estilo industrial, muita tecnologia e uma decoração que privilegia a madeira. A proposta é oferecer cafés especiais e experiências premium. Nas lojas da Starbucks Roastery Reserve, o cliente encontra variedades exclusivas da bebida, algo impensável nos pontos de venda convencionais da marca. A ambientação remete a imagens do café sendo moído, peneirado, torrado, preparado, coado e servido, conferindo uma sensação de credibilidade e excelência. As lojas são acolhedoras, com predominância de madeira, e o cheiro do café está presente em toda a jornada do cliente. A Roastery Reserve é a flagship store da Starbucks e entrega uma experiência sensorial completa.

A estética adotada pelos arquitetos desempenha um papel fundamental no Visual Merchandising. Um bom projeto arquitetônico deve considerar formas, cores e acabamentos alinhados ao perfil e às expectativas do público consumidor da marca. Em essência, o design aplicado ao Varejo é intencional: formas curvas, angulares ou retilíneas, por exemplo, transmitem mensagens específicas, como poder, sensualidade, simpatia ou acolhimento.

É por isso que a arquitetura de uma loja deve refletir o propósito e o posicionamento da marca. Imagine uma joalheria feminina que adote um formato quadrado e rígido em seu design. Como transmitir a feminilidade e a delicadeza de seus produtos em um espaço que se assemelha a uma caixa espelhada? O resultado seria desconexo. Já presenciei casos em que marcas voltadas ao público feminino criaram pontos de venda que mais lembravam barbearias. Não é surpresa que esses ambientes, por destoarem completamente dos códigos estéticos esperados, acabaram afastando as consumidoras em vez de atraí-las.

Além da forma, elementos como cor, textura e padronagem são igualmente cruciais no projeto arquitetônico de uma loja. Essas escolhas influenciam os estímulos sensoriais e criam impressões abstratas nos consumidores. Por exemplo, superfícies lisas tendem a refletir mais luz, intensificando cores e ondas sonoras, enquanto texturas mais rústicas e opacas evocam uma sensação de aconchego ou naturalidade.

Outro ponto frequentemente negligenciado, mas de extrema importância, é a iluminação. Não cometa o erro de tratá-la como algo secundário. Há lojas que conseguem criar ambientes memoráveis justamente por explorar com maestria os aspectos luminotécnicos. A iluminação é essencial para destacar pontos-chave do espaço, valorizar produtos e criar um impacto visual que engaje e estimule os clientes. Uma luz bem planejada pode transformar completamente a experiência de compra, tornando-a mais envolvente e inesquecível.

14.7 VM: conexão e humanização

O que se espera de tudo o que foi abordado até aqui é que o Visual Merchandising (VM) construa uma identidade única para a marca e humanize as relações com os consumidores. Um dos principais objetivos do VM é diferenciar o branding da empresa, garantindo que sua identidade visual seja imediatamente reconhecível e impactante no ponto de venda. Essa diferenciação exige atenção em cada detalhe: desde a fachada e a vitrine até a decoração interna e os elementos de acabamento que definem a ambientação desejada. Cada escolha reflete a proposta da marca e interage diretamente com os consumidores.

Por onde começar? Existem perguntas essenciais que guiam a base do planejamento em VM: Qual imagem nossa marca deseja transmitir na loja? Como comunicaremos as características institucionais da empresa por meio do espaço físico? Quais elementos decorativos e acabamentos criarão o ambiente ideal para essa comunicação? Como a fachada, a vitrine e a entrada da loja convidam o público a se engajar com a marca? Essas questões são específicas para cada empresa e exigem projetos personalizados, sem replicar modelos concorrentes. Afinal, o VM deve ser próprio, coerente e consistente ao longo de toda a jornada do cliente, transmitindo informações e valores a cada interação.

Falei anteriormente sobre a Água de Coco e agora quero destacar os detalhes do novo projeto de Visual Merchandising que a Vimer desenvolveu em conjunto com a marca. Quando a Água de Coco, voltada para o público de alto poder aquisitivo, decidiu abrir uma loja no Aventura Mall, em Miami, o objetivo era atrair tanto brasileiros residentes e turistas quanto consumidores internacionais. Para isso, criamos um conceito arquitetônico e de Visual Merchandising inspirado em uma casa litorânea, que transmitisse sofisticação e a atmosfera relaxante da praia. O resultado? Uma loja que refletia o DNA da marca e ia além de oferecer biquínis e maiôs – ela apresentava o estilo de vida brasileiro com exclusividade.

O impacto foi imediato: os clientes não apenas compravam os produtos, mas também se interessavam pela decoração da loja. Perguntavam sobre o papel de parede, as cores, as luminárias e até os móveis. A loja não parecia apenas um espaço comercial, mas um ambiente acolhedor, tão envolvente que os clientes queriam replicá-lo em suas próprias casas. Esse sucesso fez com que o modelo da loja de Miami se tornasse também o modelo de outras unidades da Água de Coco no Brasil, consolidando a experiência visual e sensorial como parte central da estratégia da marca.

Além de construir uma identidade forte, o VM também é uma ferramenta essencial para humanizar a interação com os clientes. Ele cria um ambiente onde o diálogo entre empresa e consumidor ocorre de forma natural e genuína.

Mesmo dedicando um capítulo inteiro ao VM, ainda sinto que poderia explorar mais sobre sua importância crescente para o Varejo. O VM não é apenas uma ferramenta tática – ele se torna estratégico quando assume o protagonismo no crescimento da empresa. Em um cenário onde 80% das vendas ainda ocorrem no Varejo físico, o cuidado estético no ponto de venda não é apenas desejável, mas essencial.

O Visual Merchandising conta histórias, apresenta o storytelling da marca, tangibiliza valores, estilos e propostas, auxilia no atendimento, destaca produtos e serviços, desperta emoções e transforma a jornada do cliente em uma experiência memorável. Ele é, em essência, a materialização do propósito e da identidade da marca no mundo físico.

Nos próximos capítulos, avançaremos para um conceito diretamente relacionado ao VM: o Experience Merchandising (EM). Enquanto o VM foca principalmente na visão, o EM amplia essa perspectiva, explorando os demais sentidos para criar uma experiência multissensorial completa. Vamos mergulhar no universo do Marketing Multissensorial, mostrando como o Varejo pode encantar o público de formas ainda mais imersivas e impactantes.

Projeto de Visual Merchandising assinado pela Vimer para Natura Biome - linha de produtos em barra de alta performance e zero plástico.

Foto: Vimer

CAPÍTULO 15

MARKETING MULTISSENSORIAL: **EXPLORANDO OS SENTIDOS NO VAREJO**

No capítulo anterior, apresentamos o conceito de Marketing Multissensorial ao introduzir o Experience Merchandising (EM) e sua relação direta com o Visual Merchandising (VM). Enquanto o VM trabalha primariamente com o impacto visual no ponto de venda, o Marketing Multissensorial expande essa abordagem, explorando outros sentidos – audição, olfato, paladar e tato – para criar experiências mais profundas e envolventes.

Vejo a multissensorialidade como um caminho com possibilidades infinitas para as marcas. Afinal, quando falamos de jornada do cliente na loja, não podemos nos limitar apenas ao que é visto. Os sons que ecoam pelo ambiente, os aromas que envolvem o espaço, os sabores inesperados oferecidos e as texturas dos produtos ou embalagens são recursos poderosos que podem tocar os consumidores de formas emocionais e evocar suas memórias.

Com o aumento da competitividade no mercado, as marcas perceberam que o cuidado estético, por si só, já não era suficiente para se destacar no Varejo. Elas entenderam que, para oferecer uma experiência realmente completa e diferenciada, era necessário ir além do Visual Merchandising e alcançar todos os sentidos. É aqui que entra o Marketing Multissensorial como uma verdadeira caixa de ferramentas, que potencializa o Experience Merchandising, transformando o simples ato de compra em uma experiência marcante e envolvente.

O Varejo tem um papel único e privilegiado para explorar a força dos sentidos. Já citei inúmeras vezes o quanto as lojas não são apenas espaços para transações comerciais; são palcos para criar emoções, memórias e conexões profundas com os consumidores. Se o cuidado com o aspecto visual já é um requisito básico para marcas líderes e inovadoras, o próximo passo na evolução da experiência de compra está em ativar os outros sentidos. Sons que transportam o cliente para outro ambiente, aromas que remetem a momentos felizes, texturas que encantam ao toque e sabores que surpreendem são elementos que transformam o ponto de venda em algo além de um espaço funcional – tornam-no um espaço sensorial.

Bem-vindo ao universo do Marketing Multissensorial, onde cada detalhe é pensado para criar uma jornada do cliente rica, encantadora e inesquecível.

15.1 A Era do Marketing Multissensorial

Historicamente, o Marketing desconsiderava os aspectos físicos da interação com os consumidores. A construção das marcas sempre foi pautada pela força da comunicação na mídia, algo restrito ao impacto visual ou, no máximo, ao impacto audiovisual. O ponto de venda era visto como uma área de atuação do setor de vendas e, mais recentemente, do *Trade Marketing*. Dessa forma, o Varejo sempre foi pouquíssimo explorado pelos profissionais de Marketing como ferramenta de *branding*.

Quando se observa a jornada do cliente, fica evidente que o Varejo físico possui um poder sensorial enorme. As lojas podem despertar todos os sentidos dos visitantes e provocá-los de maneira muito mais impactante do que a comunicação convencional. Não dá para comparar o efeito emocional de ver o produto no ponto de venda, tocá-lo, senti-lo e cheirá-lo em relação à experiência de assistir a um anúncio na televisão ou nas redes sociais.

O Marketing Multissensorial é justamente o olhar estratégico para o Varejo como uma mídia de enorme potencial para construir experiências com os consumidores. Considerando esse potencial, vejo marcas que claramente estão inclinadas a investir mais em ações realmente relevantes de Marketing no ponto de venda nos próximos anos, tratando as lojas como um novo canal de comunicação e não apenas como espaço de comercialização de produtos e serviços.

Quando isso ocorrer, não bastará incluir nos materiais de Visual Merchandising a mesma imagem veiculada no anúncio de revista, no outdoor ou nas peças das redes sociais – prática que, aliás, é comum nas boas estratégias atuais. Claro, isso pode continuar sendo feito, mas terá um efeito estético limitado e resultados mínimos. O objetivo é o impacto total do Marketing Multissensorial, uma combinação estratégica dos vários sentidos para a construção das marcas.

Comecemos pelo básico: o Marketing Multissensorial considera os sentidos, trabalhando a soma das percepções humanas. Para que a experiência dos clientes seja memorável, o tato deve ser tão relevante quanto o cheiro, e a música tocada precisa ser tão adequada quanto o apelo visual. Vamos a um exemplo prático. No lançamento de um cosmético, por que não oferecer algo comestível que compartilhe a mesma base olfativa e de paladar da principal matéria-prima do produto? Ações como essa ajudam a triangular a comunicação no ponto de venda e tornam o Varejo físico um canal diferenciado para o Marketing.

O período da pandemia de Covid-19 foi crucial para preparar o crescimento do Marketing Multissensorial. Fechadas em casa, as pessoas ficaram privadas de experiências sinestésicas. Quem pôde e conseguiu, permaneceu isolado em sua residência. Trabalho, diversão, consumo e interação social passaram a ser realizados exclusivamente dentro de quatro paredes, de maneira fria e impessoal. A rotina no quarto, na cozinha e na sala limitava-se a blocos de tijolos, paredes brancas, telas eletrônicas e, no máximo, algumas janelas cinzas.

No pós-pandemia, as pessoas naturalmente se tornaram hiper sensoriais. Com a população saindo de casa com avidez, inaugurou-se uma nova era em que os impactos da exploração sensorial atingiram níveis de intensidade máximos. Esse é o momento para explorar as percepções das pessoas de maneira mais completa. Já é possível notar esse movimento em diversos setores da economia. O Varejo, como para-raios de tendências e primeira onda de comportamentos, obviamente também foi afetado, com vários de seus segmentos tornando-se intensamente sinestésicos.

Formas, cores e texturas foram os primeiros elementos impactados por essa transformação, iniciando-se no lançamento de produtos e reverberando na apresentação deles. Não por acaso, vimos, por exemplo, a tendência Dopamine invadir diversos segmentos de consumo nos últimos anos. A tendência ganhou destaque ao explorar o poder das cores vibrantes para despertar emoções positivas, promover alegria e elevar o humor dos consumidores. Essa abordagem dominou segmentos como moda e design, transformando o uso das cores em uma ferramenta de conexão emocional com o público. Marcas como Bottega Veneta, com suas coleções repletas de tons intensos como verde vibrante e laranja energético, e a Pantone, que lançou a cor do ano Very Peri (um tom de lavanda vívido), exemplificaram o impacto dessa tendência, criando produtos e campanhas que remetiam ao otimismo e à energia contagiante. Tons vivos e intensos ocuparam espaço, inclusive, em móveis residenciais e eletrodomésticos, algo até então pouco comum – uma resposta clara de marcas às mudanças nos hábitos de consumo.

Portanto, quando falo de um Varejo mais experiencial, os sentidos despertados tornam-se aspectos relevantes para o processo de compra e para a tomada de decisão dos clientes. Diria até que a busca por experiências sensoriais será um fator determinante nos próximos anos para o mercado varejista, uma tendência que veio para ficar e que precisa ser tangibilizada na ambientação das lojas.

Foto: Vimer

Projeto multissensorial desenvolvido pela Vimer para a Calvin Klein Brasil, que contou com realidade aumentada e playlist especial coordenada com a coleção da marca. Na foto, destaque para o corner com músicas de estilo relax, que só eram ouvidas neste espaço da loja.

15.2 Multissensorialidade como Espaço de Mídia

Falar de multissensorialidade é abordar as influências dos sentidos no processo de compra e na construção da marca.

Neste contexto, o Varejo passa a assumir o papel de uma nova mídia devido à enorme quantidade de informações e estímulos transmitidos ao público. Dependendo da abordagem utilizada, é possível combinar imagens em telas de LED, sons de rádio, texturas de tecidos, perfumes de fragrâncias e sabores de alimentos, complementando a apresentação física dos produtos.

Sim, o ambiente do Varejo pode englobar todos esses elementos e provocar fortes emoções nos clientes, algo inimaginável no Marketing convencional ou no Marketing Digital. Afinal, vamos pensar: quem não associa o cheiro de pão recém-saído do forno a uma sensação de aconchego? Quem não se lembra do aroma de um carro novo? Quem não é influenciado pela visão de uma lareira acesa em uma noite fria? E o que dizer do som das ondas ou do canto dos pássaros após um dia estressante?

Para refletir:

O Varejo físico **transforma-se** em um espaço mais social, interativo, sinestésico e imersivo nas histórias contadas.

Compreender o impacto dessas sensações é fundamental para perceber que, por exemplo, não basta simplesmente preencher o ambiente da loja com um som ou música de fundo – prática que muitas vezes é feita de forma aleatória e sem estratégia. O objetivo é utilizar o impacto sonoro de maneira planejada, alinhando-o a uma coleção específica e criando uma atmosfera que dialogue com as estações do ano. Isso pode incluir regular a temperatura para evocar a sensação de Verão ou Inverno, ajustar a iluminação para refletir as cores vibrantes da Primavera ou os tons aconchegantes do Outono, ou ainda utilizar o marketing olfativo com uma fragrância que intensifique as características dos produtos, tornando a experiência mais memorável. Além disso, a escolha de materiais para a decoração e o mobiliário deve proporcionar impressões táteis que complementem a narrativa da marca. É tudo sobre intencionalidade no Marketing Multissensorial.

Assim, o Marketing Multissensorial torna-se uma ferramenta poderosa para marcas que desejam se conectar profundamente com os sentimentos de seus clientes. As empresas precisam entender o papel que suas lojas irão desempenhar e, com base nisso, definir o alcance dos impactos que desejam gerar. Algumas optarão por estimular todos os sentidos, enquanto outras preferirão planejar ações focadas em um ou mais sentidos específicos.

Muitas vezes, novos entrantes abalam o status quo ao introduzir novidades no mercado. Em Madrid, há uma loja de departamentos que aprecio muito chamada Wow Concept[1]. O nome já é bastante provocativo. O formato de venda é de marketplace digital, conectando várias marcas e consumidores ao oferecer uma excelente curadoria no canal online. Alguns

1. Loja de departamento espanhola fundada por Dimas Gimeno em março de 2022, a Wow Concept conta com duas unidades físicas em Madri.

anos atrás, a Wow decidiu expandir sua marca lançando seu primeiro espaço físico na capital espanhola. Aliás, eu simplesmente amo o movimento de marcas nativas digitais (que nasceram primeiro no online) decidirem ter seus espaços físicos como complemento da experiência.

Ao contrário das lojas convencionais, a Wow Concept criou uma experiência de compra física altamente interativa, provocativa e multissensorial. Não à toa, o impacto nos consumidores é enorme. Cada um dos seis andares do prédio da primeira loja física é único e apresenta um storytelling distinto. É como se várias lojas diferentes coexistissem naquele espaço. Uma não tem nada a ver com as outras. Há o andar da casa, o da tecnologia, o dos games, o da arte, o da moda e o da beleza. O impacto nos visitantes é simplesmente impressionante.

Além disso, a Wow Concept promove uma total integração entre os canais físico e digital assim que o cliente entra na loja. Logo na entrada, é possível conectar o aplicativo do celular, tornando até mesmo a assistência dos vendedores dispensável, já que todas as informações e suportes necessários são fornecidos online. É uma loja extremamente conectada, imersiva, com impacto visual de telas, mudanças de iluminação, overdose de cores, variação de cheiros, diferentes tipos de mobiliário, múltiplas texturas e muito mais.

Wow Concept Store - Madrid, Espanha.

Outro exemplo de que gosto bastante é o da Balenciaga[2]. Eles compreenderam a importância da Multissensorialidade e do papel do Varejo como mídia para a marca no lançamento de uma bolsa chamada Le Cagole. Para proporcionar uma experiência única aos clientes, a empresa transformou suas lojas em espaços altamente instagramáveis. Como? Encaparam o ponto de venda inteiro com pelúcia pink. É impossível alguém passar em frente ao estabelecimento sem ser impactado de diversas maneiras por essa imersão sinestésica.

O resultado foi impressionante: a Balenciaga ganhou ampla visibilidade a partir das interações dos próprios consumidores. Eles visitaram a loja, fotografaram a experiência vivida e compartilharam nas redes sociais, gerando mídia espontânea. Certamente, essa foi a loja mais instagramável do ano. Vale destacar que a bolsa Le Cagole, foco da campanha, tem uma proposta exagerada e extravagante, exatamente o que a ambientação da loja conseguiu transmitir de forma sinestésica. Assim, o impacto visual e tátil não foi aleatório.

É fascinante observar quando tendências mercadológicas se cruzam. Já discutimos em capítulos anteriores a personalização de produtos e serviços e a oferta de propostas de valor únicas. Agora, imagine a união da Multissensorialidade com a customização de itens do portfólio. Algumas marcas já utilizam a Inteligência Artificial para identificar necessidades específicas e oferecer experiências sensoriais personalizadas no ponto de venda.

A loja de móveis Moooi[3] desenvolveu a *EveryHuman*, uma máquina que cria perfumes de acordo com o humor do cliente. A partir de um questionário que explora aspectos da neurociência, reflexões existencialistas e estado de espírito, a pessoa responde a perguntas como: sua mente está mais no passado, no presente ou no futuro? Caminha mais para a direita ou para a esquerda? Em relação ao aspecto luminoso, vive uma fase mais brilhante ou escura? Prefere ambientes internos ou externos? As respostas são processadas por algoritmos que combinam doze tipos de ingredientes presentes na máquina. O resultado é uma fragrância de ambientes ultra personalizada.

Adorei o perfume gerado pelo meu teste na *EveryHuman*. O aroma realmente tinha a minha cara. Estava acompanhada de uma amiga, e a fragrância dela foi totalmente diferente, mas igualmente alinhada ao seu perfil e estado emocional.

2. Criada pelo estilista espanhol Cristóbal Balenciaga há mais de cem anos, a Balenciaga é uma marca europeia de moda da alta costura com atuação global.

3. Empresa holandesa de design residencial, a Moooi foi fundada em 2001 e atualmente está presente em alguns países da Europa e da América do Norte.

Máquina que utiliza Inteligência Artificial para a criação de fragrâncias.

Alguém pode se perguntar: mas por que uma loja de móveis como a Moooi criaria fragrâncias para seus consumidores? A resposta está em gerar atmosferas residenciais mais sinestésicas e personalizadas. Assim, ao comprar um sofá para sua casa, você pode produzir um perfume que aromatizará o ambiente juntamente com o novo mobiliário. Faz todo o sentido do ponto de vista da experiência do cliente e da maximização do consumo. Imagine a emoção de alguém se sentar no sofá novo e sentir o perfume desenvolvido especialmente para seu gosto e perfil. É incrível como a residência se transforma.

15.3 O Impacto da Multissensorialidade no cliente

O tempo é a variável mais impactada pelo Marketing Multissensorial. Mas que tempo é esse? Refere-se ao período que o cliente dedica à marca no ponto de venda. Quando os sentidos são estimulados e a atmosfera do estabelecimento envolve o consumidor, o tempo de permanência na loja aumenta consideravelmente. É natural querer passar mais minutos, ou até horas, em um lugar onde nos sentimos bem.

Não é apenas o tempo que se estende; a interação também atinge novos patamares. Pessoas e marcas criam vínculos mais fortes e duradouros. A loja da Balenciaga, citada anteriormente, é um exemplo claro disso. Diferentemente das lojas convencionais, que podem parecer frias e distantes, ela oferece um ambiente sensorial que convida ao toque, ao contato e à participação.

A consequência natural desse maior tempo, conexão e engajamento é a elevação das taxas de conversão de compras. Muitas vezes, é impossível sair de um Varejo físico com essas características sem levar algo na sacola.

Um exemplo interessante é a parceria entre a Vans, uma marca de calçados e lifestyle, e a Moschino, conhecida por sua irreverência no mundo da moda. Juntas, criaram um espaço ultra-maximalista que, por meio de sensorialidade – incluindo música, movimentos corporais e interações visuais tecnológicas –, provocava os clientes a usar seus próprios movimentos para co-criar produtos. As telas gigantes nas paredes da loja exibiam estampas que uniam os códigos da Vans e da Moschino, e os consumidores podiam adquirir calçados personalizados, recebendo-os diretamente em casa. Essa ação uniu Multissensorialidade, personalização de produtos e omnicanalidade, um conceito que discutimos amplamente nos capítulos anteriores. As tendências de mercado e Varejo, afinal, não caminham isoladas. Empresas inovadoras integram esses elementos em ações coesas, como exemplificado por esse projeto.

Outra experiência de destaque foi a loja conceito da Salvatore Ferragamo, inaugurada na Greene Street, em Nova York. Em parceria com o artista digital Shxpir, a marca instalou uma cabine interativa de NFTs, permitindo que visitantes criassem e adquirissem NFTs personalizados. Dentro da cabine espelhada, os clientes escolhiam cenários projetados por Shxpir e eram fotografados por uma câmera de alta definição. Depois, podiam cunhar sua arte única na blockchain Ethereum, com as taxas de mintagem cobertas pela Ferragamo.

Além disso, a loja apresentou um programa de customização de tênis com o uso de hologramas. Os clientes podiam personalizar o modelo unissex 6R3ENE, escolhendo cores e detalhes específicos, que eram projetados holograficamente em uma cabine de seis pés de altura. Essa tecnologia permitia uma visualização realista do produto final antes da compra. Essas iniciativas mostram como a Ferragamo combina arte digital, personalização e tecnologia avançada para enriquecer a experiência multissensorial no Varejo físico.

15.4 Ambiente Multissensorial e Sazonalidade

Quando começamos a pensar em todas as possibilidades do Marketing Multissensorial, percebemos como muitas marcas utilizam essa ferramenta de forma limitada. Quantas vezes entrei em lojas com ambientes excessivamente iluminados e músicas agitadas que remetiam ao clima de verão, enquanto os produtos em exibição eram da coleção de inverno. O problema era claro: a atmosfera criada não condizia com o período do ano.

Daí a importância de alertar os profissionais do Varejo de que não basta estimular os sentidos dos clientes, é necessário fazê-lo de forma adequada. Todos sabemos que o Varejo envolve elementos visuais, auditivos, táteis, olfativos e até palatáveis. A questão é como integrá-los para proporcionar uma experiência marcante, completa e positiva para os compradores. Isso só é possível quando encaramos a loja como um espaço tridimensional.

O ponto de venda não deve se limitar a uma imagem de um desfile, uma fotografia da última coleção ou uma foto de produto exposta na vitrine. Há todo um ambiente tridimensional a ser explorado. Se uma cliente está cansada e se senta, alguém oferece água para ela? Se sim, que tipo de bebida será servido? Se for o lançamento de uma coleção de verão, por que não oferecer uma água saborizada em copos ou garrafas que remetam às principais cores da coleção? Esse é apenas um exemplo de como a experiência do cliente deve ser pensada de forma integral.

As possibilidades são inúmeras. A Granado recentemente realizou uma ação nesse sentido ao inaugurar uma sorveteria em duas de suas lojas. Além da exibição do portfólio de produtos, imagine a oportunidade de os consumidores vivenciarem uma experiência sensorial que une o universo da gastronomia e da perfumaria para aguçar os sentidos! Nesse caso, foram lançados oito sabores diferentes, inspirados em fragrâncias clássicas da marca.

É importante destacar que o foco da Granado não é, nunca foi e dificilmente será a produção de sorvetes. Todos sabem disso. Contudo, ao promover uma experiência sensorial diferenciada no Varejo físico, a marca potencializou seu negócio. Ao estimular o paladar dos clientes, ela aproveitou o ambiente multissensorial do ponto de venda para fortalecer o vínculo com o público.

No Marketing Multissensorial, ocorre o aprofundamento do vínculo emocional entre clientes e varejistas. Ao mexer com as emoções e sentidos das pessoas, a loja retém o público por mais tempo, como comentei anteriormente. Além disso, o maior envolvimento no processo de compra faz com que os consumidores se esqueçam momentaneamente dos problemas e preocupações do dia a dia. É uma espécie de mindfulness que a experiência sinestésica proporciona. Naturalmente, essa imersão auxilia na tomada de decisão, aumentando a probabilidade de efetivação das vendas.

Lembra do primeiro capítulo, onde foi explorada a importância da conexão com a marca? A Multissensorialidade é o fator que intensifica essa conexão. Ela acelera os laços e aprofunda as relações entre empresas e consumidores. Todos os profissionais envolvidos com o Varejo físico – sejam arquitetos, designers ou marqueteiros – têm o desafio de transformar a contação de histórias em narrativas multissensoriais. É como se, historicamente, as lojas mostrassem apenas um filme mudo para seus visitantes. Agora, os varejistas descobriram o cinema 3D, 4D e até 5D. A experiência de compra se torna muito mais impactante, abrindo infinitas possibilidades para o Marketing e para a aplicação do Experience Merchandising.

15.5 A Experiência e o "By Heart Shopping"

Quando falamos de Marketing Multissensorial, é importante destacar que atualmente existem dois formatos básicos de compra no Varejo: o *Smart Shopping* e o *By Heart Shopping.*

O *Smart Shopping* representa a compra inteligente. Tradicionalmente, é prático, pautado pela racionalidade no processo decisório, com forte apelo em preço e na busca por descontos. Não por acaso, essa modalidade vem sendo cada vez mais absorvida pelos canais digitais. Quando o consumidor deseja adquirir um produto ou serviço de forma rápida, simples e confortável, ele geralmente recorre ao universo online.

O outro formato é o *By Heart Shopping*, que é a antítese do *Smart Shopping.* Essa modalidade é mais passional, com o processo de compra normalmente guiado pela emoção, pela vivência experiencial no ponto de venda e pelo forte apelo sinestésico. Aqui, o Varejo físico tem grande destaque, oferecendo um olhar mais cuidadoso para as vontades das pessoas, identificação com as histórias das marcas e a possibilidade de conexões sensoriais. No *By Heart Shopping*, é o prazer de sentir múltiplas emoções dentro da loja que mobiliza a compra, em contraste com a racionalidade, a praticidade e as vantagens financeiras que movem o *Smart Shopping*.

Não há dúvidas de que o Marketing Multissensorial é uma ferramenta poderosa, mas ele é muito mais eficiente para o *By Heart Shopping* do que para o *Smart Shopping*.

Tive uma experiência interessante durante uma edição da Casa Cor cujo tema era ancestralidade. Em um dos espaços, a proposta envolvia a busca pelos antepassados da arquiteta responsável: avós, familiares mais antigos, pessoas que faziam parte de sua história. O objetivo era conectar os visitantes com a árvore genealógica apresentada. No início, achei improvável me sentir tocada por figuras que eu não conhecia e que já haviam falecido.

No entanto, em pouquíssimo tempo, me vi completamente imersa naquela história porque fui profundamente tocada emocionalmente. Além dos elementos visuais, como fotos nas paredes e livros nas estantes, a música provocou reflexões sobre o passado da minha própria família. Estando naquele ambiente, uma combinação de elementos sinestésicos impactantes me transportou de corpo e alma para a narrativa que estava sendo contada.

O *By Heart Shopping* é exatamente isso. Ele desperta nossas emoções e mexe com nossa imaginação e memória. O coração acelera, a mente viaja para mundos distantes, e o storytelling se torna mais inspirador ao usar a Multissensorialidade para conectar o consumidor à proposta trazida pela marca.

O fato de o Varejo físico nunca ter sido plenamente reconhecido como mídia ajuda a explicar por que as empresas ainda exploram o Marketing Multissensorial de maneira tímida ou inadequada. Profissionais de Publicidade chegam ao mercado focados em criar campanhas para mídias tradicionais ou digitais. São excelentes nisso, mas raramente são ensinados a ver as lojas como uma mídia poderosa e imbatível para muitos propósitos. Não perceber essa realidade reflete uma miopia no campo da Propaganda e do Marketing.

Confesso que ainda fico surpresa ao ver marcas que contratam agências de publicidade para criar filmes de 30 segundos ou ações que viralizem nas redes sociais, enquanto ignoram o potencial de suas próprias lojas físicas. Imagine uma marca com 500 pontos de venda espalhados pelo país, recebendo um fluxo gigantesco de visitantes todos os dias. Não seria mais eficiente e impactante usar esses espaços para despertar emoções e engajar os consumidores? Claro que sim. Por isso, convido você a refletir e a contribuir para um movimento que valorize as particularidades do Marketing no Varejo.

No próximo capítulo, abordaremos um tema que considero fundamental para essa transformação: a necessidade de o Varejo implementar novos KPIs (*Key Performance Indicators*). Por que esse debate é tão importante? Porque a mentalidade de muitos varejistas ainda está ancorada em resultados comerciais de curto prazo. Será que esses indicadores são os mais adequados para todos os modelos de negócio? A realidade apresentada pelos números reflete verdadeiramente o desempenho? Existem métricas importantes que estão sendo ignoradas pela alta administração? Esses serão os temas que exploraremos a seguir.

CAPÍTULO 16

KPIS: O VAREJO **"IN REAL LIFE"**

Não é possível falar sobre o futuro do Varejo e o foco no Design de Varejo sem dedicar um capítulo inteiro aos novos KPIs[1]. Só será possível realizar as transformações necessárias nos negócios varejistas se as métricas de avaliação também passarem por mudanças significativas. Ficar preso a indicadores antigos é como caminhar para frente olhando para trás. Além de ineficaz, esse comportamento é arriscado.

Os KPIs estão diretamente relacionados à gestão da empresa. A análise dos principais indicadores da companhia é o que permite avaliar se o trabalho realizado está sendo positivo ou negativo. Essas métricas funcionam como os principais guias para orientar as ações diárias da equipe. É justamente nesse ponto que reside a importância dos números, tanto para a operação quanto para a estratégia da organização. Quando os resultados são positivos, poucos se preocupam em revisar condutas ou implementar grandes transformações. No entanto, quem garante que os indicadores observados são os mais adequados para o futuro da marca?

Reformular os KPIs do Varejo é essencial para que os profissionais possam mudar sua mentalidade. Para transformar crenças, posturas e práticas, é necessário primeiro atualizar os indicadores-chave pelos quais o Varejo opera. Somente assim as grandes mudanças na organização poderão ser efetivamente implementadas. Permanecer pautado exclusivamente em antigos medidores de desempenho significa ficar preso a práticas, processos e ideias ultrapassadas, bloqueando a adaptação à nova realidade que desponta no horizonte.

16.1 Nova realidade do Varejo

Os KPIs são ferramentas fundamentais para medir os resultados de marcas, especialmente no Varejo. Já mencionei algumas vezes neste livro a fixação do Varejo por certas métricas. Um exemplo clássico é a venda por metro quadrado. Esse indicador é o queridinho de muitos profissionais e o principal orientador de desempenho de diversas empresas até hoje. Sob essa ótica, a unidade com maior venda por metro quadrado é considerada mais eficiente operacionalmente do que outra com um desempenho inferior nesse mesmo indicador. E, sim, essa análise faz todo sentido e está corretíssima!

1. KPI significa, em inglês, Key Performance Indicator. Em uma tradução direta para o português, KPI é um indicador-chave de desempenho. Essas métricas são utilizadas para medir o desempenho do negócio.

Mas será que essa métrica, oriunda de um contexto analógico, ainda faz sentido em um mundo tão profundamente imerso no digital? Será que não há uma certa miopia em concentrar tanto esforço em um indicador que não reflete a complexidade dos canais atuais? No passado, quando existiam apenas lojas físicas, era essencial compreender o quanto cada ponto de venda representava nos resultados. Avaliava-se quanto cada unidade vendia, quais eram os gastos envolvidos e qual era o lucro gerado por aquela operação. Com base nesses dados, era possível identificar se o negócio estava indo bem e quais unidades eram mais ou menos estratégicas para a companhia.

Segundo as regras tradicionais do Varejo, para que uma loja fosse minimamente viável em um shopping, era necessário faturar várias vezes o valor pago pelo aluguel do metro quadrado. Assim, quem se estabelecia em shoppings focava na relação entre faturamento e espaço, já que o custo do aluguel geralmente representava o maior gasto mensal. Essa lógica consolidou a prática de avaliar o desempenho de uma loja com base na venda por metro quadrado, um modelo que permanece inalterado para a maioria dos varejistas. Contudo, com a redução nas médias de vendas em diversos negócios, esse raciocínio acabou incentivando, por exemplo, a diminuição proporcional do tamanho das lojas nos últimos anos.

Agora, precisamos somar a isso o fato de que o mundo mudou. A realidade contemporânea mescla o analógico com o digital. Muitos consumidores visitam as lojas físicas para vivenciar experiências e, ao voltarem para casa, finalizam a compra pelo site ou aplicativo. Nesse cenário, a equipe comercial e a estrutura física da loja contribuem para vendas realizadas em outros canais da marca. Sob essa perspectiva, o indicador de venda por metro quadrado torna-se limitado. Existem unidades físicas realizando trabalhos excepcionais e gerando receitas expressivas para a empresa, mas, ao analisarmos apenas os faturamentos diretos, seus números podem não parecer tão altos. Isso porque a venda ocorre, mas não imediatamente e nem exclusivamente pelo canal físico.

Entendem como é urgente e necessário repensar o formato de avaliação no Varejo?

16.2 Medição do desempenho

É fundamental compreender que os antigos KPIs (*Key Performance Indicators*) já não atendem às demandas da nova realidade varejista. Continuar utilizando métricas desatualizadas é gerenciar um negócio com painéis de controle analógicos em um mundo cada vez mais digital. Isso gera contradições e análises distorcidas, incompletas e, muitas vezes, injustas. Mas o que fazer para mudar esse cenário?

O ponto de partida é definir qual é o objetivo principal do modelo de Varejo físico da sua marca. De forma ampla, podemos identificar dois caminhos principais que, embora complementares, possuem focos distintos:

- **Impacto e posicionamento da marca:** Lojas que atuam como templos de experiência, representando a essência e o propósito da marca em determinado mercado ou geolocalização.

- **Foco transacional:** Unidades projetadas para maximizar vendas diretas e eficiência operacional, como quiosques, *dark stores, vending machines* ou lojas compactas.

Se o foco for transacional, os indicadores tradicionais continuam sendo relevantes. Entre eles:

- **Fluxo e conversão:** O combo básico do Varejo, ligado à quantidade de pessoas que entram nas lojas (medido através de um contador de fluxo) e ao número de vendas efetivadas.

- **Volume de vendas:** Um dos KPIs mais conhecidos, que avalia o valor total das vendas. É mais útil quando combinado com a margem de lucro, que considera os custos envolvidos.

- **Ticket médio:** Calculado dividindo o faturamento total pelo número de vendas realizadas, este indicador mostra o valor médio gasto por cliente.

- **Giro de estoque:** Mede quantas vezes o estoque é renovado ao longo do ano, refletindo a eficiência da gestão de mercadorias. Divide-se a receita pelo estoque médio para chegar à quantidade de vezes que o estoque girou ao longo do ano. Quanto maior o giro, melhor para a empresa.

- **NPS (Net Promoter Score):** Indica a probabilidade de os clientes recomendarem sua marca ou criticarem publicamente.

Preciso reforçar que estas lojas transacionais podem esperar um pouco mais, mas não por muito tempo, para começar a absorver os novos indicadores que citarei abaixo. A evolução dos indicadores será necessária em todos os modelos, mas é urgente para o próximo caso.

É exatamente aqui que entra o Varejo experiencial, foco deste livro. Não dá para considerar apenas o faturamento proporcional ao espaço em modelos de loja criados para serem templos de experiência com a marca. A *flagship store*, a loja high e a pop-up store, por exemplo, precisam de avaliações complementares e mais adequadas para medir seus resultados.

Mais uma vez, reforço a importância de termos clareza total em relação ao objetivo. Por exemplo, se o objetivo é atrair pessoas que nunca tiveram contato com a marca, a quantidade de leads (clientes potenciais que demonstraram interesse em um produto ou serviço) gerados pela loja torna-se um fator crucial. A geração de leads, aliás, é altamente valorizada em canais digitais, mas ainda é subutilizada no universo físico. Neil Patel, empreendedor e escritor premiado, frequentemente destaca a miopia de grandes empresas que focam em adquirir novos clientes, mesmo que isso custe até sete vezes mais caro do que trabalhar para melhorar a taxa de retenção. Nesse contexto, quando falamos em retenção de clientes – outro KPI frequentemente negligenciado –, o Varejo físico desempenha um papel fundamental.

Algumas métricas importantes e complementares às citadas acima incluem:

- **Geração de leads:** Quantifica clientes potenciais captados pela loja. Este indicador, amplamente valorizado no digital, é pouco explorado no ambiente físico.

- **Retenção de clientes:** Fator crítico para reduzir custos, já que fidelizar clientes existentes pode ser até sete vezes mais barato do que adquirir novos.

- **Follow-up preventivo:** Métrica que exige uma mudança cultural, pois está diretamente ligada ao monitoramento de cada etapa do ciclo do produto, desde a venda até a entrega, para garantir uma experiência fluida e satisfatória.

- **Tempo de resolução de problemas:** Reflete a eficiência no atendimento ao cliente e afeta diretamente os índices de satisfação.

- **Índice de recompra:** Pouco explorado, mas extremamente valioso no Varejo, ajuda a entender o comportamento do cliente e a formular promoções personalizadas.

- **Tempo de permanência:** Muito utilizado no digital (tempo de sessão), faz todo sentido no ambiente físico, rastreando o tempo que os clientes passam em contato com os produtos. Este índice reflete a conexão do consumidor com o espaço.

- **CPL físico (Custo por Lead):** Refere-se ao investimento necessário para gerar potenciais clientes no Varejo físico. Para calcular, divide-se o custo total da campanha pelo número de leads gerados. Curiosamente, raramente vejo marcas aplicarem esse cálculo no Varejo físico. Até mesmo a internet gratuita disponibilizada na loja pode ser um excelente gerador de novos leads.

Por fim, é muito importante que marcas varejistas invistam em sistemas mais modernos para mapeamento das lojas. Novos KPIs devem ser incorporados urgentemente à gestão do negócio. A venda por metro quadrado continua reinando muitas vezes sozinha no controle gerencial porque é a medição mais fácil de ser realizada. Contudo, a transformação na forma de medir o desempenho no Varejo já começou, e as marcas que não abraçarem essas novas métricas correm o risco de perder relevância.

16.3 Mudanças provocadas pela integração dos canais

Outro debate interessante é o impacto das lojas físicas nas vendas do e-commerce em uma determinada geolocalização. Há alguns anos, um indiano, considerado um dos grandes nomes da tecnologia, subiu ao palco da NRF[2] e decretou que as lojas físicas iriam acabar em breve. Em sua visão, o mundo caminharia cada vez mais para o digital e, portanto, as unidades físicas se tornariam rapidamente insignificantes. Confesso que fiquei chocada com essa opinião, que contraria tudo o que acredito e que observo rotineiramente no mercado.

Fico imaginando quantos empresários, líderes e executivos saíram daquele evento e redirecionaram suas verbas das lojas físicas para as operações digitais. Afinal, o mundo online era a bola da vez, e investir nas unidades presenciais parecia um contrassenso, já que, segundo aquele discurso, elas estavam fadadas a desaparecer em breve.

2. A National Retail Federation (NRF) é o mais importante e tradicional evento de Varejo do mundo. Realizado anualmente nos Estados Unidos.

Curiosamente, dois anos depois, o mesmo guru voltou ao palco da NRF para se desculpar. Com humildade, admitiu que havia feito uma previsão equivocada. Ele não apenas reconheceu que as lojas físicas não iriam acabar, como também percebeu sua importância estratégica. Estudos mostraram que, em locais onde as lojas físicas foram fechadas, houve queda nas vendas do e-commerce. Em outras palavras, os canais eram interdependentes e se alimentavam mutuamente.

Para mim, essa história é impressionante. Precisou uma figura importante fazer uma previsão equivocada, que levou muitos ao erro e ao prejuízo, para se chegar à conclusão óbvia de que o Varejo físico continua extremamente relevante, algo que observamos diariamente.

No segundo discurso, ele declarou: "Eu não apenas entendi que as lojas físicas não acabarão, como também aprendi que elas são o coração da conexão com os consumidores!". Para alguém que atua com tecnologia, essa constatação pode ter sido reveladora, mas, para os profissionais de Experience Merchandising, trata-se de algo bastante óbvio. Talvez, se ele tivesse lido nosso último capítulo, a surpresa não teria sido tão grande.

A má formulação dos KPIs gera uma série de problemas para o negócio. Em muitos casos, os indicadores comerciais são utilizados como base para a política de remuneração dos funcionários. A comissão do vendedor, por exemplo, é diretamente proporcional às vendas que ele realiza. No entanto, muitas lojas ainda não sabem como remunerar adequadamente os vendedores que efetivam vendas à distância. Sem um modelo de pagamento justo, esses colaboradores podem se sentir desmotivados e até mesmo evitar auxiliar clientes em certos tipos de transações online.

Por isso, é essencial entender as novas configurações do negócio e ajustar a gestão para essa realidade. Por exemplo, a medição do impacto das vendas por geolocalização pode ser tão ou mais relevante do que a tradicional análise de vendas por metro quadrado físico. Eu acredito muito na importância da venda por geolocalização, assim como na análise do tempo de permanência em loja, na taxa de retenção da atenção dos consumidores, entre outros indicadores mencionados anteriormente. Esses KPIs precisam estar no topo das prioridades dos profissionais do Varejo.

Tomemos como exemplo a inauguração de uma loja em um bairro de São Paulo. Ao avaliar sua área de atuação, é necessário observar também a performance das vendas digitais na região. Com a abertura do ponto de venda, é natural que as compras online naquela geolocalização apresentem um crescimento acentuado. Esses números, portanto, devem ser considerados na avaliação do sucesso da unidade física.

A grande questão é: o aumento do faturamento digital naquela região deve ou não ser somado ao faturamento direto da loja? Enquanto muitas marcas ainda respondem "não" a essa pergunta, algumas já trabalham para atribuir 100% das vendas digitais a uma operação física responsável pela entrega e atendimento relacionados a essa venda.

Recentemente, acompanhei o caso de uma grande rede que conseguiu aumentar significativamente suas vendas online em um curto período. Descobri, entretanto, que parte dessas vendas "online" era, na verdade, realizada pela equipe das lojas físicas, utilizando sistemas portáteis de atendimento no próprio local. Essas transações, no entanto, eram contabilizadas exclusivamente como vendas digitais para melhorar os números do e-commerce. O objetivo da empresa era parecer mais moderna e alinhada às tendências digitais, destacando um crescimento robusto no canal online, mesmo que isso deturpasse a real contribuição das lojas físicas. Uma pena, além de uma grande inverdade.

Considerar a geolocalização é essencial. Significa observar o desempenho em cada bairro, zona, subdistrito ou cidade. Um morador da Vila Madalena, por exemplo, pode ter o hábito de comprar vinho mensalmente na loja do bairro, mas, devido ao trânsito, à correria ou à chuva, pode complementar suas compras pelo e-commerce. Se essa venda fosse contabilizada como pertencente à unidade física da Vila Madalena, e não apenas como uma venda online, a inteligência de integração entre canais seria muito mais precisa.

Vivemos em um momento no qual as fórmulas e métricas de avaliação não são uniformes e, frequentemente, são manipuladas conforme os objetivos da marca. Se o interesse é destacar o crescimento da operação digital, a venda é classificada de uma forma. Se a intenção é mostrar a força da operação presencial, a transação recebe outra classificação. Essa falta de padronização precisa ser corrigida!

16.4 Varejo físico do amanhã

Preparar o Varejo físico para trabalhar com novos KPIs exige investimentos em três frentes principais: tecnologia, para viabilizar medições precisas; treinamento da equipe, para que todos compreendam o que está sendo avaliado e por quê; e inteligência mercadológica, para identificar os fatores críticos de sucesso dentro da operação.

Ignorar a experiência completa do consumidor no ponto de venda é um erro estratégico. No e-commerce, por exemplo, mesmo quando a compra não é concluída, as informações deixadas pelo cliente são capturadas e analisadas. Carrinhos abandonados, preferências de produtos, localização, valor da compra não concretizada, horário da visita e até o trajeto clicado página a página ficam registrados. Esses dados, mesmo de uma jornada incompleta, fornecem insights valiosos sobre como melhorar a experiência e aumentar as chances de conversão.

Em contrapartida, o Varejo físico ainda é um deserto de informações. Muitas lojas limitam suas análises ao indicador da compra realizada, o que é insuficiente. Mas e as compras frustradas? Quantas pessoas entraram, mas não encontraram o que procuravam? Quais produtos atraíram atenção, mas não foram adquiridos? Essas perguntas precisam ser respondidas, pois muitas vezes aprendemos mais com as experiências negativas do que com as transações bem-sucedidas.

O Varejo físico precisa adotar a mesma lógica investigativa do e-commerce, rastreando e analisando o comportamento do consumidor desde o momento em que ele pisa na loja. Há inúmeras métricas e tecnologias disponíveis para avaliar a jornada no ponto de venda. Não se pode restringir a análise ao que acontece no caixa. O salão de vendas merece a mesma atenção, com o objetivo de entender o que ocorre a cada passo do cliente.

É fundamental destacar que o Varejo já é um grande gerador de dados. O verdadeiro desafio não está em produzir informações, mas em saber utilizá-las para melhorar operações e resultados. Quando as marcas passam a valorizar o potencial experiencial das lojas físicas, o salto qualitativo nas relações com os consumidores é notável. Se o ponto de venda físico for apenas um local para transações comerciais, sua análise se limitará à compra e venda. No entanto, ao integrar os canais de vendas e compreender o impacto emocional e sensorial das lojas, o Varejo físico se reinventa.

Essa reinvenção já está em curso. Muitas empresas perceberam que o comportamento do consumidor mudou e que os modelos de negócios precisam ser redesenhados para atender a essas novas demandas. As marcas que compreendem isso e começam a agir nesse sentido não apenas se mantêm relevantes, mas também conquistam um diferencial competitivo.

E, por falar em futuro, o próximo capítulo abordará as novas tecnologias disponíveis e emergentes. Afinal, o que o Varejo já pode explorar hoje e o que estará ao seu alcance em breve para concretizar essas transformações? Vamos descobrir.

CAPÍTULO 17

VAREJO 4.0: **IA, LIVES E FERRAMENTAS DIGITAIS NO VAREJO**

O Varejo 4.0 representa a convergência definitiva entre o online e o offline, potencializando a experiência de compra com o uso de tecnologias como inteligência artificial, machine learning e big data. É a evolução natural do Varejo 3.0, que já incorporava a análise de dados e estratégias omnichannel. Agora, o foco está em colocar o cliente no centro de tudo, com empresas se tornando mais ágeis, adaptáveis e conectadas às necessidades de seus consumidores.

Esse novo modelo de negócio não apenas otimiza a produtividade e personaliza a jornada de compra, mas também oferece uma integração profunda entre as operações digitais e físicas. Entre as características marcantes do Varejo 4.0 estão a análise detalhada da jornada do comprador, a integração fluida de canais e a priorização de interações humanas mediadas por tecnologia.

Discutir o futuro do Varejo é, inevitavelmente, falar de tecnologia. Vivemos uma era em que as transformações ocorrem em ritmo alucinante. É quase surpreendente perceber que os avanços tecnológicos dos últimos cinco anos no setor foram mais disruptivos e impactantes do que as mudanças acumuladas nas três décadas anteriores. Ferramentas como inteligência artificial, live commerce e aplicativos de assistência digital não apenas modificam processos operacionais, mas também criam novas formas de conectar marcas e consumidores.

Este capítulo, estrategicamente posicionado como o último do bloco Status cool, amarra as discussões anteriores para mostrar como as inovações tecnológicas estão transformando o Varejo físico em um ecossistema mais dinâmico e inteligente. A tecnologia não opera de forma isolada; ela permeia cada setor da organização, impactando diretamente modelos de negócios, estratégias comerciais, sistemas de gestão e até mesmo os padrões de atendimento.

Ao explorar ferramentas como IA aplicada ao atendimento, live commerce e aplicativos digitais, veremos como essas inovações não apenas otimizam operações, mas criam oportunidades para o Varejo se reinventar. A proposta é clara: manter a relevância em um cenário competitivo global, enquanto se oferece uma experiência de compra integrada e personalizada.

17.1 Social Selling: o papel do vendedor como influenciador social

No cenário contemporâneo do Varejo, o papel do vendedor está sendo profundamente reconfigurado. Ele deixa de ser apenas um agente transacional no ponto de venda físico para assumir a posição de um verdadeiro influenciador consultivo, um social seller capaz de atuar dentro e fora da loja, integrando estratégias do mundo físico com as possibilidades do ambiente digital.

Esse novo modelo de atuação surge em um contexto em que redes de lojas, especialmente franquias, possuem perfis regionais em redes sociais como Instagram e Facebook, conectando-se diretamente com suas comunidades locais. Inserido nesse ecossistema digital, o vendedor tem a oportunidade de se tornar o principal embaixador da marca em sua região. Seu papel vai além do atendimento convencional: ele é um facilitador da experiência de compra, um especialista que utiliza tecnologia para personalizar e amplificar o alcance de suas interações.

As tecnologias que auxiliam a venda são ferramentas indispensáveis para essa transformação. O live commerce, por exemplo, permite que o vendedor se conecte com consumidores fora da loja em tempo real, apresentando produtos, tirando dúvidas e promovendo experiências quase tão interativas quanto o atendimento presencial. Além disso, o atendimento assistido à distância, quando realizado com qualidade, permite uma personalização que amplia as chances de conversão, mesmo quando o cliente não está fisicamente na loja.

Essas ferramentas não só ajudam o vendedor a atuar como consultor de vendas, mas também criam uma ponte direta entre o físico e o digital. Ele pode utilizar parte do tempo livre na loja para construir sua presença em redes sociais, interagir com potenciais consumidores e até mesmo gerar conteúdos que reforcem sua autoridade como especialista no portfólio da marca. Essa abordagem transforma o vendedor em uma figura híbrida, operando no ambiente físico como um consultor e, no digital, como um influenciador. Falarei mais sobre isso!

Nesse novo formato, o vendedor se torna um elo essencial entre a marca e o consumidor. Ele utiliza seu perfil social não apenas para engajar com o público, mas também para criar confiança e credibilidade. Ao compartilhar conteúdo relevante, demonstrar os produtos em uso, oferecer dicas e interagir diretamente com os seguidores, o vendedor posiciona a marca de maneira mais próxima e humana. Essa estratégia é especialmente relevante em redes de lojas com perfis regionais, onde as interações locais podem ser decisivas para construir relacionamentos de longo prazo.

O Melhor de Dois Mundos

Ao aproveitar o melhor do físico e do digital, o vendedor ganha flexibilidade e aumenta seu impacto. Ele pode atender consumidores presencialmente, personalizar experiências e, ao mesmo tempo, utilizar ferramentas digitais para expandir seu alcance e otimizar o tempo. Por exemplo, em momentos de baixa circulação na loja, o vendedor pode dedicar-se ao atendimento remoto, organizar lives ou engajar-se em interações nas redes sociais que gerem leads para futuras vendas.

Benefícios para as Marcas e Resultados Mensuráveis

As marcas que adotam esse modelo de vendedor consultivo-influenciador colhem benefícios claros. Não só ampliam sua capacidade de personalização e engajamento, como também conseguem medir os resultados de maneira mais eficiente. Ferramentas digitais permitem o rastreamento de interações, geração de leads e conversões, enquanto as vendas físicas continuam a fortalecer a presença da marca no território local.

Essa integração de canais e funções eleva o papel do vendedor a um novo patamar. Ele não é mais apenas um executor de vendas, mas um estrategista de relacionamento e experiência, capaz de transformar cada contato em uma oportunidade de fidelização. Este é o futuro do Varejo: dinâmico, conectado e profundamente centrado no consumidor.

17.2 Personalização da venda e atendimento à distância

As tecnologias que contribuem para a evolução do Varejo físico oferecem inúmeras possibilidades, especialmente ao potencializarem o atendimento e a personalização das vendas. Muitas dessas inovações focam no pós-venda, como já abordei em capítulos anteriores, mas o verdadeiro impacto está em integrá-las à jornada completa do cliente. Dessa forma, não apenas otimizam os processos da empresa, mas também podem elevar significativamente os resultados. O segredo para isso? A personalização.

Ferramentas que personalizam a experiência de compra são essenciais para aumentar a satisfação dos clientes. Imagine um vendedor capacitado com tecnologia que transforma a venda assistida em um processo realmente consultivo, capaz de atender às necessidades específicas de cada consumidor. Esse profissional pode, por exemplo, usar ferramentas para atender clientes à distância: enviar produtos para suas casas, responder a mensagens via WhatsApp ou realizar live commerce. Qualquer tecnologia que facilite o atendimento remoto é uma aliada valiosa.

O live commerce vem se consolidando como uma das ferramentas mais impactantes do Varejo físico. Munido de um celular, um vendedor pode abrir uma transmissão ao vivo, interagir com consumidores ou influenciadores e conduzir uma venda assistida à distância. Na mesma tela, ele demonstra produtos, responde a dúvidas e orienta o público a finalizar a compra online. A conexão é instantânea e prática, proporcionando resultados surpreendentes.

Marcas antenadas com públicos mais conectados, especialmente os presentes nas redes sociais, já utilizam o live commerce para pré-lançamentos de coleções e produtos, com muito sucesso. Um case emblemático é o de Bianca Andrade, a influenciadora conhecida como Boca Rosa. Começando com dicas de maquiagem, ela conquistou uma audiência fiel e lançou uma linha própria de cosméticos. Inicialmente, suas vendas ocorriam apenas em farmácias e lojas especializadas, mas a decisão de assumir a distribuição direta revolucionou sua operação.

A primeira live de Bianca durou três horas, durante as quais ela apresentou seu portfólio completo, que inclui mais de cinquenta tons diferentes de base. O impacto foi avassalador: os estoques esgotaram em 180 minutos, resultando em R$ 5 milhões em vendas. A live foi interrompida porque os produtos acabaram. Esse sucesso demonstra como a personalização e o atendimento direto podem transformar o alcance de uma marca. Durante a live, Bianca trazia várias mulheres que representavam diferentes consumidoras e testava, em tempo real, os produtos enquanto tirava todas as dúvidas das consumidoras. Uma pergunta sobre o produto era imediatamente esclarecida com uma demonstração!

Gosto muito do formato da live para o atendimento à distância, pois ela não se restringe ao ambiente digital. Uma vendedora, por exemplo, pode interagir com uma cliente remotamente, recomendar um produto específico para o tom de pele dela, convidá-la a testar e ajustar até encontrar o ideal. É uma interação online com o calor humano de um atendimento presencial.

No Brasil, a Mimo Live Sales[1] é referência nesse formato. Como a maior operadora de live sales do país, oferece soluções completas para empresas que desejam implementar o live commerce de forma eficaz. Abaixo segue uma lista das práticas recomendadas pela Mimo para garantir o sucesso nas vendas ao vivo:

1. Pioneira na América Latina, a Mimo foi fundada em 2020 e se posiciona como uma startup especializada na oferta de serviços de Live Commerce e Video Commerce.

8 Dicas para Produção de Live Commerce:

- **Crie Exclusividade e Urgência (FOMO):** Ofereça kits exclusivos, brindes, e descontos atrativos (acima de 20%). Realize sorteios durante a live para aumentar o engajamento.

- **Diversifique o Mix de Produtos:** Apresente uma variedade de itens com diferentes faixas de preço, combinando produtos de tickets altos e baixos.

- **Qualifique e Divulgue Antecipadamente:** Divulgue a live com pelo menos uma semana de antecedência, incentivando inscrições para medir o interesse. Use canais estratégicos como newsletters, mensageria e redes sociais para divulgação. Reative os canais no dia da live com o link direto.

- **Escolha Apresentadores Estratégicos:** Combine um especialista técnico com um influenciador (preferencialmente micro ou nano) que aumente a audiência e impulsione vendas.

- **Autenticidade no Ambiente:** Realize as lives em uma loja física para criar conexão com o público e reforçar a autenticidade da marca.

- **Baseie-se em Conteúdos Relevantes:** Explore formatos como tutoriais, dicas práticas, e conteúdos educacionais que mostrem os produtos em uso. Evite criar algo totalmente novo.

- **Interaja e Engaje com o Público:** Responda perguntas do chat rapidamente e use gamificação para engajar, como desafios com prêmios para os espectadores mais rápidos.

- **Mantenha a Dinâmica e Retenção:** Lembre-se que a audiência costuma ficar em média 5 minutos. Crie uma experiência ágil, interativa e envolvente para manter o público conectado.

Segundo Monique Lima, CEO da Mimo Live Sales:

> *"Essa experiência é ao vivo e acaba em uma hora. Não basta oferecer descontos. O conteúdo relevante e educacional, que mostra os atributos do produto e seu uso real, é um enorme potencializador da experiência. Após definir esse conteúdo, concentre suas forças em atrair uma audiência qualificada. Use dados e inteligência de CRM para engajar consumidores fiéis e lovers da marca, mas também invista em aquisição de novos consumidores por meio de creators e mídia."*

A tecnologia utilizada para auxiliar na venda assistida pode ajudar os varejistas a resolver um ponto sensível na operação das lojas físicas: o tempo que o vendedor fica inoperante. Em média, um profissional do Varejo passa cerca de 35% da jornada de trabalho aguardando o momento de atendimento ao cliente. E o que faz nesse período de espera? Na maior parte das vezes, nada, o que representa um enorme desperdício de tempo, energia do profissional e recursos da marca.

Com as ferramentas certas, é possível otimizar esse tempo, e é exatamente aí que vejo muitas oportunidades para as lives. Por que não organizar vendas em live commerce nos intervalos do atendimento presencial? Por que não contatar os clientes do online durante as baixas de visitas no Varejo físico? Há várias possibilidades. Já que falei em KPI no capítulo anterior, aqui surge outro indicador muito importante para os próximos anos: a capacidade de gerar vendas digitais a partir da atuação em loja, algo que não é avaliado pelos modelos tradicionais do Varejo. Na Chilli Beans, um dos clientes da Vimer Retail, esse formato de vendas já representa 25% do total das lojas.

Uma venda assistida em formato live pode ser direcionada para um grande número de pessoas – como no caso da Boca Rosa – ou ser ultra personalizada para um pequeno grupo de clientes. Vocês conseguem imaginar um atendimento à distância realizado por uma marca de luxo utilizando essa ferramenta? Notem que muitas marcas de luxo têm poucas dezenas de clientes responsáveis por grande parte do faturamento mensal da loja. Dedicar atenção especial ao atendimento desse público pode significar alcançar ou superar as metas. Pensar dessa forma é uma grande quebra de paradigmas.

Dependendo do histórico de compras do consumidor, vale a pena alocar um vendedor exclusivamente para oferecer altos níveis de assistência pessoal, seja à distância ou presencialmente. Estar com ele por trinta minutos, uma, duas ou até três horas pode ser muito vantajoso. Inclusive, oferecer auxílio no pós-compra, quando o cliente já está em casa, é essencial. Em vez de a equipe de vendas ficar de braços cruzados enquanto não há atendimentos presenciais, por que não ajudar os melhores clientes no momento do uso dos produtos vendidos?

Nesse caso, falamos de um vendedor fisicamente na loja atendendo um comprador remotamente. No entanto, também é possível usar a tecnologia para transformar o atendimento no ponto de venda. Nessa nova configuração, a Inteligência Artificial (IA) pode potencializar as ações, complementando o fator humano. Essa combinação das duas inteligências amplia consideravelmente as chances de conversão de vendas e melhora significativamente o atendimento.

17.3 A Inteligência Artificial como potencializadora do atendimento

Enquanto escrevo este capítulo, diversas ferramentas de Inteligência Artificial (IA) estão sendo testadas e aplicadas tanto no Brasil quanto no mundo. Essas inovações já fazem parte do dia a dia do Varejo físico e das centrais de atendimento à distância. A IA pode ajudar a esclarecer dúvidas dos consumidores sobre produtos, apoiar o time de vendas com informações estratégicas e até localizar e gerenciar estoques com mais precisão.

Um dos maiores potenciais da IA está em personalizar a experiência de compra, ampliando as possibilidades de recomendação cruzada de produtos. Imagine um cliente pedindo um tempero específico para uma receita. A IA pode identificar o prato completo e sugerir outros ingredientes necessários, algo que seria difícil de ser feito manualmente, especialmente em portfólios amplos e dinâmicos. Acredito muito no papel da IA como uma ferramenta que empodera o atendimento humano, otimizando e ampliando as interações no ponto de venda.

Não vai demorar para que equipes comerciais sejam orientadas em tempo real por sistemas de IA, recebendo dicas personalizadas sobre como abordar cada consumidor. Essas informações podem ser transmitidas via áudio, telas de computador ou até aplicativos móveis. Essa sinergia entre tecnologia e equipe é uma grande aliada para individualizar a jornada do cliente e melhorar o atendimento.

Um exemplo prático disso pode ser visto no setor de cosméticos. Imagine uma consumidora chegando à loja em busca de produtos de skincare e maquiagem. A primeira etapa do vendedor é diagnosticar o tipo de pele da cliente: oleosa, seca, porosa? Qual o tom exato? Dispositivos portáteis com IA já fazem esse trabalho. Basta encostar o rosto na máquina, que analisa as características e sugere produtos com precisão.

Além da exatidão, essa abordagem agrega credibilidade ao diagnóstico, permitindo que o vendedor brilhe ao complementar a análise técnica com sua habilidade consultiva. A IA não substitui o humano; ela potencializa o relacionamento com o cliente. Enquanto a máquina analisa dados complexos e sugere soluções rápidas, o vendedor cria uma conexão emocional, promovendo experimentação e confiança.

Essa integração eleva o nível de personalização do atendimento, proporcionando experiências únicas para os consumidores. Hoje, pode parecer um luxo, mas em poucos anos será a norma do mercado. Marcas que souberem incorporar essas tecnologias sairão à frente.

Outro exemplo de uso inteligente de dados e IA vem da Di Santinni, uma rede que implementou um aplicativo para ajudar sua equipe de vendas a passar mais tempo com os clientes. O insight veio de um estudo interno que mostrou uma relação direta entre o tempo de atendimento no ponto de venda e o ticket médio das compras.

O fundador da empresa relatou que atendimentos mais longos resultavam em maior satisfação dos consumidores, mais vendas adicionais e um faturamento mais elevado. Por exemplo, eles descobriram que o atendimento médio era de 8 minutos, mas ao estender esse tempo para 12 minutos, o ticket médio aumentava em 30%. Essa é uma informação valiosa para qualquer varejista e demonstra a importância de investir no tempo e na qualidade das interações com os consumidores.

Esses exemplos mostram que o sucesso da venda não acontece no caixa, mas no salão comercial, onde o vendedor convence o cliente. Por isso, é essencial monitorar todo o processo: quantas pessoas entraram na loja, quantas foram atendidas, quantas saíram sem comprar, qual o tempo médio de permanência e como cada uma tomou sua decisão de compra. A combinação de IA, análise de dados e treinamento humano é um caminho muito importante para revolucionar o Varejo físico.

17.4 Exemplos reais do uso de novas tecnologias no Varejo

Muitas marcas estão investindo em tecnologias que transformam a forma como interagem com os consumidores, e a Sephora, que citei anteriormente, é um excelente exemplo. A empresa utiliza leitura digital da pele para oferecer produtos que se ajustam perfeitamente às características de cada cliente. Como rede multimarcas, a Sephora possibilita um atendimento altamente personalizado, com uma ampla variedade de opções que tornam a experiência única.

Essas inovações transformam o atendimento no Varejo físico, tornando-o mais pessoal e eficiente. É a personalização em escala, com respostas em tempo real que ajudam o consumidor a identificar exatamente o que precisa. A IA não apenas otimiza o processo de compra, mas também promove conexões mais significativas entre marcas, consumidores e produtos, redefinindo os padrões de excelência no Varejo.

Não há dúvidas de que as tarefas rotineiras, assim como tudo o que precisa ser reorganizado ou classificado, estão sendo profundamente transformadas pela Inteligência Artificial (IA). No Varejo, sistemas de leitura e controle de estoque, monitoramento de rupturas e automação de processos no caixa já utilizam IA, e a tendência é que essas tecnologias avancem ainda mais, abrangendo novas áreas do negócio e tornando as operações mais eficientes.

Além disso, a tecnologia vem revolucionando o mapeamento do comportamento dos consumidores no ponto de venda. Câmeras e sensores capturam a trajetória dos clientes dentro das lojas, revelando padrões, interesses e desejos específicos. Esses dados são valiosos para compreender a jornada individual de cada cliente e oferecer experiências personalizadas.

ULTA BEAUTY

Ainda no segmento de cosméticos, a distribuição de amostras grátis é uma prática comum para atrair consumidores. A ideia é que eles testem os produtos em casa e, posteriormente, retornem para adquirir a versão maior. Porém, essa abordagem frequentemente ignora as preferências e necessidades individuais. Quantas vezes alguém recebe uma base que não corresponde ao tom da sua pele ou um perfume floral quando prefere fragrâncias amadeiradas? O resultado: muitas amostras acabam esquecidas em gavetas, vencem e são descartadas.

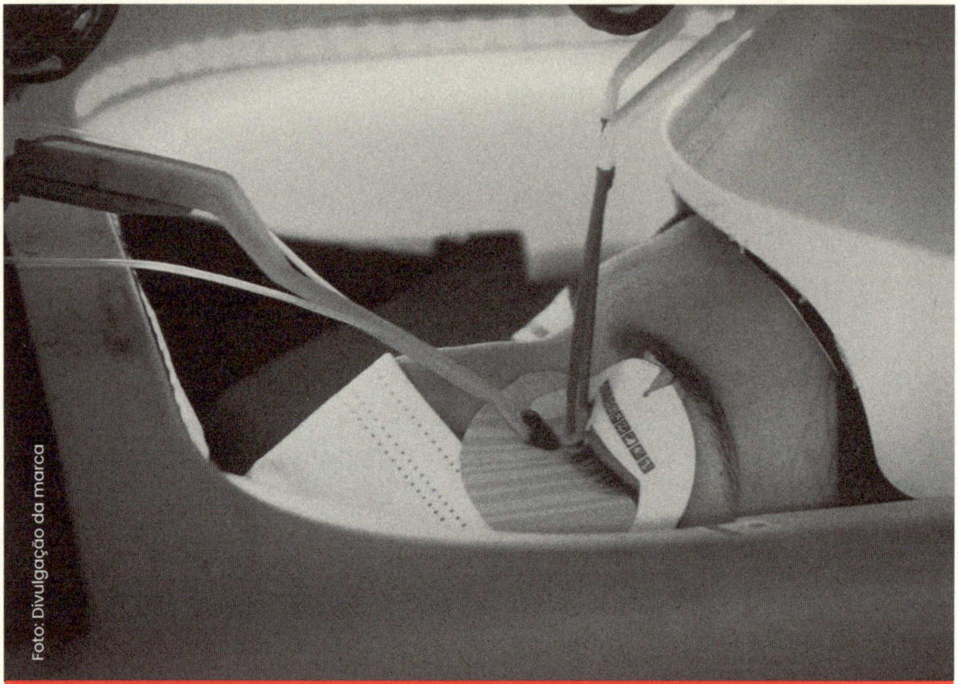
Foto: Divulgação da marca

Parceria entre a Ulta Beauty e a Luum Precision Lash para aplicação automatizada de cílios está disponivel em formato de testes em uma das lojas da marca na Califórnia.

A Ulta Beauty, concorrente da Sephora, vem adotando a Inteligência Artificial (IA) para transformar essa prática de forma inovadora. Em suas lojas, um dispenser eletrônico de amostras grátis utiliza IA para personalizar as escolhas. Ao escanear um QR Code, a consumidora acessa o aplicativo da marca e responde a perguntas sobre suas experiências anteriores, como o uso de um rímel adquirido na última visita. Se o feedback for positivo, a máquina oferece a amostra de uma máscara de cílios baseada no rímel aprovado. Caso contrário, libera outro produto mais adequado. Essa abordagem reduz drasticamente o desperdício e aumenta as chances de a consumidora testar e aprovar o que recebeu.

A Ulta também identificou oportunidades para automatizar serviços. Embora manter manicures em suas lojas seja inviável, a marca firmou uma parceria com uma empresa de IA que oferece esmaltação por máquinas inteligentes. A cliente insere a mão no dispositivo, que faz um mapeamento das unhas. Após escolher a cor do esmalte, a máquina realiza a pintura por apenas 10 dólares, em cerca de 15 minutos. Além disso, serviços como aplicação de cílios também podem ser realizados por processos similares, expandindo as possibilidades de automação no Varejo.

TRACTOR SUPPLY

Nos Estados Unidos, a Tractor Supply, especializada em produtos de agronegócio como fertilizantes e ração para animais, desenvolveu uma ferramenta de auxílio às vendas chamada AI Whisper. Esse recurso funciona como um "assistente invisível" que orienta o vendedor em tempo real. Enquanto o consumidor interage no salão de vendas, o aplicativo, conectado ao dispositivo do atendente, "ouve" a conversa e sugere, discretamente, o que deve ser oferecido ou abordado. Trata-se de uma evolução significativa para a operação comercial, especialmente no aprimoramento do atendimento.

O potencial dessa tecnologia para cross-selling é impressionante. Imagine que um cliente entra na loja em busca de um fertilizante macronutriente, como o clássico NPK. O AI Whisper, ao monitorar a conversa, sugere que o produto ideal seria um micronutriente, como boro, essencial para o tipo de solo do cliente. O vendedor, então, explica as vantagens dessa escolha e como ela pode atender melhor às necessidades do consumidor. Essa abordagem não apenas eleva a experiência de compra, mas também demonstra o valor agregado do uso da tecnologia em vendas consultivas.

Agora, imagine essa mesma tecnologia em um *pet shop*, onde, exceto em situações específicas como banhos e tosas, muitas vezes não se conhece absolutamente nada sobre os hábitos de um cliente regular. Com o uso de IA, seria possível personalizar o atendimento, identificando características da raça, o histórico de compras e problemas específicos de cada animal. Por exemplo, para um cão com alopecia, o sistema pode sugerir uma ração 100% natural, personalizada para suas necessidades nutricionais, já incluindo um cupom de desconto na primeira compra.

iFood

Um exemplo notável do uso da IA em escala é o iFood, que processa impressionantes 100 milhões de pedidos mensais no Brasil, atendendo a 1.700 cidades e 200 mil parceiros. Esse volume massivo de operações só é possível graças à IA, que cruza dados para otimizar a logística e potencializar a experiência dos usuários. Entre suas inovações está uma tecnologia em teste que realiza leitura de imagens para identificar desejos específicos dos consumidores. O cliente pode, por exemplo, fotografar um prato que deseja preparar, e o aplicativo lista os ingredientes necessários e onde comprá-los.

Imagine que, para uma lasanha, o sistema sugira os melhores produtos disponíveis em uma loja do Carrefour a dois quilômetros do cliente, com um custo total de R$ 60,00. O app então pergunta: "Quer efetuar a compra agora?" Esse nível de interação não só facilita a jornada de compra, mas também demonstra o potencial transformador da IA no ambiente digital, aproximando o Varejo do futuro e elevando o nível de conveniência e personalização oferecido aos consumidores.

Robocar

A Zhidou, fabricante chinesa de carros elétricos, nasceu de uma joint venture entre a Baidu, gigante da Inteligência Artificial na China, e a Geely, renomada montadora local. Recentemente, a empresa apresentou o Robocar, um veículo revolucionário comandado totalmente por voz. Nesse novo paradigma, botões e telas de comando se tornam obsoletos, já que o motorista interage diretamente com o carro para realizar solicitações e ajustes.

Nas concessionárias da Zhidou, os consumidores podem experimentar essa tecnologia de forma prática. A interação é feita via voz, incluindo o uso do WeChat, popular aplicativo chinês semelhante ao WhatsApp. O mesmo tipo de comando que seria dado ao Robocar pode ser testado em dispositivos conectados, criando uma jornada do cliente imersiva e intuitiva.

A inovação vai além: o próprio veículo, equipado com IA, pode iniciar um diálogo com o motorista. Caso o sistema detecte sinais de cansaço ou desatenção, como invasões frequentes de faixas, ele sugere proativamente uma parada para descanso, indicando, por exemplo, um posto de gasolina próximo e programando a rota automaticamente. Essa interação mostra como a tecnologia pode combinar segurança, personalização e conveniência para transformar a experiência de dirigir.

H&M

A H&M desenvolveu, em seu aplicativo, a ferramenta Store Mode, que transforma a experiência de compra em suas lojas físicas. Quando o cliente ativa o aplicativo durante a visita, ocorre o compartilhamento de dados com a marca, permitindo uma interação mais personalizada. Caso o consumidor seja identificado como assíduo e já tenha demonstrado interesse em uma peça específica, o Store Mode facilita a compra ao informar se o item está disponível na loja visitada, na cor e no tamanho desejados. Se não estiver, o app localiza a unidade mais próxima onde o produto pode ser encontrado, garantindo conveniência e agilidade no atendimento.

Snappy

A personalização, um dos pilares da Inteligência Artificial, também é explorada pela Snappy, uma startup norte-americana especializada em assistência para presentes. No aplicativo, o cliente pode inserir seu perfil de consumo ou informações sobre quem deseja presentear. Com base nesses dados, a IA realiza uma análise detalhada do portfólio de marcas parceiras e oferece uma lista de sugestões de produtos ideais. Essa abordagem não apenas simplifica o processo de escolha, mas também proporciona uma experiência de compra prática e altamente customizada.

CARREFOUR

São tantas as possibilidades da Inteligência Artificial que esse conteúdo mereceria um livro inteiro, e não apenas um capítulo. Continuo acreditando na existência de um triângulo que aborda o volume de informação, a capacidade limitada de análise humana e a tomada de decisão. Atualmente, as pessoas não conseguem cruzar a quantidade absurda de dados disponíveis sem o apoio da tecnologia.

O Carrefour, por exemplo, está utilizando há mais de um ano um algoritmo chamado de anti-inflação. Ao escolher um produto online, o site da marca exibe todos os itens similares com preço mais baixo. Com essa prática, o consumidor pode tomar decisões de compra com mais segurança. Em 21% dos casos, os consumidores substituem as escolhas originais pelos produtos similares sugeridos. Em vez de focar apenas na margem de lucro momentânea, o varejista adota uma visão estratégica voltada para o relacionamento de médio e longo prazos com o cliente. Convenhamos, esse é um olhar diferenciado em um mercado tão competitivo e voltado para disputas de preço.

AMAZON FRESH

Outro caso interessante é o da Amazon Fresh. A tecnologia baseada em Inteligência Artificial viabiliza o conversational commerce, ou seja, o comércio por meio da fala. Quem visita a Amazon Fresh tem a impressão de que há várias Alexas espalhadas pela loja. Assim como em grande parte do Varejo de autosserviço, há poucos funcionários disponíveis para prestar assistência, e é nesse momento que entra a Alexa. O consumidor informa o que precisa, e a máquina orienta sobre a localização dos produtos. No caso de perguntas mais complexas, o sistema da loja consegue, por exemplo, listar os ingredientes necessários para preparar um bolo ou informar a quantidade de calorias de determinado item.

Para realizar essa interação, o supermercado permite o conversational commerce tanto por meio de seus dispositivos quanto pelos celulares dos clientes. Além disso, o próprio carrinho da Amazon Fresh é altamente tecnológico e se conecta à conta Amazon do consumidor. Ao conectar o celular ao carrinho, a leitura da lista de compras é iniciada automaticamente. À medida que o cliente percorre os corredores da loja, a IA do varejista se encarrega de fornecer dicas, transmitir informações, fazer sugestões de compras e esclarecer dúvidas.

Supermercado Amazon Fresh em Seattle, utilizando conversational commerce com a Alexa.

Não tenho dúvida de que a experiência de consumo em uma unidade dessa rede é incomparável. O Varejo tradicional parece bastante arcaico diante do que é oferecido pela Amazon Fresh. Como diz a futurista e consultora Kate Ancketill, fundadora da GDR: "O futuro do Varejo é conversacional e preditivo, com a IA agindo como um intermediário personalizado entre marcas e consumidores". Impossível não concordar com suas palavras.

KROGER

Outro trabalho de destaque em supermercados é o da Kroger, que possui mais de 1.200 lojas físicas. Quando penso em referência no mapeamento de lojas por meio da Inteligência Artificial, o primeiro exemplo que me vem à mente é o da rede de supermercados Kroger. O projeto de Digital Twin (uma espécie de gêmeo digital de uma loja existente no mundo físico) propõe novos modos de configuração do ambiente físico, testa-os virtualmente e gera dados de forma antecipada. Assim, torna-se mais fácil (ou menos difícil) a tomada de decisão sobre o que fazer no ponto de venda. Um gêmeo digital pode fornecer insights sobre produtos, processos e locais do mundo real que antes eram impraticáveis ou mesmo inatingíveis.

A Kroger utilizou uma réplica da loja física para simular diversas novas configurações de atendimento nos caixas, por exemplo. Após vários testes virtuais, a rede reconfigurou as ilhas de caixa e reduziu em 27 segundos o tempo médio da operação. Ou seja, usaram a tecnologia para tornar o que já era rápido ainda mais eficiente, reduzindo de 80 para 53 segundos o tempo médio da passagem do cliente pelo caixa. Em menos de um minuto, a compra é finalizada.

Esse ganho, que parece de poucos segundos, torna-se gigantesco ao final do dia, quando são computadas todas as transações.

THE INKEY LIST

Por fim, trago um exemplo de como a tecnologia pode empoderar o próprio consumidor, deixando-o mais seguro em suas escolhas. A The Inkey List, marca de cosméticos inglesa, lançou várias pop-ups educativas no Reino Unido. Montados em lojas físicas, esses espaços ajudam os consumidores a se tornarem experts em análise facial. Com maior conhecimento sobre as características do próprio rosto, o consumidor fica mais empoderado para escolher o melhor tratamento. A empresa investiu em sistemas, maquinários e cruzamentos de dados para melhorar o atendimento e a experiência de compra dos próprios consumidores, e achei isso bárbaro.

Em resumo, a tecnologia oferece uma gama infinita de ferramentas poderosas ao alcance dos varejistas, capazes de transformar todos os aspectos do negócio ou aprimorar processos essenciais. A seleção apresentada neste capítulo tem o objetivo de inspirar reflexões e gerar insights sobre como integrar essas inovações ao seu modelo de negócios. Essa integração não será uma opção, mas uma necessidade no caminho da transformação futura. É fundamental lembrar que a tecnologia é apenas um meio, um elo que conecta diferentes pontos do ecossistema varejista. Ela não é um fim em si mesma; cabe a nós, gestores de negócios, determinar como utilizá-la de maneira estratégica e significativa para impulsionar resultados e experiências.

A ENERGIA VITAL

Os shoppings e espaços de compras voltam a ser encarados como "third places", algo como uma terceira casa entre a nossa vida familiar e de trabalho.

Foto: Vimer

Vejo o Varejo como uma das grandes forças propulsoras da economia, refletindo de maneira direta as transformações socioeconômicas e culturais ao nosso redor. Ele não apenas influencia comportamentos, hábitos e tendências, mas também é profundamente impactado pelos valores e pelo cotidiano da sociedade. As lojas físicas vão além de simples pontos de venda; elas são cenários de descobertas, interação humana e socialização.

Por isso, considero essencial que você, leitor — seja empreendedor, executivo, profissional, pesquisador, estudante ou simplesmente um entusiasta do mercado varejista — adote uma postura de líder transformador. O futuro do Varejo exige protagonismo, inovação e a capacidade de antecipar as mudanças para criar experiências que transcendam o óbvio e conectem marcas e consumidores de forma única e significativa.

O **Varejo Experiencial** representa o futuro das lojas físicas ao transformar esses espaços em muito mais do que pontos de transação; eles se tornam ambientes de conexão, inspiração e interação sensorial. Em um mundo onde a jornada do cliente é cada vez mais não linear e os canais online e offline se integram, as lojas físicas devem assumir o papel de templos da marca, proporcionando experiências únicas, inspiradoras e regenerativas.

Esse modelo de Varejo explora a fusão entre tecnologia, design e humanização para criar ambientes imersivos e altamente personalizados. Desde o uso de Arquitetura de Reuso e Marketing Multissensorial até ferramentas de Inteligência Artificial que otimizam o atendimento e a personalização, o foco está em atender às necessidades e desejos do consumidor.

Além disso, o vendedor deixa de ser apenas um operador de vendas e assume o papel de influenciador consultivo, atuando dentro e fora da loja, tanto fisicamente quanto nas redes sociais, como um social seller. Em essência, o Varejo Experiencial não é apenas uma estratégia; é uma resposta às expectativas de uma sociedade que valoriza a conexão humana, as experiências únicas e a relevância cultural. Ele não é o fim do Varejo físico, mas a sua evolução mais criativa e impactante.

Com a convicção de ter explorado os caminhos que o Varejo de hoje e de amanhã deve trilhar, compilei 7 passos essenciais para finalizar este livro. Estas diretrizes são fundamentais para fazer pulsar a tão necessária energia vital da experiência no Varejo.

Da teoria à prática

A energia vital do nosso segmento precisa ser canalizada na direção certa. Só assim será possível construir marcas bem-sucedidas e negócios alinhados aos novos tempos. Contudo, uma dúvida sempre surge: como fazer a transformação acontecer?

Não basta simplesmente concordar com o que foi apresentado nos capítulos anteriores. É necessário ir além. Mais importante do que pensar "Que bacana tudo isso que a Camila debateu" é colocar cada um dos temas em prática. A mentalidade deve ser: "Como vou fazer o que foi proposto neste livro sair do papel?"

Para que mudanças significativas ocorram nas estruturas e operações das empresas, é fundamental a atuação coordenada e segura dos agentes de transformação. Infelizmente, é comum presenciarmos muitos discursos e debates sobre os caminhos a serem seguidos, mas raramente encontramos ações concretas e a materialização dos planos de inovação nas organizações.

Para mim, está clara a importância de incentivar adequadamente as pessoas no processo de liderança ou co-liderança da transformação no Varejo. Quando profissionais formadores de opinião assumem cargos de tomada de decisão e implementam mudanças significativas em empresas de ponta, toda a cadeia se movimenta. Fornecedores, parceiros e colaboradores que não se atualizam acabam ficando para trás. Sabendo disso, eles tendem a acompanhar o ritmo da empresa de referência, que avança em direção aos ventos do futuro.

Portanto, precisamos entrar em ação! Escolha cinco temas ou insights que obteve ao longo do livro e inclua esses pontos em sua agenda ou na de seus líderes. Muitas vezes, o passo mais difícil é o primeiro. Uma vez que o movimento começa, imprimir um ritmo mais veloz se torna progressivamente mais fácil. Os líderes precisam compreender essa particularidade do processo de transformação e trabalhar para garantir a contínua concretização dos planos traçados. Se tiver dificuldade em elencar esses passos, utilize os que listei aqui, neste capítulo final!

Garanta o básico, mas não retroceda a ele

Todos nós que atuamos no Varejo enfrentamos o desafio de equilibrar a execução impecável do básico com a capacidade de olhar adiante e abraçar as transformações necessárias para o futuro. Isso exige um compromisso duplo: garantir que os fundamentos operacionais sejam sólidos enquanto se mantém uma visão estratégica voltada para as inovações e tendências do mercado.

Durante eventos como a NRF, um tema recorrente é o "*Back to Basics*" — um chamado para reforçar os pilares do negócio. Porém, é essencial entender que esse conceito não deve ser um ponto de partida, mas sim uma constatação de que os fundamentos já foram consolidados. Se marcas e gestores ainda retornam dessas feiras com o sentimento de que precisam "fazer o básico bem feito", isso reflete uma miopia de mercado alarmante.

Garantir os fundamentos significa implementar processos eficientes, manter uma operação consistente e oferecer um atendimento impecável. Isso permite que líderes varejistas saiam das tarefas puramente operacionais para focar no futuro de suas marcas. Sem essa base sólida, a liderança fica presa no ciclo da urgência, sem espaço para planejar estratégias de médio e longo prazo.

Considero crítico evitar que essa obsessão pelo básico se torne uma âncora que imobilize a inovação. A cultura imediatista, profundamente enraizada no Varejo, continua sendo um dos maiores obstáculos para a transformação do setor. A pressão por resultados rápidos — impulsionada por crises econômicas, acionistas e a volatilidade do mercado — acaba consumindo a agenda estratégica das empresas. Temas fundamentais, como inovação, sustentabilidade e transformação organizacional, muitas vezes são engavetados, restando espaço apenas para apagar incêndios.

> "A **inovação** é o que distingue um **líder de um seguidor.**"
>
> Steve Jobs

Crie pertencimento

Se tivesse que escolher uma só palavra para resumir a relação que deve ser buscada entre marcas e clientes, não tenho dúvida de que seria "pertencimento". O Varejo é naturalmente uma vertente de conexão com a comunidade. Ele liga companhias às pessoas e pessoas às companhias.

Quando há uma forte sensação de pertencimento entre as partes (a empresa se vê participando ativamente da vida dos clientes e os consumidores se enxergam verdadeiramente envolvidos pela dinâmica daquele negócio), a loja se torna uma espécie de segunda casa dos compradores. Existe inclusive um movimento no Varejo contemporâneo que aprofunda esse conceito e argumenta que os varejistas seriam, na verdade, a nossa terceira casa. A segunda casa é o nosso local de trabalho. A socialização no ponto de venda físico é tão forte que gera uma conexão familiar com as marcas. Não é raro alguém estar na loja da Apple, por exemplo, e pensar: "Pertenço a esse lugar", "Me sinto bem aqui", "Faço parte de tudo isso!" ou "Eles me entendem muito bem". Quando há esse tipo de sentimento, a conexão deixa de ser apenas comercial e se torna familiar e amigável.

Em todos os capítulos, procurei reforçar a importância de extrapolarmos a relação meramente transacional. Quando falamos em pertencimento, vamos além da compra e venda de produtos. Trata-se da volta à essência histórica da atividade varejista, em que a proximidade, a individualidade, a confiança e o conhecimento mútuo estavam na base do relacionamento. A energia vital do Varejo sempre foi, e sempre será, a de propiciar relações experienciais positivas. Nós só nos esquecemos disso!

Sim, nos últimos anos, muitas empresas concentraram seus investimentos exclusivamente nas plataformas digitais, deixando de lado a proximidade proporcionada pelos pontos de venda físicos. Hoje, essa tendência começa a se reverter, buscando uma equalização. Percebo um movimento crescente no mercado voltado para criar conexões mais profundas com os clientes, não apenas nos canais digitais e nos pontos físicos, mas, principalmente, na integração harmoniosa entre os mundos online e offline.

A nova jornada de consumo exige que cada ponto de contato seja encarado como uma possibilidade real de conversão. Tire o foco exclusivo da busca contínua por fluxo e concentre-se em exercitar estratégias de conversão.

Na nova visão do mercado varejista, é impossível ignorar qualquer parte do negócio ou subestimar a complexidade das interações humanas. O desafio está em reconhecer que cada ponto de contato — seja digital ou físico — é uma oportunidade para gerar pertencimento, fortalecer relações e converter vendas.

Já citei algumas vezes a alta volatilidade das relações e o baixo comprometimento entre as diferentes partes do mercado varejista. Por isso, defendo enfaticamente a necessidade de uma sacudida nas organizações para que direcionem seus olhares ao pertencimento de sua audiência. Para impressionar positivamente os clientes e gerar vínculos estáveis, é preciso buscar formas de conexão genuínas com a comunidade. Pertencimento é exatamente isso e está ligado ao conceito da terceira casa! Na verdadeira "residência varejista", nos sentimos seguros, acolhidos, ouvidos, atendidos e estimulados sinestesicamente.

Cultive comunidades

Lendo o livro *O Caldeirão Azul*[1], do físico e professor Marcelo Gleiser, encontrei um conceito no qual acredito profundamente e que tem muita conexão com o que estamos discutindo aqui. Ele afirma que os seres humanos são criaturas tribais e que cada tribo se define por símbolos, mitos e códigos morais particulares. Gleiser garante que nossos ancestrais entenderam a vantagem de pertencer a um grupo específico. Tanto no passado quanto no presente, fazer parte de um grupo confere legitimidade social imediata.

Fazendo uma projeção para o nosso mercado, o Varejo tem exatamente essa função: construir grupos — ou como prefiro chamar, comunidades — faz com que consumidores se sintam acolhidos por meio de uma marca, valores empresariais, cultura organizacional e estilo de vida característicos. É isso que muitas pessoas buscam ao consumir. O Varejo que se conecta com suas comunidades se torna não apenas um espaço de transações, mas também um palco de descobertas, socialização, relacionamento e aproximação entre marcas e pessoas.

Se a maioria dos profissionais do Varejo entende esses conceitos e concorda com eles, a dúvida que surge é: por que a demora para as empresas se movimentarem em direção ao pertencimento e à criação de seus próprios grupos culturais?

A resposta está na falta de uma visão de mercado mais ampla sobre comunidade e consumo. Gosto especialmente do processo de evolução da Cacau Show, uma varejista que, por muito tempo, ancorou seu negócio na transação de chocolates. A marca, que tem como propósito "Vivemos para, juntos, tocar a vida das pessoas, compartilhando momentos especiais", vem ampliando suas experiências, oferecendo oportunidades de imersão que incluem *flagships*, hotéis e até parques. Trata-se de uma verdadeira imersão em momentos

1. GLEISER, Marcelo. *O Caldeirão Azul*: O Universo, o Homem e Seu Espírito. São Paulo: Record, 2019.

especiais — em família, entre amigos, em celebrações conjuntas ou mesmo sozinho — envolvendo o chocolate como fio condutor.

É muito interessante notar o movimento feito por uma marca tão conceituada. O que a Cacau Show está fazendo é delimitar claramente qual é a sua comunidade e se tornar pertinente para ela. O Varejo se transforma completamente: evolui do processo transacional e se torna um local imersivo, que mescla entretenimento com a vivência de experiências memoráveis.

Aposte no regionalismo

Considero todas as tendências apresentadas ao longo do capítulo 11 cruciais para o futuro do Varejo. Contudo, faço questão de destacar e reforçar uma em especial: o regionalismo. Essa abordagem não é apenas uma tendência, mas uma necessidade estratégica para construir um Varejo mais humano, conectado e, sobretudo, relevante.

Falar em regionalismo é, inevitavelmente, falar sobre a criação de comunidades. Em um país com alta diversidade cultural, social e econômica como o Brasil, ignorar as especificidades regionais é um erro estratégico que pode afastar consumidores. Muitas redes varejistas cresceram rapidamente e, na busca por padronização, negligenciaram as diferentes realidades locais. Esse distanciamento cria barreiras para uma conversa transparente e genuína com os clientes.

Ao adotar o regionalismo como prática, as marcas conseguem dialogar com as características únicas de cada localidade. Isso vai muito além de simples ajustes operacionais — trata-se de respeitar os valores, hábitos e tradições das comunidades. Por exemplo, empresas como a Sotaq Creators têm demonstrado como o marketing de influência regional pode transformar a conexão entre marcas e consumidores. Ao trabalhar com microinfluenciadores locais, especialmente nas regiões Norte e Nordeste, a Sotaq permite que campanhas reflitam os "sotaques" culturais de cada público, tornando a comunicação mais autêntica e eficaz.

O futuro das lojas físicas está intrinsecamente ligado a essa capacidade de abraçar a influência local. A construção de um relacionamento duradouro com os consumidores depende de um olhar atento às necessidades regionais. Reconhecer as particularidades de cada região é uma maneira poderosa de criar um ambiente de pertencimento e confiança.

Portanto, ao pensar no Varejo do amanhã, é essencial que as marcas olhem para além dos grandes números e da padronização em massa. O regionalismo não é apenas uma ferramenta estratégica; é um compromisso com as comunidades que cada loja atende. Apenas com essa lente forte da influência local será possível construir um Varejo realmente conectado às pessoas e às suas histórias.

Construa a regeneração

Recentemente, tenho acompanhado relatórios de pesquisa que revelam uma preocupante tendência: a sustentabilidade social e ambiental deixou de ser prioridade na agenda de muitos executivos. Segundo o estudo *The State of Fashion 2025: Challenges at every turn*[2] da McKinsey, realizado em parceria com a Business of Fashion, a sustentabilidade foi relegada ao segundo plano na visão dos líderes do setor de moda para 2025. Apesar de ter ocupado um lugar central nos últimos anos, especialmente como uma das maiores oportunidades estratégicas, agora perde espaço para temas como a diferenciação de marcas e o lançamento de novos designs para conquistar participação de mercado.

Essa realidade é, no mínimo, desanimadora. A sustentabilidade não deveria ser tratada como uma questão de oportunidade, mas sim como uma responsabilidade inegociável. Quando analisamos o impacto que marcas do setor de moda — e do Varejo em geral — têm no mundo, a ausência de ações regenerativas no planejamento estratégico se torna uma falha significativa. Por isso, reforço aqui a necessidade de adotarmos o que chamo de Varejo de Regeneração: uma prática capaz de redefinir o papel do setor, atribuindo novos significados aos espaços, materiais, produtos, serviços e às pessoas.

O Varejo de Regeneração é uma abordagem íntegra, sistêmica e inteligente, que rompe com os paradigmas do passado. Ele busca promover uma reconexão genuína com o meio ambiente e a sociedade. Sob o ponto de vista ambiental, essa prática incentiva o uso responsável e saudável dos recursos naturais, eliminando ações que degradem o planeta. Poluir, desperdiçar energia ou utilizar animais em testes e como matéria-prima são atitudes que se tornarão cada vez mais inaceitáveis, tanto pela sociedade quanto pelos consumidores.

Do ponto de vista social, o conceito enfatiza o cuidado com as pessoas. Isso significa garantir condições de trabalho dignas aos colaboradores, cuidar do bem-estar das comunidades que interagem com a marca e assegurar que os consumidores sejam tratados com ética e respeito. Cadeias produtivas que perpetuam danos sociais e modelos de negócios

2. Saiba mais em: https://www.mckinsey.com/industries/retail/our-insights/state-of-fashion

que exploram trabalhadores terão dificuldades para sobreviver se não se reformularem de maneira significativa.

O Varejo de Regeneração sustenta-se em dois pilares essenciais: a sustentabilidade ambiental e a sustentabilidade social. É uma estratégia que exige comprometimento, inovação e uma visão de longo prazo. Para conectar esses elementos, aprofundei a discussão no capítulo 12, onde explico detalhadamente como unir esses conceitos de forma prática e efetiva. Se você ainda não leu esse capítulo, recomendo fortemente que volte e explore essas ideias mais a fundo.

A regeneração não é apenas uma alternativa; é o caminho necessário para garantir que o Varejo, enquanto impulsionador da economia, também seja um agente de impacto positivo no mundo.

O Varejo é o melhor palco para sua marca

O Varejo é mais do que um canal de vendas. Ele é o palco ideal para sua marca brilhar, criando oportunidades para que tanto colaboradores quanto consumidores se tornem protagonistas dessa experiência. Comecemos pelos colaboradores, que são a base dessa transformação. Eles precisam ser vistos e valorizados por seus líderes com empatia, respeito e foco em seu potencial máximo. Empresas que investem na conexão com o coração e a mente de sua equipe constroem times motivados, capacitados e comprometidos, algo essencial para alcançar resultados extraordinários. Afinal, fidelizar não é um objetivo exclusivo para os clientes externos; os "clientes internos" também precisam se sentir engajados e parte da história da marca.

Em um Varejo que busca oferecer experiências únicas e atender às expectativas do consumidor, o papel dos colaboradores ganha ainda mais relevância. Não é possível entregar excelência quando a equipe enfrenta alta rotatividade, desmotivação, falta de treinamento ou baixos níveis de engajamento. São os colaboradores, principalmente os da linha de frente, que traduzem na prática os valores, crenças e propósito da marca. Por mais avançados que sejam os processos, produtos e canais de uma empresa, a conexão humana é o que realmente fideliza o cliente.

Um exemplo inspirador é o projeto Nike Community Store, implementado em bairros periféricos dos Estados Unidos. Focado na valorização da vizinhança, esse modelo emprega 85% de sua equipe dentro de um raio próximo à loja, fortalecendo o engajamento local. Os colaboradores recebem treinamento que inclui serviços sociais, incentivando-os a se conectar profundamente com a comunidade. Essas lojas não apenas atendem, mas transformam os bairros onde estão inseridas, criando um impacto positivo tanto para colaboradores quanto para consumidores. Essa abordagem seria impossível sem um modelo de liderança que prioriza o time interno como parte estratégica do negócio.

Agora, ao olhar para o cliente externo, a conexão se aprofunda. Na recente inauguração de sua loja na Coreia do Sul, a Nike trouxe uma inovação que reflete os tempos atuais: convidar os clientes a se tornarem criadores de conteúdo dentro da loja. Com ferramentas interativas, como aplicativos que auxiliam na escolha de fundos para fotos e edição de vídeos, os consumidores podem documentar suas experiências enquanto experimentam produtos ou criam combinações exclusivas. Essas fotos e vídeos, posteriormente postados em redes sociais, transformam os próprios clientes em narradores das histórias da marca.

Essa estratégia é um exemplo prático de como o Varejo físico pode literalmente se tornar um palco para os consumidores. Eles não apenas compram, mas participam, criando momentos memoráveis que reverberam para além da loja. É uma forma poderosa de engajar o público, transformar os clientes em influenciadores e expandir o alcance da marca.

Imagine um mundo onde colaboradores e clientes são simultaneamente embaixadores e influenciadores da marca. Esse é o futuro do Varejo: um espaço onde pessoas e marcas se conectam de forma profunda, enquanto o entretenimento e a experiência do consumidor se unem à essência do negócio. A Nike exemplifica como o Varejo pode ser o coração pulsante dessa conexão, transformando espaços físicos em autênticos centros de interação, criatividade e pertencimento.

Poderiam ser 20, 30 ou até 50 passos, mas escolhi finalizar com 7. Primeiro, porque é o meu número da sorte; segundo, porque acredito que você, leitor, merece um norte claro sobre os próximos pontos que podem ser explorados. Meu objetivo com este livro nunca foi entregar fórmulas mágicas ou soluções prontas, mas sim promover uma troca genuína de ideias e reflexões sobre o caminho que o Varejo físico deve trilhar nos próximos anos.

A verdade é que algumas empresas já estão mais avançadas nesse percurso. Elas implementaram ou estão em processo de implementar boa parte dos conceitos discutidos aqui. Outras marcas, infelizmente, ainda estão muito atrasadas, deixando de priorizar temas essenciais para o futuro. Isso não as condena, mas exige um senso de urgência para que se reinventem e acompanhem as transformações que o mercado demanda.

A grande beleza do Varejo está em sua capacidade de permitir que as marcas performem frente a frente com suas audiências, criando conexões autênticas e significativas com suas comunidades. O desafio que deixo para você, líder e protagonista do setor, é: o que sua marca está fazendo para construir experiências verdadeiramente marcantes para seus clientes? Suas equipes e lojas estão preparadas para a revolução do mercado varejista? O portfólio e o modelo de negócios estão alinhados com os desejos e necessidades dos consumidores?

Com esses questionamentos na mesa, temos a oportunidade de elevar o Varejo a um espetáculo inesquecível. Qual será o show que sua marca irá apresentar? Qual o nível de entrega e engajamento da sua equipe para com os consumidores? Qual o padrão de qualidade da sua proposta de valor?

O Varejo físico é um palco único, onde marcas e pessoas se encontram para viver histórias. Os varejistas que se destacarem neste cenário serão aqueles que souberem criar conexões profundas, emocionais e transformadoras. Eles serão os grandes protagonistas de um futuro onde a experiência e o pertencimento estarão no centro de tudo.

Agora, cabe a você escolher como será a sua performance neste palco.

Obrigada pela jornada até aqui e conte comigo para a construção destes próximos passos!

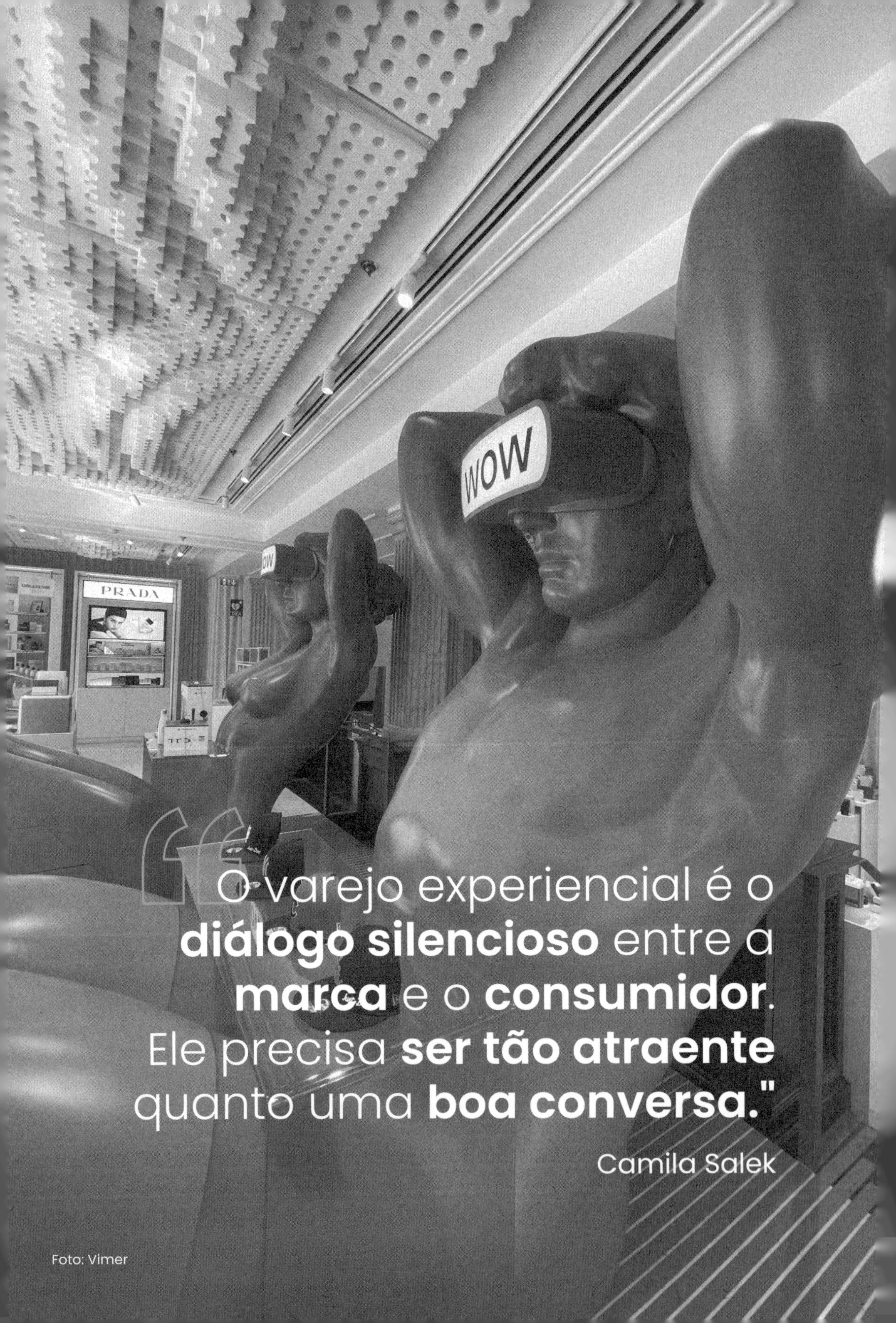

> O varejo experiencial é o **diálogo silencioso** entre a **marca** e o **consumidor**. Ele precisa **ser tão atraente** quanto uma **boa conversa."**
>
> Camila Salek

Foto: Vimer

Anote aqui os insights e lembranças que teve ao longo da leitura. Depois, compartilhe no Instagram e marque meu perfil para que eu possa acompanhar!

@camilasalek

Obrigada por ter lido
e conte conosco para
continuar escrevendo
os próximos passos
do Varejo!

Encontre a autora

@**camila**salek